D1664266

Anthony de Mello

Wo das Glück zu finden ist

VORWORT DES HERAUSGEBERS

„Möchten Sie glücklich sein? Dann habe ich eine gute Nachricht für Sie: Sie können jetzt glücklich sein, brauchen dem Glück nicht nachzulaufen, müssen gar nichts tun, um es zu erreichen. Denn das Glück kann man nicht erreichen. Wissen Sie auch warum? Weil Sie es schon haben. Glück ist unser natürlicher Zustand... Aber warum erfahren Sie genau in diesem Augenblick nicht das, was wir in Indien *anand* nennen – Glückseligkeit? Weil Sie sich auf etwas konzentrieren, was Sie nicht haben. Doch genau jetzt haben Sie alles, was Sie brauchen, um glücklich zu sein. Sie brauchen nichts Zusätzliches, im Gegenteil: Sie müssen etwas verlieren!" Das ist die ebenso einfache wie verblüffende Entdeckung, die der weltbekannte indische Jesuitenpater und Autor Anthony de Mello (geboren 1931 in Bombay, gestorben 1987 in New York) die Leser seines wohl eingehendsten und geschlossensten Werkes „Der springende Punkt. Wach werden und glücklich sein" machen läßt. Er führt sie dabei auf den *Weg zur Bewußtheit*, ein Motiv, das auch seine anderen Werke durchzieht.

Was Anthony de Mello in diesen seinen Schlüsselbegriff faßt, liegt in einem breiten Bedeutungsspektrum und reicht von Selbsterkenntnis, Bewußtwerden der Innen- und Außenwelt, unbefangenem Beobachten, Gewahrwerden der Dinge und Vorgänge, bis zum *wirklichen* Sehen und Verstehen der *Wirklichkeit*, ja bis zum *Wachwerden*. So möchte er die Menschen aufwecken, damit sie ihre Anhänglichkeiten loslassen, die Fesseln ihrer Abhängigkeiten, ihrer vorgefertigten Gedankenmuster und Verhaltensweisen, ihrer Vorurteile und Klischees abwerfen, um wirklich, das heißt mit dem Herzen, zu sehen und ihre Größe zu erfahren. In diesem Sinn kann Anthony de Mello Spiritualität einfach als

Wachwerden deuten, und seine Botschaft des „Bewußtwerdens" soll dazu führen, „das Licht zu sehen, das wir für uns selbst und für die anderen sind, und zu erkennen, daß wir besser sind, als wir meinen".

Seit zehn Jahren liegen die Bücher Anthony de Mellos auch den Lesern im deutschen Sprachraum vor, und sie finden hier ein ebenso großes Interesse wie die übrigen Übersetzungen in vierzehn Sprachen in anderen Ländern. Anthony de Mello bezeichnet sich selbst nicht als Schriftsteller, sondern als Geschichtenerzähler. „So wurde ich in Amerika bekannt: Pater de Mello, der Geschichtenerzähler. Ich schreibe Geschichten und Meditationen, aber keine Essays und Abhandlungen. Was ich schreibe, bleibt am Ende offen und überläßt es dem Leser, daraus seinen Schluß zu ziehen" (vgl. C. G. Valles, Unencumbered by baggage). Den Grund für seine große Vorliebe für Geschichten gibt er in verschiedenen der vielen in seinen Büchern enthaltenen imaginären Gespräche zwischen dem Meister und seinen Schülern zu erkennen. Diese beklagten sich einmal darüber, daß der Meister seine Lehre in Gleichnisse und Geschichten kleidete, denn ihnen stand der Sinn nach Tieferem. Doch der Meister blieb unbewegt und erwiderte auf ihre Einwände: „Ihr müßt noch begreifen lernen, meine Lieben, daß die kürzeste Entfernung zwischen einem Menschen und der Wahrheit eine Geschichte ist." Ein andermal stellte er fest: „Mag es auch üblich sein, der Wahrheit zu widerstehen, so ist es doch unmöglich, sich gegen eine Geschichte zur Wehr zu setzen, denn sie schleicht sich durch unsere Verteidigungslinien in das Herz hinein und kann gerade dann, wenn man es am wenigsten erwartet, wie eine Mine hochgehen und uns wachrütteln, ja umwandeln."

Der Autor empfiehlt dem Leser wiederholt am Anfang seiner Bücher nachdrücklich, die Geschichten in kleinen Dosen zu lesen, „nur eine oder zwei auf einmal". Eine Überdosis würde ihre Wirkkraft verringern. – Worauf dort als Vorbehalt hingewiesen werden mußte, kam dem Plan eines

ANTHONY DE MELLO

Wo das Glück zu finden ist

Herausgegeben von Franz Johna

JAHRESLESEBUCH

Herder
Freiburg · Basel · Wien

6. Auflage 1997
Alle Rechte vorbehalten – Printed in Germany
© Verlag Herder Freiburg im Breisgau 1994
Herstellung: Clausen & Bosse, Leck
Gedruckt auf umweltfreundlichem,
chlorfrei gebleichtem Papier
ISBN 3-451-23323-1

„Jahreslesebuchs" mit Texten zur Besinnung für jeden Tag im Umfang einer Buchseite, so wie es hier zusammengestellt wurde und vorliegt, als Vorteil entgegen. Dabei erstreckte sich die Textauswahl nicht nur auf die Bücher Anthony de Mellos mit Weisheitsgeschichten, sondern sie berücksichtigte auch seine anderen Werke mit Meditationen[1], Übungen und geistlichen Vorträgen über das Gebet (vgl. das Quellenverzeichnis Seite 396). Entsprechend dem bewährten Typus der vom Verlag Herder vorgelegten „Jahreslesebücher" anderer namhafter Autoren (wie Carlo Carretto, Carlo M. Martini, Heinrich Spaemann, Georg Moser, Richard Rohr) wurden auch die Texte dieses Bandes in zwölf thematische Rahmen locker eingeordnet, die sich auf die einzelnen Monate verteilen.

Was am Ende des Vorworts des Herausgebers zu dem schon erwähnten Band „Der springende Punkt" gesagt wurde, soll auch hier wiederholt sein: „Genießen Sie das Buch, lassen Sie die Worte in sich hineinschlüpfen und hören Sie – um es wie Anthony de Mello zu sagen – mit dem Herzen zu... Sie werden in ihm einen Freund fürs Leben finden."

Franz Johna

---

[1] Für die freundlich erteilte Abdruckerlaubnis für die Texte aus dem Band „Meditieren mit Leib und Seele. Neue Wege der Gotteserfahrung" danken Verlag und Herausgeber dem Verlag Butzon & Bercker, Kevelaer.

INHALT

JANUAR

*Wach werden
und wirklich sehen*

WACH WERDEN

Spiritualität bedeutet wach werden. Die meisten Leute schlafen, ohne es zu wissen. Sie wurden schlafend geboren, sie leben schlafend, sie heiraten im Schlaf, erziehen im Schlaf ihre Kinder und sterben im Schlaf, ohne jemals wach geworden zu sein. Niemals verstehen sie den Reiz und die Schönheit dessen, was wir „menschliches Leben" nennen. Bekanntlich sind sich alle Mystiker – ob christlich oder nichtchristlich und egal, welcher theologischen Richtung oder Religion sie angehören – in diesem einen Punkt einig: daß alles gut, alles in Ordnung ist. Obwohl gar nichts in Ordnung ist, ist alles gut. Ein wirklich seltsamer Widerspruch. Aber tragischerweise kommen die meisten Leute gar nicht dazu, zu erkennen, daß tatsächlich alles gut ist, denn sie schlafen. Sie haben einen Alptraum.

Vor einiger Zeit hörte ich im Radio die Geschichte von einem Mann, der an die Zimmertür seines Sohnes klopft und ruft: „Jim, wach auf!"

Jim ruft zurück: „Ich mag nicht aufstehen, Papa." Darauf der Vater noch lauter: „Steh auf, du mußt in die Schule!"

„Ich will nicht zur Schule gehen."

„Warum denn nicht?" fragt der Vater.

„Aus drei Gründen", sagt Jim: „Erstens ist es so langweilig, zweitens ärgern mich die Kinder, und drittens kann ich die Schule nicht ausstehen."

Der Vater erwidert: „So, dann sag' ich dir drei Gründe, wieso du in die Schule mußt: Erstens ist es deine Pflicht, zweitens bist du 45 Jahre alt, und drittens bist du der Klassenlehrer."

Also aufwachen, aufwachen! Du bist erwachsen geworden, du bist zu groß, um zu schlafen. Wach auf! Hör auf, mit deinem Spielzeug zu spielen.

NICHT NÖTIGEN

Die meisten Leute erzählen einem, daß sie aus dem Kindergarten heraus wollen, aber glauben Sie ihnen nicht. Glauben Sie ihnen wirklich nicht! Alles, was sie wollen, ist, daß sie ihr kaputtes Spielzeug repariert bekommen: „Ich möchte meine Frau wiederhaben. Ich möchte mein Geld wiederhaben, mein Ansehen, meinen Erfolg!" Nur das möchten sie: ihr Spielzeug zurück. Das ist alles. Sogar der beste Psychologe wird Ihnen sagen, daß die Leute eigentlich nicht geheilt werden wollen. Was sie wollen, ist Linderung und Trost, denn eine Heilung ist schmerzhaft.

Wach werden und aufstehen ist bekanntlich unangenehm, denn im Bett ist es warm und behaglich. Es ist wirklich lästig, aufgeweckt zu werden. Deshalb wird es der weise Guru auch nie darauf anlegen, die Leute aufzuwecken. Ich hoffe, daß ich selbst jetzt weise genug und keineswegs darauf erpicht bin, jemanden aufzuwecken, wenn ich auch manchmal sagen werde: „Wach auf!"

Ich werde nur das tun, was ich zu tun habe, werde mein eigenes Lied singen. Wenn Sie etwas davon haben, um so besser; wenn nicht, dann eben nicht! Wie die Araber sagen: „Der Regen ist immer derselbe, wenn er auch in der Steppe Gestrüpp und in den Gärten Blumen wachsen läßt."

Als einige seiner Schüler einen weitbekannten geistlichen Begleiter mit Lob bedachten, hielt sich der Meister zurück.

Als man ihn später nach dem Grund fragte, sagte er: „Der Mann übt Macht über andere aus – er ist kein geistlicher Begleiter."

„Worin besteht dann die Aufgabe eines geistlichen Begleiters?"

„Zu inspirieren, nicht Vorschriften zu machen", sagte der Meister. „Wach zu machen, nicht zu nötigen."

DER GOLDENE ADLER

Ein Mann fand ein Adlerei und legte es in das Nest einer gewöhnlichen Henne. Der kleine Adler schlüpfte mit den Küken aus und wuchs zusammen mit ihnen auf.

Sein ganzes Leben lang benahm sich der Adler wie die Küken, weil er dachte, er sei ein Küken aus dem Hinterhof. Er kratzte in der Erde nach Würmern und Insekten. Er gluckte und gackerte. Und ab und zu hob er seine Flügel und flog ein Stück, genau wie die Küken. Schließlich hat ein Küken so zu fliegen, stimmt's?

Jahre vergingen, und der Adler wurde sehr alt. Eines Tages sah er einen herrlichen Vogel hoch über sich im wolkenlosen Himmel. Hoheitsvoll schwebte er durch die heftigen Windströmungen, fast ohne mit seinen kräftigen goldenen Flügeln zu schlagen. Der alte Adler blickte ehrfürchtig empor. „Wer ist das?" fragte er seinen Nachbarn.

„Das ist der Adler, der König der Vögel", sagte der Nachbar. „Aber reg dich nicht auf. Du und ich sind von anderer Art."

Also dachte der Adler nicht weiter an diesen Vogel. Er starb in dem Glauben, ein Küken im Hinterhof zu sein.

Wann werde ich erleuchtet?"

„Wenn du *siehst*", sagte der Meister.

„Was sehen?"

„Bäume und Blumen, Mond und Sterne."

„Aber die sehe ich jeden Tag."

„Nein, was du siehst sind Papierbäume, Papierblumen, Papiermonde und Papiersterne. Denn du lebst nicht in der Wirklichkeit, sondern in deinen Worten und Gedanken."

Und um ganz genau zu sein, fügte er noch sanft hinzu: „Du lebst leider ein Papierleben und wirst einen Papiertod sterben."

BEDINGUNGEN

Wir können uns gar nicht vorstellen, ohne Bedingungen glücklich zu sein. Das eben ist es. Es wurde uns beigebracht, unser Glück auf Bedingungen zu setzen. Das ist dann so, als sagten wir zu unserem Freund oder zu unserer Freundin, zu Gott oder zu wem auch immer: „Du bist mein Glück. Wenn ich dich nicht bekomme, weigere ich mich, glücklich zu sein."

Dies zu verstehen, ist sehr wichtig.

Es ist das erste, was zu tun ist, wenn wir wach werden wollen, was nichts anderes heißt als zu sagen: wenn wir lieben wollen, wenn wir Freiheit wollen, wenn wir Freude, Frieden und geistliches Leben wollen. In diesem Sinn ist Spiritualität die nützlichste Sache der Welt. Versuchen Sie doch einmal, sich etwas Nützlicheres vorzustellen als Spiritualität, wie ich sie hier sehe – nicht Frömmigkeit, nicht Gebet, nicht Religion, sondern Spiritualität – Wach werden, Wach werden!

Wohin man blickt, überall Kummer, Einsamkeit, Angst, Verwirrung, Zwiespalt in den Herzen der Menschen – innerer und äußerer Zwiespalt. Angenommen, jemand würde Ihnen einen Weg zeigen, auf dem Sie all dem entrinnen könnten? Angenommen, jemand könnte Ihnen sagen, wie diesem gewaltigen Verlust an Energie, Gesundheit und Gefühlen, der von diesen Zwiespältigkeiten rührt, ein Ende bereitet werden kann. Würden Sie dies wollen? Angenommen, jemand würde uns einen Weg zeigen, auf dem wir zu aufrichtiger gegenseitiger Liebe, zu Frieden und Freundlichkeit gelangen könnten. Können Sie sich etwas Nützlichers als das vorstellen?

Doch statt dessen gibt es Leute, die meinen, das große Geschäft, die Politik seien nützlicher. Was hat die Erde davon, wenn ein Mensch auf den Mond geschossen wird, wenn wir auf der Erde nicht leben können?

WIEVIEL WAHRHEIT?

Wir haben alle unsere Standpunkte, oder? Von diesen Standpunkten aus hören wir den anderen zu:

„Hast du dich aber verändert, Henry! Du warst doch immer so groß und jetzt kommst du mir so klein vor. Du warst doch immer so stattlich, und jetzt erscheinst du mir so schmal. Du warst doch immer so blaß und jetzt bist du so braun. Was ist mit dir los, Henry?"

Und Henry sagt: „Ich heiße gar nicht Henry, ich heiße John."

„Ach, deinen Namen hast du auch geändert!"

Wie will man solch einen Menschen zum Zuhören bekommen?

Das Schwierigste auf der Welt ist Hören und Sehen. Wir wollen nicht sehen. Oder meinen Sie, ein Kapitalist möchte das Gute am kommunistischen System sehen? Meinen Sie, ein Kommunist möchte das Gute und Vernünftige am kapitalistischen System sehen? Meinen Sie, ein Reicher will Arme sehen? Wir wollen nicht sehen, denn würden wir es tun, könnten wir uns ja ändern. Wir wollen nicht sehen. Wenn man sieht, verliert man leicht die Kontrolle über sein Leben, das man so mühsam aufrechterhält. Deshalb ist das Dringendste, was man zum Wachwerden braucht, nicht Energie, Stärke, Jugendlichkeit oder gar große Intelligenz. Das allein Notwendige ist die Bereitschaft, etwas Neues zu lernen. Die Wahrscheinlichkeit, wach zu werden, steht in direktem Zusammenhang damit, wieviel Wahrheit Sie ertragen können, ohne vor ihr wegzulaufen.

Wieviel sind Sie bereit zu ertragen? Wieviel von dem, was Ihnen lieb und teuer geworden ist, sind Sie bereit aufzugeben, ohne davonzulaufen? Wie sehr sind Sie bereit, über etwas Unvertrautes nachzudenken?

WACH GEWORDEN

Wissen Sie, was ein Zeichen dafür ist, daß Sie wach geworden sind? Wenn Sie sich selbst fragen: „Bin *ich* verrückt oder sind es alle anderen?" Es ist wirklich so, denn wir sind verrückt. Die ganze Welt ist es... Wir leben mit verrückten Vorstellungen von Liebe, Beziehungen, Glück, Freude, von allem möglichen. Ich bin inzwischen so weit zu glauben, wir sind dermaßen verrückt, daß, wenn alle sich in etwas einig sind, man sich sicher sein kann, daß es falsch ist!

Jede neue Idee, jede große Idee, stand am Anfang gegen alle anderen. Dieser Mann, der Jesus genannt wurde, stand als einzelner gegen die anderen. Alle sagten etwas anderes als er. So auch bei Buddha. Ich glaube, es war Bertrand Russell, der feststellte: „Jede große Idee tritt an als Blasphemie." Das trifft den Nagel auf den Kopf. Heutzutage ist man mit dem Begriff ‚Blasphemie' schnell bei der Hand. Immer wieder hört man sagen: „Das ist eine Blasphemie!" Denn die Leute sind verrückt, und je früher Sie das merken, desto besser ist es für Ihre geistige und geistliche Gesundheit. Vertrauen Sie ihnen nicht. Machen Sie sich auch keine Illusionen über Ihre besten Freunde, sie sind sehr schlau. Geradeso wie *Sie* es sind im Umgang mit irgendwem, wenn Sie es wohl auch nicht wissen. Ja, Sie sind sehr schlau – spitzfindig und listig. Sie spielen regelrecht Theater.

Ich verteile nicht gerade Komplimente, oder? Doch ich sage noch einmal: Sie möchten ja wach werden. Sie spielen Theater und wissen es nicht einmal. Sie glauben, daß Sie so voller Liebe und Hingabe sind. Doch wen lieben Sie denn? Selbst wenn Sie sich aufopfern, bereitet es Ihnen ein gutes Gefühl, oder nicht? Sie haben doch etwas davon, oder? Sie haben von allem, was Sie tun, etwas, bis Sie wach werden.

AUF KRÜCKEN

Als ein Dorfvorsteher durch einen Unfall seine Beine nicht mehr gebrauchen konnte, lernte er, mit Krücken zu gehen. Allmählich war er imstande, sich sehr schnell fortzubewegen, sogar zu tanzen und kleine Pirouetten zu drehen, um seine Nachbarn zu unterhalten.

Dann hatte er die Idee, seinen Kindern den Gebrauch von Krücken beizubringen. Bald wurde es in dem Dorf zum Statussymbol, auf Krücken zu gehen, und binnen kurzem tat es jeder. In der vierten Generation konnte niemand mehr im Dorf ohne Krücken gehen. Die Dorfschule nahm in ihren Lehrplan „Krückenlaufen – Theorie und Praxis" auf, und die Handwerker im Dorf wurden berühmt für die Qualität der von ihnen hergestellten Krücken. Man sprach sogar davon, elektronische, batteriebetriebene Krücken zu entwickeln.

Eines Tages trat ein junger Mann vor den Ältestenrat des Dorfes und wollte wissen, warum jedermann mit Krücken zu gehen habe, während Gott doch den Menschen Beine zum Laufen gegeben habe. Die Dorfältesten waren belustigt, daß dieser Grünschnabel sich für klüger hielt als sie, und beschlossen daher, ihm eine Lektion zu erteilen.

„Warum zeigst du uns nicht, wie man es macht?" fragten sie.

„Einverstanden", rief der junge Mann.

Eine Demonstration wurde für zehn Uhr am nächsten Sonntag auf dem Dorfplatz vereinbart. Alle waren anwesend, als der junge Mann mit seinen Krücken in die Mitte des Platzes humpelte. Als die Dorfuhr die volle Stunde schlug, stellte er sich aufrecht hin und ließ seine Krücken fallen. Stille breitete sich über der Versammlung aus, als er einen Schritt vorwärts tat – und platt aufs Gesicht fiel.

Damit wurde jedermann in seinem Glauben bestätigt, daß es völlig unmöglich war, ohne die Hilfe von Krücken zu gehen.

SICH ÄNDERN

Stellen Sie sich einen Patienten vor, der zum Arzt geht und ihm sagt, woran er leidet.

Der Arzt sagt: „Ja, Ihre Symptome kenne ich sehr gut. Wissen Sie, was ich jetzt tun werde? Ich verschreibe Ihnen eine Arznei für Ihren Nachbarn."

Der Patient erwidert: „Vielen Dank, Herr Doktor, das wird mir sehr helfen."

Ist das nicht absurd? Aber so handeln wir alle. Derjenige, der schläft, denkt immer, es würde ihm besser gehen, wenn ein anderer sich ändert. Sie leiden, weil Sie schlafen, aber Sie denken sich: „Wie schön könnte das Leben sein, wenn die anderen sich ändern würden; wie schön könnte das Leben sein, wenn mein Nachbar sich änderte, oder meine Frau, oder mein Chef."

Wir möchten immer, daß jemand anderer sich ändert, damit es uns gut geht. Doch sind Sie noch nie auf den Gedanken gekommen, daß selbst dann, wenn sich Ihre Frau oder Ihr Mann ändert, Ihnen nicht viel geholfen wäre. Sie sind genauso verwundbar wie vorher, genauso ein Narr wie vorher, schlafen genauso wie vorher. Sie sind derjenige, der sich ändern muß, der die Arznei zu schlucken hat.

Doch Sie bestehen darauf: „Ich fühle mich gut, weil die Welt in Ordnung ist." *Irrtum!* Die Welt ist in Ordnung, weil ich mich gutfühle. Das ist die Botschaft, die uns alle Mystiker verkünden.

Einem sich ständig über andere beklagenden Schüler sagte der Meister:

„Wenn du wirklich Frieden haben willst, versuche, dich selbst zu ändern, nicht die anderen. Es ist einfacher, deine Füße mit Hausschuhen zu schützen, als die ganze Erde mit Teppichen auszulegen."

EINE ÜBERRASCHUNG

Es ist wunderbar, nein sagen zu können; es gehört mit zum Wachwerden. Es gehört zum Wachwerden, sein Leben so zu leben wie man es für richtig hält.

Verstehen Sie mich recht: das hat *nichts* mit Egoismus zu tun. Egoistisch wäre es, zu verlangen, daß jemand sein Leben so lebt, wie *Sie* es für richtig halten. *Das* ist egoistisch. Es ist nicht egoistisch, sein Leben so zu leben, wie man es selbst für richtig hält. Der Egoismus liegt in der Forderung, daß andere Leute so leben sollen, wie es Ihrem Geschmack, Ihrem Stolz, Ihrem Nutzen oder Ihrem Vergnügen entspricht. Das ist wirklich egoistisch.

Deshalb schütze ich mich. Ich fühle mich nicht dazu verpflichtet, mit dir zusammen zu sein, ebensowenig fühle ich mich dazu verpflichtet, ja zu sagen. Wenn ich deine Gesellschaft mag, genieße ich sie, ohne mich daran zu klammern. Aber ich meide dich nicht länger wegen irgendwelcher negativen Gefühle, die du in mir weckst. Diese Macht hast du nicht mehr.

Das Erwachen sollte eine Überraschung sein. Wenn etwas, was Sie nicht erwarten, eintritt, sind Sie überrascht.

Als Frau Webster ihren Mann dabei ertappte, wie er das Dienstmädchen küßte, sagte sie ihm, sie sei sehr überrascht. Aber Herr Webster war ein bißchen pingelig, was den korrekten Gebrauch der Sprache betraf (verständlicherweise, schrieb er doch gerade an seinem berühmten Wörterbuch), und so erklärte er ihr: „Nein, meine Liebe, ich bin überrascht. Du bist verblüfft!"

MIT NEUEN AUGEN

Das Leben ist ein Festessen. Das Tragische dabei ist, daß die meisten Menschen den Hungertod sterben.

Ich kenne eine nette Geschichte von ein paar Leuten, die auf einem Floß vor der brasilianischen Küste trieben und am Verdursten waren. Sie ahnten nicht, daß das Wasser um sie herum Süßwasser war. Der Fluß strömte so kraftvoll ins Meer, daß sein Wasser einige Meilen weit vor die Küste gelangte. Deshalb gab es genau dort, wo das Floß trieb, auch Süßwasser. Aber sie wußten es nicht.

Ebenso sind wir von Freude, Glück und Liebe umgeben. Die meisten Menschen ahnen es nur nicht, weil sie nichts mehr klar erkennen können, weil sie hypnotisiert sind, weil sie schlafen. Stellen Sie sich einen Zauberer auf der Bühne vor, der jemanden so hypnotisiert, daß er nur sieht, was nicht da ist, und das, was da ist, nicht sieht. Genauso ist es. Kehren Sie um und nehmen Sie die gute Nachricht an. Kehren Sie um, und werden Sie wach!

Weinen Sie nicht über Ihre Sünden. Warum über Sünden weinen, die man beging, während man schlief? Wollen Sie etwas beklagen, was Sie in einem Zustand der Hypnose getan haben? Warum wollen Sie sich mit solch einem Menschen vergleichen? Werden Sie wach! Kehren Sie um! Denken Sie um. Sehen Sie alles mit neuen Augen, denn „das Reich Gottes ist da!" Nur wenige Christen nehmen diese Neugikeit ernst. Ich sagte schon, daß das erste, was Sie tun müssen, ist: wach werden – sich der Tatsache stellen, daß Sie nicht wach werden wollen. Viel lieber würden Sie alles so haben, wie es Ihnen im Zustand der Hypnose kostbar und wichtig erschien, so wichtig für Ihr Leben und Ihr Überleben.

SCHLAFWANDELN

Du kannst mir gratulieren!"

„Wieso?"

„Endlich habe ich einen Job gefunden, der mir ein ausgezeichnetes Vorwärtskommen bietet."

Sagte der Meister traurig: „Du warst gestern ein Schlafwandler, du wandelst heute im Schlaf, und du wirst schlafwandeln, bis du stirbst. Was für eine Art von Vorwärtskommen ist das?"

„Es geht um das finanzielle Vorwärtskommen, von dem ich sprach, nicht um geistliches Vorwärtskommen."

„Ach, ich verstehe. Ein Schlafwandler mit einem Bankkonto und dabei nicht aufgewacht, um sich zu freuen!"

Erleuchtetsein", erklärte der Meister, als er darauf angesprochen wurde, „ist ein Erwachen."

„Du schläfst immer noch und weißt es nicht."

Dann fuhr er fort und erzählte die Geschichte von der jungvermählten Frau, die sich über die Trinkgewohnheiten ihres Mannes beklagte.

„Warum hast du ihn geheiratet, wenn du wußtest, daß er trinkt", wurde sie gefragt.

„Ich hatte keine Ahnung, daß er trinkt", sagte die junge Frau, „bis er eines Nachts nüchtern nach Hause kam."

WIRKLICH SEHEN

Stellen Sie sich den Schrecken vor, der einen Reichen überfällt, wenn er die kläglichen Lebensbedingungen der Armen sich wirklich vor Augen hält, einen machthungrigen Diktator, wenn er wirklich das Elend der Menschen sieht, die er unterdrückt, einen Fanatiker oder einen Selbstgerechten, wenn er die Falschheit seiner Überzeugungen wirklich sieht, die sich nicht mehr mit den Tatsachen decken; den Schrecken, der einen romantischen Liebhaber überfällt, wenn er wirklich sehen will, daß er nicht seine Geliebte liebt, sondern das Bild, das er sich von ihr gemacht hat. Denn das Schmerzlichste, das ein Mensch tun kann, das, wovor er sich am meisten fürchtet, ist das Sehen. In solchem Sehen wird die Liebe geboren, oder genauer gesagt, Sehen ist Liebe.

Sobald Sie zu sehen beginnen, wird Sie Ihr Zartgefühl zum Gewahrwerden führen, und zwar nicht nur der Dinge, die Sie sehen wollen, sondern auch aller anderen. Ihr armes Ego wird verzweifelt versuchen, dieses Zartgefühl abzustumpfen, weil seine Schutzmauern beiseite geräumt werden und es ohne Sicherheit und Halt dasteht. Wenn Sie sich jemals erlauben zu sehen, bedeutet das den Tod Ihrer Selbstsucht. Darum ist Liebe so erschreckend, denn lieben heißt sehen, und sehen heißt sterben. Doch es ist auch die wunderbarste, beglückendste Erfahrung auf der ganzen Welt. Denn im Tod des eigenen Ich ist Freiheit, Frieden, Gelassenheit und Freude.

ALLES WIRD SCHÖN

Warum ist hier jeder glücklich außer mir?"

„Weil sie gelernt haben, überall Güte und Schönheit zu sehen", sagte der Meister.

„Warum sehe ich nicht überall Güte und Schönheit?"

„Weil du draußen nicht etwas sehen kannst, was du in deinem Inneren nicht siehst."

Stellen Sie sich vor, Sie fühlen sich nicht wohl und sind schlechter Laune. Dabei werden Sie durch eine wunderbare Landschaft gefahren. Die Gegend ist herrlich, aber Sie sind nicht in der Stimmung, etwas aufzunehmen. Ein paar Tage später kommen Sie wieder an diesem Ort vorbei und rufen aus: „Nicht zu glauben! Wo war ich nur, daß ich das alles nicht gesehen habe?"

Alles wird schön, wenn Sie selbst sich ändern.

Oder Sie schauen durch regennasse Fensterscheiben auf Wälder und Berge, und alles sieht verschwommen und formlos aus. Am liebsten würden Sie hinausgehen und diese Bäume und Berge verändern. Doch warten Sie, untersuchen wir erst einmal Ihr Fenster. Wenn der Sturm sich legt und der Regen nachläßt, und Sie durch das Fenster schauen, stellen Sie fest: „Alles sieht auf einmal anders aus."

Wir sehen Menschen und Dinge nicht so, wie sie sind, sondern wie wir sind. Darum ist es auch zweierlei, wenn zwei Menschen ein Ding oder einen anderen Menschen betrachten. Wir sehen Dinge und Menschen nicht wie sie sind, sondern wie wir sind.

Erinnern Sie sich an das Wort aus der Bibel, daß alles gut wird für die, welche Gott lieben? Wenn Sie dann schließlich wach werden, versuchen Sie nicht, gute Dinge geschehen zu lassen; sie geschehen von selbst. Plötzlich erkennen Sie, daß alles, was Ihnen passiert, gut ist.

WAS TUN?

"Was muß ich tun, um erleuchtet zu sein?" fragte der wiß-begierige Schüler.

"Die Wirklichkeit so sehen, wie sie ist", erwiderte der Meister.

"Gut, und was muß ich tun, um die Wirklichkeit so zu sehen, wie sie ist?"

Der Meister lächelte und sagte: "Ich habe gute Nachricht und schlechte Nachricht für dich, mein Freund."

"Was ist die schlechte Nachricht?"

"Es gibt nichts, was du tun kannst, um zu sehen – es ist eine Gabe."

"Und was ist die gute Nachricht?"

"Es gibt nichts, was du tun kannst, um zu sehen – es ist eine Gabe."

Als der Meister gefragt wurde, warum Sehen so schwierig sei, erzählte er diese Begebenheit:

"Nach Rückkehr von einer Reise nach Europa wurde Sam, der in einem Geschäft für Herrenunterwäsche arbeitete, von seinem Kollegen wißbegierig gefragt:

‚Konntest du einen Abstecher nach Rom machen?'

‚Ja, selbstverständlich.'

‚Und hast du den Papst gesehen?'

‚Den Papst gesehen? Ich hatte eine Privataudienz bei ihm!'

‚Was du nicht sagst', rief sein Kollege aus und machte große Augen.

‚Wie sieht er aus?'

‚Ach, ich würde sagen, er hat Größe sechsunddreißigein-halb'", sagte Sam.

SELBST LERNEN

Sie können jemanden finden, der Ihnen Kenntnisse und Fähigkeiten wie Algebra, Englisch, Radfahren oder das Bedienen eines Computers beibringt. Aber das, was wirklich wichtig ist – Leben, Liebe, Wirklichkeit, Gott –, das kann Sie niemand lehren. Das einzige, was man tun kann, ist, Ihnen Formeln in die Hand zu geben. Und haben Sie eine Formel, haben Sie die durch den Verstand eines anderen gefilterte Wirklichkeit. Verwenden Sie diese Formeln, sind Sie eingesperrt. Sie welken dahin; und sterben Sie, haben Sie nicht erfahren, was es heißt, selbst zu sehen und selbst zu lernen.

Sehen Sie es vielleicht so: In Ihrem Leben hat es Augenblicke mit Erfahrungen gegeben, bei denen Sie wußten, daß Sie sie mit ins Grab nehmen werden, weil Sie keine passenden Worte fanden, um anderen diese Erfahrung mitteilen zu können. Tatsächlich gibt es in keiner menschlichen Sprache Worte, um genau das auszudrücken, was Sie erfahren haben. Denken Sie zum Beispiel an das Gefühl, das Sie erfaßte, als Sie einen Vogel über einen stillen See fliegen sahen, als Sie mitten in der Nacht ein Baby schreien hörten, als Sie die Schönheit eines nackten menschlichen Körpers empfanden oder einen starren Leichnam in einem Sarg anblickten. Sie können versuchen, anderen diese Erfahrung mit Musik, in einem Gedicht oder einem Gemälde zu vermitteln. Aber in Ihrem Herzen wissen Sie, daß niemand verstehen wird, was Sie sahen und empfanden. Sie sind mehr oder weniger ohnmächtig, es auszudrücken, geschweige denn, es jemanden zu lehren.

Genau das empfindet ein geistlicher Meister, den Sie darum bitten, Sie über das Leben, über Gott und die Wirklichkeit zu unterweisen.

UNTERWEISUNG

Ich möchte lernen, wollt Ihr mich lehren?"

„Ich glaube nicht, daß du weißt, wie man lernt", sagte der Meister.

„Könnt Ihr mich lehren, wie man lernt?"

„Kannst du lernen, mich lehren zu lassen?"

Später sagte der Meister zu seinen bestürzten Schülern: „Lehren findet nur statt, wenn das Lernen funktioniert. Lernen findet nur statt, wenn *ihr* euch *selbst* etwas lehrt."

Darf ich Euer Schüler werden?"

„Du bist nur ein Schüler, weil deine Augen geschlossen sind. An dem Tag, an dem du sie öffnest, wirst du feststellen, daß du nichts von mir oder von jemand anderem lernen kannst."

„Wozu ist dann ein Meister da?"

„Dir zu der Erkenntnis zu verhelfen, daß es zwecklos ist, einen zu haben."

Warum brauchst du einen Meister?" fragte ein Besucher einen der Schüler.

„Wenn Wasser erhitzt werden soll, bedarf es eines Gefäßes als Mittler zwischen dem Feuer und ihm selbst", war die Antwort.

OHNE EINE FORMEL

Was Sie wahrnehmen, paßt in keine Formel, ob Sie Ihnen ein anderer gegeben hat oder ob sie von Ihnen selbst gefunden wurde; Ihr Wahrnehmen kann einfach nicht in Worte gefaßt werden. Was kann dann ein Lehrer tun? Er kann Sie nur darauf hinweisen, was unwirklich ist, die Wirklichkeit selbst kann er nicht zeigen; er kann Ihnen die Formel öffnen, aber worauf sie hinweist, kann er nicht wiederum formulieren; er kann Ihren Irrtum aufzeigen, kann Sie aber nicht in den Besitz der Wahrheit bringen. Ein Lehrer kann höchstens in die Richtung der Wahrheit zeigen, er kann Ihnen aber nicht sagen, was zu sehen ist. Sie werden ganz allein aufbrechen und selbst entdecken müssen...

Alleine gehen, das heißt ohne alle Formeln gehen, ob sie Ihnen andere gegeben oder Sie diese aus Büchern gelernt oder sie durch eigene Erfahrung gefunden haben. Vielleicht ist dies das Beängstigendste, was ein Mensch tun kann: in das Unbekannte aufbrechen ohne den Schutz einer Formel. Ausziehen aus der Welt der Menschen wie die Propheten und Mystiker heißt nicht, die Gesellschaft zu verlassen, sondern ihre Formeln. Wenn Sie auch von Menschen umgeben sind, sind Sie doch in Wirklichkeit ganz allein. Eine erschreckende Einsamkeit! Diese Einsamkeit, dieses Alleinsein ist Schweigen. Nur dieses Schweigen werden Sie sehen. Und in dem Augenblick, in dem Sie sehen, werden Sie jedes Buch, jeden Führer und jeden Guru von selbst aufgeben.

In seiner Jugend verließ der Meister sein Elternhaus, um auf die Suche nach Weisheit zu gehen. Seine Abschiedsworte waren: „An dem Tag, da ich sie gefunden habe, lasse ich es euch wissen." Viele Jahre später schien es ihm unwichtig, es sie zu Hause wissen zu lassen. Als er das nämlich einsah, hatte er ganz ohne sein Wissen die Weisheit gefunden.

BEOBACHTEN UND VERSTEHEN

Was ist das, was Sie sehen werden? Alles und nichts: ein zu Boden fallendes Blatt, das Verhalten eines Freundes, die sich kräuselnden Wellen auf einem See, einen Haufen Steine, ein verfallenes Haus, eine überfüllte Straße, einen Himmel voller Sterne, alles mögliche.

Nachdem Sie gesehen haben, könnte Ihnen vielleicht jemand zu helfen versuchen, das Geschaute in Worte zu fassen. Doch Sie werden den Kopf schütteln – nein, so nicht –, das ist nur eine neue Formel. Wieder ein anderer könnte versuchen, die Bedeutung dessen, was Sie gesehen haben, zu erklären, und Sie werden aufs neue den Kopf schütteln, denn eine Bedeutung ist eine Formel, etwas, was auf den Begriff gebracht werden kann und für den denkenden Verstand Sinn ergibt – doch was Sie sahen, liegt jenseits aller Formeln und Bedeutungen.

Und eine seltsame Veränderung wird in Ihnen vorgehen, zunächst kaum wahrnehmbar, und doch bis in die Tiefe reichend. Denn wenn Sie gesehen haben, werden Sie niemals mehr der- oder dieselbe sein. Sie werden die belebende Freiheit, das außerordentliche Vertrauen spüren, das aus dem Wissen rührt, daß jede Formel wertlos ist, egal wie heilig. Dann werden Sie auch niemals mehr jemanden Ihren Lehrer nennen. Dann werden Sie niemals aufhören zu lernen, denn an jedem neuen Tag beobachten und verstehen Sie von neuem den ganzen Prozeß und die Bewegung des Lebens. Dann wird jedes einzelne Ding Ihr Lehrer sein.

LEBENSERZIEHUNG

Als der Meister mit einer Gruppe von Lehrern zusammen-traf, unterhielt er sich lange und angeregt mit ihnen, denn er war selbst einmal Lehrer gewesen.

„Das Schlimme bei den Lehrern ist", sagte er, „daß sie immer wieder vergessen, was das Ziel der Erziehung ist, nämlich nicht das Lernen, sondern das Leben."

Und er erzählte, wie er einmal einen Jungen, der eigent-lich in der Schule sein sollte, beim Fischen erwischte.

„Hallo, ein schöner Tag zum Fischen!" sagte er zu dem Jungen.

„Ja", kam es kurz und bündig zurück.

Nach einer Weile fragte der Meister: „Warum bist du heute nicht in der Schule?"

„Nun, wie Sie ja eben selbst gesagt haben – es ist ein schöner Tag zum Fischen."

Dann erzählte der Meister vom Schulzeugnis seiner kleinen Tochter, in dem als Bemerkung stand: „Meena ist eine gute Schülerin. Sie könnte noch bessere Noten erreichen, wenn ihre pure Lebensfreude nicht ihren Lernerfolg behindern würde."

Wo werde ich einen würdigen Meister finden, wenn ich in meine Heimat zurückkehre?"

„Es gibt keinen einzigen Augenblick, in dem du ohne einen bist."

Der Schüler war irritiert.

„Beobachte einfach deine Reaktion auf alles – einen Vo-gel, ein Blatt, eine Träne, ein Lächeln –, und du wirst in allen Dingen deinen Meister finden."

STAUNEN

Eine wichtige geistliche Übung ist, über Dinge staunen zu
können, sich der Dinge um einen herum bewußt zu sein.
Dann werden sich die Wörter und Begriffe hoffentlich verlieren, Sie werden sehen und den Kontakt zur Wirklichkeit
finden. Das ist auch die Kur gegen Einsamkeit.

Gewöhnlich versuchen wir, unsere Einsamkeit dadurch
zu heilen, daß wir unsere Gefühle von anderen abhängig
machen, daß wir Geselligkeit und Lärm suchen. Das ist
keine Heilung. Kehren Sie zu den Dingen zurück, kehren
Sie zur Natur zurück, gehen Sie in die Berge. Dann werden
Sie erfahren, daß Ihr Herz Sie in die weite Wüste der Abgeschiedenheit gebracht hat, wo niemand mehr an Ihrer Seite
ist, absolut niemand.

Zuerst wird Ihnen das unerträglich erscheinen. Aber nur
deshalb, weil Sie das Alleinsein nicht gewöhnt sind. Wenn
Sie es schaffen, dort eine Weile zu bleiben, wird die Wüste
mit einem Mal in Liebe erblühen. Ihr Herz wird von Freude
erfüllt sein und singen. Es wird für immer Frühling sein; die
Droge wird verbannt sein: Sie sind frei. Dann werden Sie
verstehen, was Freiheit ist, was Liebe ist, was Glück ist, was
die Wirklichkeit ist, was die Wahrheit ist, was Gott ist. Sie
werden sehen, Sie werden mehr erfahren als Begriffe, Voreingenommenheit, Abhängigkeit und an etwas zu hängen.
Können Sie das nachvollziehen?

UNERTRÄGLICHE EINSAMKEIT

Gott warnte einst das Volk vor einem Erdbeben, das alle Gewässer des Landes verschlingen würde. Das Wasser, das es dann gäbe, würde alle Leute wahnsinnig machen.

Nur der Prophet nahm Gott ernst. Er trug große Krüge voll Wasser in seine Berghöhle, so daß er bis zu seinem Lebensende genug hatte.

Das Erdbeben trat tatsächlich ein, alle Gewässer verschwanden, und neues Wasser füllte die Ströme, Seen, Flüsse und Teiche.

Einige Monate später kam der Prophet herab, um zu sehen, was passiert war. Tatsächlich waren alle Menschen wahnsinnig geworden. Sie griffen ihn an und wollten nichts mit ihm zu tun haben, überzeugt, daß *er* verrückt geworden war.

Also ging der Prophet zurück in seine Berghöhle, froh über das gerettete Wasser. Aber mit der Zeit fand er seine Einsamkeit unerträglich. Er sehnte sich nach menschlicher Gesellschaft und ging also wieder hinab in die Ebene. Wieder wurde er von den Menschen zurückgewiesen, weil er sich so grundlegend von ihnen unterschied.

Also faßte der Prophet einen Entschluß. Er goß das gerettete Wasser weg, trank das neue und gesellte sich zu seinen verrückten Mitmenschen.

Auf der Suche nach Wahrheit geht man allein. Der Pfad ist zu schmal für jede Begleitung. Wer kann solche Einsamkeit ertragen?

EINSICHT

Ist es möglich, das Göttliche zu sehen?"
„Du siehst es doch jetzt."
„Warum erkennen wir es nicht?"
„Weil du es mit Hilfe der Gedanken verstellst."
Die Schüler schüttelten verständnislos den Kopf. Daraufhin sagte der Meister:
„Wenn der Nordwind bläst, wird Wasser zu einem starren Block, der Eis heißt.
Wenn das Denken einsetzt, zersplittert die Wirklichkeit in Millionen starre Stücke, die ‚Dinge' heißen."

Der Meister lehrte immer, daß die Wahrheit wahr ist schon vor unserem Erkennen, und der Grund, warum wir sie nicht sahen, an unserem Mangel an Einsicht liegt.
Einmal nahm er einen Schüler auf eine Bergwanderung mit. Als sie auf halber Höhe angelangt waren, starrte der Mann auf das Unterholz und beklagte sich: „Wo ist die schöne Landschaft, von der du immer erzählt hast?"
Der Meister lächelte verschmitzt: „Du stehst oben drauf, wie du sehen wirst, wenn wir den Gipfel erreicht haben."

Der Meister sprach gern darüber, wie Natur und Heiligkeit ineinander verwoben sind. Er saß einmal im Garten, als er ausrief:
„Sieh nur diesen fröhlichen blauen Vogel dort auf dem Ast, wie er hin und her hüpft, sein Lied in die Welt schmettert und sich uneingeschränkter Freude überläßt, weil er nichts von morgen weiß!"

WIDRIGKEITEN

Ein in der Wüste verirrter Reisender war verzweifelt, weil er glaubte, er würde nie mehr Wasser finden. Er quälte sich von einem Hügel zum anderen in der Hoffnung, von oben irgendwo eine Quelle zu entdecken. Nach allen Richtungen hielt er Ausschau, ohne Erfolg.

Als er weitertaumelte, verhakte sich sein Fuß in einem trockenen Strauch, und er fiel hin. Dort blieb er liegen, ohne Energie, sich wieder zu erheben oder den Willen, weiter zu kämpfen und ohne Hoffnung, diese Tortur zu überleben.

Als er dort lag, hilflos und niedergeschlagen, wurde ihm plötzlich die Stille der Wüste bewußt. Überall herrschte eine majestätische Ruhe, die von keinem Laut gestört wurde. Plötzlich hob er den Kopf. Er hatte etwas gehört. Ein so schwaches Geräusch, das nur das schärfste Ohr in der tiefsten Stille es wahrnehmen konnte: das leise Plätschern fließenden Wassers.

Ermutigt von der Hoffnung, die dieser Laut in ihm auslöste, erhob er sich und hielt sich auf den Beinen, bis er zu einem Bach voll frischen, kühlen Wassers kam.

Um frei zu werden, braucht man als Wesentliches: Widrigkeiten, die den Prozeß der Einsicht fördern.

Die Schüler saßen am Ufer eines Flusses.

„Wenn ich jetzt den Hang hinunterfalle, muß ich dann ertrinken?" fragte einer der Schüler.

„Nein", sagte der Meister. „Nicht wenn du in den Fluß hineinfällst, mußt du ertrinken; wenn du drin bleibst."

GETÄUSCHT

Der Meister begab sich mit einem seiner Schüler auf eine Reise. Draußen vor dem Dorf trafen sie den Gouverneur, der irrtümlicherweise annahm, sie kämen, ihn in dem Dorf willkommen zu heißen. Er sagte also: „Ihr hättet euch wirklich nicht die Mühe zu machen brauchen, um mich zu begrüßen."

„Ihr irrt, Hoheit", sagte der Schüler. „Wir sind unterwegs auf einer Reise, aber hätten wir gewußt, daß Ihr kommt, hätten wir keine Mühe gescheut, Euch willkommen zu heißen."

Der Meister sagte kein Wort. Gegen Abend bemerkte er: „Mußtest du ihm erzählen, daß wir nicht gekommen waren, ihn zu begrüßen? Hast du bemerkt, wie blamiert er sich fühlte?"

„Hätten wir ihm aber nicht die Wahrheit gesagt, dann wären wir der Täuschung schuldig geworden."

„Wir hätten ihn überhaupt nicht getäuscht", sagte der Meister. „Er hätte sich selbst getäuscht."

Mullah Nasrudins Haus stand in Flammen, also lief er aufs Dach, um sich in Sicherheit zu bringen. Dort hockte er gefährlich nahe am Rand. Unterdessen versammelten sich seine Freunde unten auf der Straße, hielten eine Decke auf und riefen: „Spring, Mulla, spring!"

„Nein, das tue ich nicht", sagte der Mulla. „Euch Burschen kenne ich. Wenn ich springe, zieht ihr die Decke weg, bloß um mich zum Narren zu halten!"

„Sei nicht töricht, Mulla. Das hier ist kein Spaß. Es ist ernst, spring!"

„Nein", sagte Nasrudin, „ich traue keinem von euch. Legt die Decke auf die Erde, dann werde ich springen."

VERMUTUNGEN

Einige Jäger charterten ein Flugzeug, das sie in ein Waldgebiet bringen sollte. Nach zwei Wochen kam der Pilot, um sie wieder abzuholen. Er warf einen Blick auf die erlegten Tiere und sagte: „Diese Maschine kann nicht mehr als einen Büffel transportieren. Die anderen müssen Sie zurücklassen."

„Aber im letzten Jahr erlaubte uns der Pilot, zwei Tiere in einer Maschine von dieser Größe mitzunehmen", protestierten die Jäger.

Der Pilot war skeptisch, sagte aber schließlich: „Wenn Sie es voriges Jahr so gemacht haben, können wir es vermutlich wieder tun."

Also hob die Maschine ab mit den drei Männern und zwei Büffeln an Bord. Doch sie konnte keine Höhe gewinnen und prallte gegen einen naheliegenden Berg. Die Männer kletterten heraus und blickten sich um.

Ein Jäger sagte zu dem anderen: „Wo glaubt ihr, sind wir?"

Der andere sah prüfend in die Runde und erwiderte:

„Ich glaube, wir befinden uns ungefähr zwei Meilen links von der Stelle, an der wir im letzten Jahr abgestürzt sind."

Das Problem mit dieser Welt ist", sagte der Meiser seufzend, „daß die Menschen sich weigern, erwachsen zu werden."

„Wann kann man von einem Menschen sagen, er sei erwachsen?" fragte ein Schüler.

„An dem Tag, an dem man ihm keine Lüge mehr aufzutischen braucht."

WENIGSTENS KONSEQUENT

Mamiya wurde ein bekannter Zen-Meister. Aber er mußte Zen über den schweren Weg lernen. Als er noch Schüler war, forderte ihn sein Meister auf, den Laut des Einhandklatschens zu erklären.

Mamiya widmete sich voll dieser Aufgabe, schränkte Essen und Schlafen ein, um die richtige Antwort zu finden. Aber sein Meister war nie zufrieden. Eines Tages sagte er sogar zu ihm: „Du arbeitest nicht hart genug. Du liebst viel zu sehr die Bequemlichkeit; du hängst zu sehr an den angenehmen Dingen des Lebens, ja, du bist sogar zu erpicht darauf, die Antwort so schnell wie möglich zu finden. Es wäre besser, du würdest sterben."

Als Mamiya das nächste Mal vor den Meister trat, tat er etwas ganz Dramatisches. Auf die Frage, wie er den Laut des Einhandklatschens erkläre, fiel er zu Boden und blieb liegen, als sei er tot.

Sagte der Meister: „Gut, du bist also tot. Aber was ist mit dem Laut des Einhandklatschens?"

Mamiya öffnete die Augen und erwiderte: „Das konnte ich noch nicht herausfinden."

Daraufhin rief der Meister wütend: „Narr! Tote Männer sprechen nicht. Raus mit dir!"

Vielleicht bist du nicht erleuchtet, aber du könntest wenigstens konsequent sein!

WACHSAMKEIT

Kann ich selbst irgend etwas tun, um erleuchtet zu werden?"

„Genausowenig wie du dazu beitragen kannst, daß die Sonne morgens aufgeht."

„Was nützen dann die geistigen Übungen, die Ihr vorschreibt?"

„Um sicher zu gehen, daß du nicht schläfst, wenn die Sonne aufgeht."

Wo soll ich Erleuchtung suchen?"

„Hier."

„Wann wird sie stattfinden?"

„Jetzt in diesem Augenblick."

„Warum spüre ich sie nicht?"

„Weil du nicht siehst."

„Was sollte ich sehen?"

„Nichts. Nur sehen."

„Was?"

„Alles, worauf dein Auge fällt."

„Muß ich auf eine besondere Weise sehen?"

„Nein, wie gewohnt, das genügt."

„Aber sehe ich nicht immer so wie gewohnt?"

„Nein."

„Warum denn bloß nicht?"

„Weil du ganz hier sein mußt, um zu sehen, und du bist meistens anderswo."

Einem Mann, der zögerte, sich auf geistige Suche zu begeben, weil er Anstrengung und Verzicht fürchtete, sagte der Meister: „Wievieler Mühe und Entsagung bedarf es, die Augen zu öffnen und zu sehen?"

MANGELHAFT

Wie deine Erkenntnis ist, so wird auch dein Handeln sein. Was du ändern mußt, ist nicht dein Handeln, sondern deine Sichtweise."

„Was muß ich tun, um die zu ändern?"

„Nichts weiter als verstehen, daß dein gegenwärtiges Sehen mangelhaft ist."

Um seinen oft wiederholten Lehrsatz „Du siehst die Dinge, wie *du* bist, nicht wie sie sind" deutlich zu machen, erzählte der Meister die Geschichte von seinem einundachtzigjährigen Freund, der eines Tages durchnäßt und schlammbedeckt ins Kloster kam.

„Es ist dieser Bach eine Viertelstunde von hier", sagte er. „Ich habe ihn früher immer mit einem Sprung geschafft. Aber jetzt lande ich immer in der Mitte. Ich habe nicht gemerkt, daß der Bach breiter geworden ist."

Worauf der Meister nur sagte: „Heute sehe ich immer, wenn ich mich bücke, daß der Boden weiter entfernt ist als in meiner Jugend."

In der Gemüseabteilung eines Supermarktes wollte eine Frau gerade ein paar Tomaten aussuchen, als ihr ein scharfer Schmerz in den Rücken schoß; sie konnte sich nicht mehr rühren und stieß einen Schrei aus.

Ein anderer Käufer neben ihr drehte sich verständnisvoll um und sagte: „Wenn Sie denken, die Tomaten sind teuer, dann sehen Sie sich mal die Fischpreise an."

WIE LANGE?

Wie lange werde ich brauchen, um mein Problem zu lösen?"

„Keine Minute länger, als du brauchst, um es zu verstehen", erwiderte der Meister.

Gibt es die Weisheit der einen Minute?"

„Die gibt es sicher", sagte der Meister.

„Aber eine Minute ist doch bestimmt zu kurz?"

„Sie ist neunundfünfzig Sekunden zu lang."

Später fragte der Meister seine verblüfften Schüler: „Wieviel Zeit braucht man, um des Mondes ansichtig zu werden?"

„Wozu dann die vielen Jahre geistigen Strebens?"

„Es kann ein Leben lang dauern, bis die Augen geöffnet sind.

Es genügt ein Blitz, um zu sehen."

Ist der Weg zur Erleuchtung schwierig oder leicht?"

„Weder noch."

„Warum nicht?"

„Weil sie dort nicht ist."

„Wie reist man also zu dem Ziel?"

„Man reist nicht. Es ist eine Reise ohne Entfernung. Hört auf zu reisen, und ihr seid da."

IM EINKLANG

Was ist Erleuchtetsein konkret?"

„Die Wirklichkeit so sehen, wie sie ist."

„Sieht denn nicht jeder die Wirklichkeit so, wie sie ist?"

„O nein! Die meisten Menschen sehen sie so, wie sie glauben, daß sie ist."

„Worin liegt der Unterschied?"

„Der Unterschied ist: in einem Fall glaubst du, du ertrinkst in den stürmischen Wogen eines Sees, im anderen weißt du, daß du nicht ertrinken kannst, weil weit und breit kein Wasser ist."

Die Nicht-Erleuchteten glauben, sie seien wach und halten in ihrer Torheit einige Leute für gut und andere für schlecht, und bezeichnen einige Ereignisse als freudig und andere als traurig.

Die Erweckten sind nicht länger abhängig von Leben oder Tod, Gedeih und Verderb, Erfolg oder Fehlschlag, Armut oder Reichtum, Ehre oder Schande. Sogar Hunger, Durst, Hitze und Kälte werden als flüchtig im Fluß des Lebens erfahren und bergen keinen Stachel mehr. Sie haben erkannt, daß es unnötig ist zu ändern, was sie sehen, außer der Art und Weise, wie sie es sehen.

Und so nehmen sie allmählich das Wesen des Wassers an, sanft und geschmeidig und doch unwiderstehlich in seiner Gewalt; das selbst nach nichts strebt und doch allen Wesen wohltut. Durch ihr selbstloses Handeln, werden andere verwandelt; durch ihr Loslassen, blüht die ganze Welt auf; weil sie wunschlos sind, werden andere nicht beschädigt.

Wasser wird dem Fluß entnommen, um Felder zu bewässern. Das Wasser selbst kümmert es nicht, ob es im Fluß oder auf den Feldern ist. So handeln und leben die Erleuchteten, sanft und mächtig im Einklang mit ihrem Schicksal.

DER GETRÄUMTE VERTRAG

Es war neun Uhr morgens, und Nasrudin schlief noch fest. Die Sonne stand schon hoch am Himmel, die Vögel zirpten in den Bäumen, und Nasrudins Frühstück wurde kalt. Also weckte ihn seine Frau.

Wutentbrannt wachte er auf. „Warum hast du mich gerade jetzt geweckt?" rief er, „hättest du nicht noch ein bißchen warten können?"

„Die Sonne steht schon am Himmel", sagte seine Frau, „die Vögel zwitschern in den Bäumen, und dein Frühstück wird kalt."

„Törichte Frau!" sagte Nasrudin. „Frühstück ist gar nichts, verglichen mit dem Vertrag über hunderttausend Goldstücke, den ich gerade unterschreiben wollte!"

Also drehte er sich wieder um, wälzte sich lange im Bett herum und versuchte, seinen ruinierten Traum und den verlorenen Vertrag wieder einzufangen.

Nun war es aber so, daß Nasrudin in diesem Vertrag gemogelt hatte und sein Vertragspartner ein ungerechter Despot war.

Wenn Nasrudin, falls er seinen Traum wieder einfängt, seine Mogelei aufgibt, wird er ein Heiliger.

Wenn er tatkräftig daran arbeitet, das Volk von der Unterdrückung durch den Tyrannen zu befreien, wird er ein Reformer.

Wenn er mitten im Traum plötzlich merkt, daß er träumt, wird er ein erweckter Mensch und ein Mystiker.

Was nützt es, ein Heiliger oder ein Reformer zu werden, wenn man noch schläft?

FEBRUAR

Nicht festhalten – loslassen

EIN MEISTERWERK

Einem Schüler, der um Weisheit bat, sagte der Meister: „Versuch folgendes: schließ die Augen und stell dir vor, du und alle Lebewesen werden in einen Abgrund geschleudert. Jedesmal, wenn du dich an etwas klammerst, um nicht zu fallen, mach dir klar, daß es gleichfalls fällt ..."

Der Schüler versuchte es und war nie mehr derselbe.

Zu einem Maler sagte der Meister: „Um Erfolg zu haben, muß jeder Maler viele Stunden in beharrliches Mühen und Streben investieren.

Manchem ist es gegeben, das eigene Ich beim Zeichnen loszulassen. Wenn dies geschieht, wird ein Meisterwerk geboren."

Daraufhin fragte ein Schüler: „Wer ist ein Meister?"

Der Meister antwortete: „Jeder, dem es gegeben ist, das eigene Ich loszulassen. Das Leben dieses Menschen ist dann ein Meisterwerk."

DAS „ICH" WEGLASSEN

Schüler: „Ich bin gekommen, Euch meine Dienste anzubieten."

Meister: „Wenn du das ‚ich' wegließest, ergäbe sich das Dienen von selbst."

Man kann seinen gesamten Besitz weggeben, um die Armen zu speisen, man kann seinen Leib verbrennen, und doch keine Liebe haben.

Behalte deinen Besitz, und gib das „ich" auf. Den Leib verbrenne nicht, verbrenne das Ego. Dann wirst du lieben können.

Er dachte, das Wesentliche sei, arm und enthaltsam zu leben. Es war ihm nie klargeworden, wie entscheidend wichtig es war, sein Ego aufzugeben. Denn das Ego wächst und gedeiht, ob man nun der Heiligkeit dient oder Frau Welt, nährt sich von Armut und von Reichtum, von Enthaltsamkeit und Luxus. Es gibt nichts, das das Ego nicht ergreift, um sich aufzublasen.

Schüler: „Ich bin zu Euch gekommen mit nichts in den Händen."

Meister: „Dann laß es sofort fallen."

Schüler: „Aber wie kann ich es fallen lassen? Es ist nichts."

Meister: „Dann mußt du es eben mit dir herumtragen!"

Du kannst dein Nichts zu einem Besitz machen und deinen Verzicht wie eine Trophäe herumzeigen. Deinen Besitz brauchst du nicht aufzugeben. Gib dein Ego auf.

SPERREN BESEITIGEN

Das Reich Gottes ist Liebe. Was heißt lieben? Es heißt: empfindsam zu sein gegenüber dem Leben, den Dingen, den Menschen; ein Gespür zu haben für alles und jeden, ohne etwas oder jemanden auszuschließen. Denn Ausschluß ist nur möglich durch eigenes Verhärten, durch Verschließen seiner Türen. Und sobald eine Verhärtung eintritt, geht die Empfindsamkeit verloren.

Es ist gewiß nicht schwer, Beispiele für diese Art von Empfindsamkeit im eigenen Leben zu finden. Haben Sie schon einmal angehalten, um einen Stein oder einen Nagel vom Weg aufzuheben, damit sich niemand daran verletzt? Es spielt dabei keine Rolle, daß Sie denjenigen, dem dies zugute kommt, niemals kennen und Sie keine Anerkennung für Ihre Tat ernten werden. Sie tun es einfach aus einem Grundgefühl der Freundlichkeit heraus. Oder hat Sie schon einmal eine leichtfertige Zerstörung anderswo in der Welt betroffen gemacht, zum Beispiel die Rodung eines Waldes, den Sie nie sehen, und von dem Sie nie etwas haben werden? Haben Sie sich schon einmal die Mühe gemacht, einem Fremden den Weg zu zeigen, obwohl Sie ihn nicht kannten und ihm auch niemals wieder begegnen werden, einfach deshalb, weil es Sie drängte, zu helfen? Dabei und bei vielen anderen Gelegenheiten wurde Liebe in Ihrem Leben sichtbar und zeigte an, daß sie in Ihnen lebendig ist und darauf wartet, freigesetzt zu werden.

Wie können Sie sich solche Liebe aneignen? Gar nicht, denn Sie besitzen sie schon. Das einzige, was Sie tun können, ist: die Sperren, die Sie gegen Ihr Empfinden aufgerichtet haben, zu beseitigen.

ÜBERZEUGTSEIN

Eine der Sperren, die Ihr Empfinden vor allem blockieren, ist das *Überzeugtsein*, das heißt, Sie sind zu einem Urteil über einen Menschen, eine Situation oder eine Sache gekommen. Sie haben sich festgelegt und ihr Empfinden ausgeschaltet.

Sie haben eine vorgefaßte Meinung und sehen diesen Menschen aus dieser Voreingenommenheit heraus. Oder anders gesagt: Sie sehen diesen Menschen nicht mehr. Und wie kann man für jemanden ein Empfinden haben, den man gar nicht sieht?

Nehmen Sie nur einmal zwei Personen aus Ihrem Bekanntenkreis und schreiben Sie auf, zu welchen positiven und negativen Urteilen Sie über sie gekommen sind und wie diese Urteile Ihre Beziehung zu ihm oder zu ihr bestimmen. Wenn Sie feststellen, er oder sie ist klug oder gewalttätig, zurückweisend, liebevoll oder wie auch immer, hat sich Ihr Wahrnehmungsvermögen verhärtet; Sie nehmen diesen Menschen in seiner jeweiligen Situation nicht mehr wahr. Es ist wie bei einem Piloten, der nach dem Wetterbericht aus der vergangenen Woche fliegt. Werfen Sie einmal einen kritischen Blick auf solche gewonnenen Überzeugungen, denn je mehr Ihnen klar wird, daß es vorgefaßte Meinungen, Folgerungen und Vorurteile sind und keine Entsprechungen der Wirklichkeit, desto schneller werden sie verschwinden.

ABHÄNGIGSEIN

Die andere Sperre, die Sie gegen Ihr Empfinden aufgerichtet haben, ist das *Abhängigsein*. Wie kommt es dazu? Zuerst aus der Beziehung zu etwas, was Ihnen Spaß macht: ein Auto, eine Ferienreise, die die Werbung anpreist, ein Wort des Lobes oder die Gesellschaft eines Menschen. Darauf folgt der Wunsch, dies festzuhalten, das befriedigende Gefühl wiederzuhaben, das diese Sache oder dieser Mensch in Ihnen geweckt hat. Schließlich sind Sie überzeugt, daß Sie ohne ihn oder sie oder die bestimmte Sache nicht glücklich sein können, denn Sie haben das Vergnügen, das es mit sich bringt, mit Glücklichsein gleichgesetzt. Damit sind Sie in eine regelrechte Abhängigkeit geraten.

Mit ihr geht unvermeidlich einher ein Ausschließen alles anderen, ein Blindsein allem gegenüber, was nicht irgendwie zu dem gehört, woran Ihr Herz hängt. So oft Sie sich auch von dem Objekt Ihrer Abhängigkeit zu trennen suchen, Ihr Herz bleibt doch daran hängen, auch wenn Sie sich bereits mit etwas anderem befassen. Die Sinfonie des Lebens geht weiter, doch Sie schauen zurück, halten an ein paar Takten fest, verschließen vor den übrigen Klängen der Musik die Ohren und schaffen dadurch Disharmonie und Spannung zwischen dem, was das Leben Ihnen anbietet, und dem, woran Ihr Herz hängt. Die Folge davon sind Spannung und Angst, die für die Liebe und die freudige Freiheit, die die Liebe mit sich bringt, den Tod bedeuten. Denn Liebe und Freiheit lassen sich nur finden, wenn man auf jeden einzelnen Ton, der erklingt, mit Freude hört und ihn verklingen läßt, um dem nächsten wieder aufmerksam zu lauschen.

KEIN ZURÜCKBLICKEN

Wie läßt sich Abhängigsein ablegen? Viele versuchen es durch Verzicht. Doch auf ein paar Takte Musik zu verzichten, sie aus seinem Bewußtsein zu löschen, führt zu genau derselben Gewaltsamkeit, Spannung und mangelnden Empfänglichkeit, wie dies auch jedes Sich-Anklammern nach sich zieht. Wieder haben Sie sich verhärtet. Das Geheimnis liegt darin, auf nichts zu verzichten, sich an nichts zu klammern, sich über alles zu freuen und damit einverstanden zu sein, daß alles vorübergeht und fließt.

Wie ist dies zu erreichen? Durch die in langem, geduldigem Beobachten gewonnene Einsicht, wie verkehrt und zersetzend solche Abhängigkeit ist. Im allgemeinen sind Sie auf die freudige Erregung, den Blitz von Freude, die sie bringt, konzentriert. Aber bedenken Sie die Angst, den Kummer, die Unfreiheit bei all dem. Und bedenken Sie zugleich die Freude, den Frieden die Freiheit, die Sie immer erfüllt, wenn Sie sich von etwas lösen, woran Sie hingen. Dann werden Sie nicht mehr zurückblicken und von der Musik des jeweiligen Augenblicks entzückt sein.

Was brachte Euch die Erleuchtung?"

„Freude."

„Und was ist Freude?"

„Die Erkenntnis, daß alles zu verlieren, nichts weiter bedeutet, als ein Spielzeug verloren zu haben."

IN DEN AUGEN DER GESELLSCHAFT

Betrachten Sie auch die Gesellschaft, in der wir leben, wie sehr sie von Abhängigkeiten befallen ist. Ist es nicht so, daß derjenige als produktives Mitglied der Gesellschaft, als dynamisch und tüchtig angesehen wird, der an Macht, Geld, Besitz, an Geltung und Erfolg hängt, nach all dem strebt, als ob sein ganzes Glück davon abhinge?

Anders gesagt: Wenn Sie all dem mit zwanghaftem Ehrgeiz nachjagen, einem Ehrgeiz, der die Sinfonie Ihres Lebens zerstört und Sie kalt, hart und gefühllos für andere und für sich selbst macht, wird Sie die Gesellschaft durchaus als einen verläßlichen Mitbürger betrachten, und Ihre Verwandten und Freunde werden stolz auf die Stellung sein, die sie erreicht haben.

Wie viele sogenannte respektable Leute kennen Sie, die die gütige Feinfühligkeit der Liebe bewahrt haben, die nur ein Herz kennt, das sich an nichts anklammert? Wenn Sie dies lange genug bedacht haben, werden Sie eine tiefe Abneigung vor jeder Abhängigkeit empfinden und sie von sich schleudern wie eine Schlange. Sie werden sich auflehnen gegen alles, was auf Inbesitznehmen und Abhängigkeit begründet ist, auf Angst, Habgier, Härte und Gefühllosigkeit der Nicht-Liebe.

GELD ODER LEBEN!

Ein wohlhabender Mann erzählte eines Tages dem Meister, daß er dem Drang, Geld zu verdienen, mit dem besten Willen nicht widerstehen könne.

„Nicht einmal um den Preis von Lebensfreude, bedauerlicherweise", sagte der Meister.

„Ich spare mir die Lebensfreude für meine alten Tage auf", sagte der wohlhabende Mann.

„Sofern du noch alte Tage haben wirst", sagte der Meister und erzählte die Geschichte vom Straßenräuber, der kurzen Prozeß machte: „Geld oder Leben!"

Sagte das Opfer: „Nimm mein Leben. Ich hebe mir mein Geld für meine alten Tage auf."

Einem anderen reichen Mann, der seine ganze Gesundheit des Geldes wegen aufs Spiel setzte, erzählte der Meister die Geschichte vom Geizhals, der zu Grabe getragen wurde.

Plötzlich kam er wieder zu Bewußtsein, überblickte die Situation und traf eine schnelle Entscheidung: „Ich möchte lieber hierbleiben, sonst muß ich die Rechnung für die Beerdigung zahlen."

„Manche Leute möchten lieber ihr Geld retten als ihr Leben", zog der Meister die Schlußfolgerung.

ZURÜCKGELASSEN

Ein Geizhals hatte 500 000 indische Dinar gehortet und be-schloß, ein Jahr angenehm zu leben, ehe er überlegen wollte, wie dieses Geld am besten anzulegen sei. Aber plötzlich erschien der Engel des Todes neben ihm und for-derte sein Leben.

Der Mann bat und bettelte mit tausend guten Gründen, ihn noch etwas länger leben zu lassen, aber der Engel war unerbittlich. „Laß mir noch drei Tage Zeit", bat er, „und ich werde dir die Hälfte meines Vermögens geben." Der Engel wollte nichts davon wissen und begann, ihn wegzuzerren. „Ich bitte dich, gib mir nur noch einen Tag, und du kannst alles haben, was ich mit soviel Schweiß und Mühe erworben habe." Der Engel blieb hart.

Ein kleines Zugeständnis konnte er dem Engel jedoch ab-ringen – einige wenige Minuten, um eine Nachricht aufzu-schreiben: „Wer du auch immer seist, der diese Nachricht findet, vertue nicht deine Zeit, Glücksgüter anzuhäufen, wenn du genug zum Leben hast. Lebe! Meine 500 000 Dinar konnten mir nicht eine Stunde Leben erkaufen!"

Wenn Millionäre sterben und die Leute fragen:
„Wieviel hinterlassen sie?" lautet die Antwort natürlich: „Alles."

Und manchmal: „Sie haben es nicht hinterlassen.
Sie mußten es zurücklassen."

WOHIN MIT DEM GELD?

Ein Schüler kam zu seinem Meister und sagte: „Ich bin ein reicher Mann und habe gerade ein großes Vermögen geerbt. Wie kann ich es am besten einsetzen, so daß es mir zum geistigen Nutzen gereicht?"

Sagte der Meister: „Komm nach einer Woche zurück, und ich werde dir eine Antwort geben."

Als er wiederkam, sagte der Meister mit einem Seufzer: „Ich weiß wirklich nicht, was ich dir sagen soll. Wenn ich vorschlage, du mögest es deinen Freunden und Verwandten geben, wird es dir keinen geistigen Nutzen bringen. Wenn ich sage, du mögest es der Kirche geben, fütterst du damit nur die Habgier der Priester. Und wenn ich dir vorschlage, es den Armen zu geben, wirst du dich deiner Barmherzigkeit rühmen und der Sünde der Selbstgerechtigkeit verfallen."

Da der Schüler den Meister aber drängte, ihm eine Antwort zu geben, sagte er schließlich: „Gib das Geld den Armen. Dann werden wenigstens sie davon profitieren, auch wenn du nichts davon hast."

Wer nicht hilft, benachteiligt andere.
Wer hilft, benachteiligt sich selbst.
Ist man sich dieses Dilemmas nicht bewußt, stirbt die Seele.
Hat man sich davon befreit, ist sie unsterblich.

BESITZ

Der Guru saß in Meditation versunken am Ufer des Flusses, als ein Schüler ihm zwei große Perlen als Zeichen der Verehrung und Ergebenheit vor die Füße legte.

Der Guru öffnete die Augen, hob eine der Perlen auf und hielt sie so nachlässig in der Hand, daß sie herausrutschte und die Böschung hinunter in den Fluß rollte.

Der entsetzte Schüler tauchte sofort nach der Perle, aber obwohl er es bis pät in den Abend hinein immer wieder versuchte, hatte er kein Glück.

Schließlich weckte er den Guru aus seiner Meditation, naß und erschöpft wie er war, und sagte: „Ihr habt die Perle fallen sehen. Zeigt mir genau, wo, dann kann ich sie für Euch wiederfinden."

Der Guru hob die zweite Perle auf, warf sie in den Fluß und sagte: „Genau dort."

Versucht nicht, Dinge zu besitzen, denn sie können nie wirklich besessen werden.

Achtet nur darauf, nicht von ihnen in Besitz genommen zu werden, dann seid ihr der Herr der Schöpfung.

SCHLAFLOS

Der Meister ergötzte manchmal die Besucher mit Geschichten des gefürchteten Mullah Nasrudin.

Nasrudin wälzte sich eines Nachts in seinem Bett hin und her. Da sagte seine Frau zu ihm: „Was ist denn los? Schlaf endlich ein!"

Der Mullah stöhnte und gab zu verstehen, daß er die sieben Silbermünzen nicht habe, die er seinem Nachbarn Abdullah schulde und morgen zurückzahlen müsse. Dies plagte ihn so sehr, daß er beim besten Willen nicht einschlafen konnte.

Da stand seine Frau kurzerhand auf, warf sich einen Schal um die Schultern, ging auf die Straße und rief:

„Abdullah! Abdullah!", bis der alte Abdullah schließlich ans Fenster kam, sich den Schlaf aus den Augen rieb und fragte:

„Was ist denn los? Um was geht's?"

Die Frau rief laut zurück:

„Ich bin nur gekommen, um dir zu sagen, daß du morgen deine Silbermünzen nicht bekommen wirst. Mein Mann hat sie nicht aufgetrieben."

Danach drehte sie sich um und ging wieder nach Hause. „Schlaf ein, Nasrudin", sagte sie ihrem Mann, „jetzt kann sich Abdullah Sorgen machen."

Und der Meister schloß: „Einer muß zahlen. Plagt jemanden etwas?"

WENN GOTT LACHT

Der indische Mystiker Ramakrishna pflegte zu sagen:

Gott lacht bei zwei Gelegenheiten. Er lacht, wenn er einen Arzt zu einer Mutter sagen hört: „Haben Sie keine Angst. Ich werde den Jungen gesund machen." Gott sagt sich dann: „Ich habe vor, dem Jungen das Leben zu nehmen, und dieser Mann denkt, er könne es retten!"

Er lacht auch, wenn er sieht, wie zwei Brüder ihr Land unter sich aufteilen, indem sie eine Grenzlinie ziehen und sagen: „Diese Seite gehört mir und die andere dir." Er sagt sich dann: „Das Universum gehört mir, und diese beiden behaupten, Teile davon gehörten ihnen!"

Als ein Mann erfuhr, sein Haus sei von der Flut weggerissen worden, lachte er und sagte:

„Unmöglich! Ich habe den Hausschlüssel hier in meiner Tasche."

Und Buddha sagte:

„Dieses Land ist mein, diese Söhne sind mein" – so spricht ein Narr, der nicht begreift, daß er selbst sich nicht gehört.

Man besitzt nie etwas wirklich.
Nur eine Zeitlang bewahrt man es auf.
Ist man nicht fähig, es wegzugeben,
wird man selbst festgehalten.

Was immer man sammelt,
muß sein wie Wasser in der hohlen Hand.

Greift man zu, läuft es weg.

Willst du es besitzen, beschmutzt du es.
Läßt du es los, ist es für immer dein.

NOCH MEHR

Der Meister erzählte einmal von einem Nachbarn auf dem Land, der geradezu darauf versessen war, immer neues Weideland zu kaufen.

„Ich wünschte mir, ich hätte mehr Land", sagte er eines Tages.

„Wozu denn?" fragte der Meister. „Hast du nicht schon genug?"

„Hätte ich mehr Land, könnte ich mehr Rinder züchten."

„Und was würdest du mit ihnen tun?"

„Verkaufen und Geld verdienen."

„Wofür?"

„Um mehr Land zu kaufen und viele Kühe zu züchten."

Einem Geschäftsmann, der aus der Mühsal des Lebens ins Geldverdienen floh, sagte der Meister:

„Es war einmal ein Mann, der sich vor seinen eigenen Fußstapfen fürchtete. So entschloß er sich, nicht mehr zu gehen, sondern zu laufen, wodurch sich nur die Zahl seiner Fußstapfen verringerte. Was er wirklich tun sollte, war stehen bleiben."

Jesus sprach von den Vögeln des Himmels und den Blumen des Feldes, an denen sich die Menschen ein Beispiel nehmen sollen, was der Meister auch tat. Er erzählte oft von dem Brief, den einmal ein wohlhabender Nachbar an ihn richtete. Darin stand:

„Sehr geehrter Herr,

ich schreibe Ihnen wegen der Vogeltränke, die ich für den Klostergarten gestiftet habe. Ich möchte Sie darüber informieren, daß sie nicht von den Spatzen benutzt werden darf."

VIEL REICHER

Junaid erhielt von einem seiner Anhänger einen Beutel voller Goldmünzen.

„Hast du noch mehr Münzen?" fragte Junaid.

„Ja, noch viele."

„Liegt dir viel an ihnen?"

„Ja."

„Dann mußt du diese hier behalten, denn du brauchst sie mehr als ich. Da ich nichts habe und nichts wünsche, bin ich viel reicher als du."

Niemand kann einem etwas nehmen,
an das man nie sein Herz hing.

Das Herz des Erleuchteten ist wie ein Spiegel:
er hält nichts fest, weist nichts zurück,
er empfängt, aber behält nichts für sich.

Als wirklicher Philosoph, der er war, glaubte Sokrates, ein weiser Mensch würde instinktiv ein einfaches Leben führen. Er selbst pflegte noch nicht einmal Schuhe zu tragen. Und doch fühlte er sich immer wieder vom Marktplatz angezogen und besuchte ihn oft, um die dort angebotenen Waren zu betrachten.

Als wirklicher seiner Freunde ihn fragte, warum er das täte, sagte Sokrates: „Ich gehe gerne hin, um festzustellen, wie viele Dinge es gibt, ohne die ich phantastisch auskomme."

Spiritualität bedeutet nicht,
zu wissen, was man braucht,
sondern einzusehen, was man nicht braucht.

SORGLOS

Zwei Mönche waren unterwegs auf Reisen. Für einen von ihnen schloß geistliches Leben Erwerb nicht aus, der andere glaubte an Entsagung. Den ganzen Tag über diskutierten sie über ihr unterschiedliches geistliches Streben, bis sie gegen Abend an das Ufer eines Flusses kamen.

Derjenige, der an Verzicht glaubte, besaß natürlich kein Geld. Er sagte: „Wir können den Fährmann nicht bezahlen, damit er uns übersetze, aber warum einen Gedanken an unseren Leib verschwenden? Wir werden die Nacht hier verbringen und Lieder singen zum Lobe Gottes, und morgen früh wird sich bestimmt eine gute Seele finden, die die Überfahrt für uns bezahlt."

Der andere sagte: „Auf dieser Seite des Flusses ist kein Dorf, kein Weiler, keine Hütte, überhaupt keinerlei Schutz. Wilde Tiere werden sich über uns hermachen, wir werden von Schlangen gebissen werden oder erfrieren. Am anderen Ufer können wir die Nacht sicher und bequem verbringen. Ich habe das Geld, um den Bootsmann zu bezahlen."

Als sie sicher drüben angekommen waren, machte er seinem Gefährten Vorhaltungen. „Verstehst du jetzt, wie wichtig es ist, Geld zu haben? Ich konnte dein und mein Leben damit retten. Was wäre geschehen, wenn auch ich ein Mann der Entsagung wäre?"

Der andere erwiderte: „Dein Verzicht war es, der uns sicher hinüberbrachte, denn du trenntest dich von deinem Geld, um den Fährmann zu bezahlen, stimmt's? Da ich überdies kein Geld in der Tasche hatte, wurde deine Tasche zu der meinen. Ich habe festgestellt, daß ich nie Unbill erleide, für mich wird stets gesorgt."

FORTSCHRITT

Jeden Monat sandte der Schüler getreulich seinem Meister einen Bericht über seinen Fortschritt auf dem Weg der Erleuchtung.

Im ersten Monat schrieb er: „Ich fühlte eine Erweiterung des Bewußtseins und erfahre mein Einssein mit dem Universum." Der Meister überflog die Nachricht und warf sie weg.

Im folgenden Monat hatte er dies zu sagen: „Ich habe endlich entdeckt, daß das Göttliche in allen Dingen gegenwärtig ist." Der Meister schien enttäuscht.

In seinem dritten Brief erklärte der Schüler begeistert: „Das Geheimnis des Einen und der Vielen ist meinem staunenden Blick enthüllt worden." Der Meister gähnte.

In seinem nächsten Brief hieß es: „Niemand wird geboren, niemand lebt und niemand stirbt, denn das Ich ist nicht." Der Meister rang verzweifelt die Hände.

Danach verging ein Monat, dann zwei, dann fünf; dann ein ganzes Jahr. Der Meister fand es an der Zeit, seinen Schüler an die Pflicht zu erinnern, ihn über seinen geistlichen Fortschritt zu informieren. Der Schüler schrieb zurück: „Wen interessiert das?" Als der Meister diese Worte las, schien er zufrieden. Er sagte: „Gott sei Dank, endlich hat er begriffen."

Sogar die Sehnsucht nach Freiheit ist eine Fessel.
Niemand ist wirklich frei,
der sich um seine Freiheit sorgt.
Nur die Zufriedenen sind frei.

DAS WESENTLICHE

Ein Löwe geriet in Gefangenschaft und wurde in ein Lager gebracht, wo er zu seinem Erstaunen noch andere Löwen antraf, die schon jahrelang dort waren, einige sogar ihr ganzes Leben, denn sie waren dort geboren. Er lernte bald die sozialen Betätigungen der Lagerlöwen kennen. Sie schlossen sich in Gruppen zusammen. Eine Gruppe bestand aus den Gesellschaftslöwen; eine andere ging ins Showgeschäft; wieder eine andere betätigte sich kulturell, um die Bräuche, die Traditionen und die Geschichte jener Zeiten zu bewahren, als die Löwen in Freiheit lebten. Andere Gruppen waren religiös – sie kamen zusammen, um zu Herzen gehende Lieder zu singen von einem künftigen Dschungel ohne Zäune. Einige Gruppen fanden Zulauf von denen, die sich von Natur aus für Literatur und Kunst interessierten; wieder andere waren revolutionär gesonnen, sie trafen sich, um sich gegen ihre Wärter zu verschwören oder gegen andere revolutionäre Gruppen Pläne zu schmieden. Ab und zu brach eine Revolution aus, die eine oder andere Gruppe wurde ausgelöscht, oder alle Wärter wurden umgebracht und durch andere ersetzt.

Als sich der Neuankömmling umsah, bemerkte er einen Löwen, der stets tief in Gedanken versunken schien, ein Einzelgänger, der keiner Gruppe angehörte und sich meistens von allen fernhielt. Es war etwas Seltsames um ihn, das sowohl die Bewunderung der anderen hervorrief, aber auch ihre Feindseligkeit, denn seine Gegenwart erzeugte Angst und Selbstzweifel. Er sagte zu dem Neuankömmling: „Schließ dich keiner Gruppe an. Diese armen Narren kümmern sich um alles, bloß nicht um das Wesentliche."

„Und was ist das?" fragt der Neuankömmling.

„Über die Art des Zaunes nachzudenken."

Nichts, aber auch gar nichts anderes ist wichtig!

BEFREIUNG

Wie soll ich Befreiung erlangen?"

„Finde heraus, wer dich festgehalten hat", sagte der Meister.

Nach einer Woche kehrte der Schüler zurück und sagte: „Niemand hat mich festgehalten."

„Warum möchtest du dann befreit werden?"

Für den Schüler war das ein Augenblick der Erleuchtung. Plötzlich wurde er frei.

Wie froh der Meister aussieht", bemerkte ein Besucher.

Sagte ein Schüler: „Man kommt immer froh daher, hat man erst einmal die Last abgeworfen, die Ego heißt."

Ein Schüler beklagte sich über die Gewohnheit des Meisters, alle seine hochgehaltenen Überzeugungen über den Haufen zu werfen.

Sagte der Meister:

„Ich lege Feuer an den Tempel deiner Überzeugungen, denn wenn er niedergebrannt ist, wirst du eine ungehinderte Sicht auf den weiten, grenzenlosen Himmel haben."

WER BIST DU?

Eine Frau lag im Koma. Plötzlich hatte sie das Gefühl, sie käme in den Himmel und stände vor dem Richterstuhl.

„Wer bist du?" fragte eine Stimme.

„Ich bin die Frau des Bürgermeisters", erwiderte sie.

„Ich habe nicht gefragt, wessen Ehefrau du bist, sondern wer du bist."

„Ich bin die Mutter von vier Kindern."

„Ich habe nicht gefragt, wessen Mutter du bist, sondern wer du bist."

„Ich bin Lehrerin."

„Ich habe nicht nach deinem Beruf gefragt, sondern wer du bist."

Und so ging es weiter. Alles, was sie erwiderte, schien keine befriedigende Antwort auf die Frage zu sein: „Wer bist du?"

„Ich bin eine Christin."

„Ich fragte nicht, welcher Religion du angehörst, sondern wer du bist."

„Ich bin die, die jeden Tag in die Kirche ging und immer den Armen und Hilfsbedürftigen half."

„Ich fragte nicht, was du tatest, sondern wer du bist."

Offensichtlich bestand die Frau die Prüfung nicht, denn sie wurde zurück auf die Erde geschickt. Als sie wieder gesund war, beschloß sie, herauszufinden, wer sie war. Und darin lag der ganze Unterschied.

Deine Pflicht ist es zu sein. Nicht irgend jemand, nicht ein Niemand – denn darin liegt Habgier und Ehrgeiz –, nicht dies oder jenes zu sein – und dadurch abhängig zu werden –, sondern einfach zu sein.

LASS DEN ZWEIG LOS

Ein Atheist fiel von einer Klippe. Beim Hinunterstürzen packte er den Zweig eines kleinen Baumes. Dort hing er nun zwischen dem Himmel und den dreihundert Meter tiefer liegenden Felsen, wohl wissend, daß er sich nicht viel länger würde festhalten können.

Plötzlich kam ihm eine Idee. „Gott", rief er, so laut er konnte. Schweigen, niemand antwortete.

„Gott", schrie er noch einmal. „Wenn es dich gibt, rette mich, und ich verspreche, daß ich an dich glauben und andere glauben lehren werde."

Wieder Schweigen. Dann ließ er den Zweig vor Schreck beinahe los, als eine kräftige Stimme über den Canyon dröhnte: „Das sagen sie alle, wenn Not am Mann ist."

„Nein, Gott, nein", rief er laut, nun etwas hoffnungsvoller geworden. „Ich bin nicht wie die anderen. Ich habe ja schon begonnen zu glauben, merkst du das nicht, ich habe ja schon deine Stimme vernommen. Nun mußt du mich bloß retten, und ich werde deinen Namen bis an die Enden der Welt verkünden."

„Gut", sagte die Stimme, „ich werde dich retten. Laß den Zweig los."

„Den Zweig loslassen?" schrie der verzweifelte Mann. „Hältst du mich für verrückt?"

Es heißt, das erwartete Wunder geschah nicht. Als Moses seinen Stab in das Rote Meer warf, sondern nachdem der erste Mensch sich selbst hineinstürzte, wichen die Wellen zurück, und das Wasser teilte sich, um den Israeliten eine sichere Furt zu gewähren.

ILLUSIONEN

Wenn Sie sich anklammern, ist das Leben zerstört; wenn Sie an etwas festhalten, hören Sie auf zu leben. Diese Erfahrung durchzieht das ganze Evangelium. Das müssen wir *verstehen* lernen.

Verstehen müssen wir auch diese Illusion: daß Glück nicht dasselbe wie Spannung und Nervenkitzel ist. Es ist ebenso eine Illusion, daß Nervenkitzel daher rührt, daß Wünsche erfüllt werden. Wünsche erzeugen Angst, und früher oder später folgt der Überdruß. Wenn Sie genug gelitten haben, sind Sie bereit, dies einzusehen. Sie halten sich durch Nervenkitzel hoch. Es ist so, als wollte man ein Rennpferd mit Delikatessen füttern, mit Kuchen und Wein. Doch so wird ein Rennpferd nun einmal nicht gefüttert. Es ist, als gäbe man einem Menschen Drogen. Man kann auch seinen Magen nicht mit Tabletten stopfen. Vielmehr brauchen wir gutes, solides, nahrhaftes Essen und Trinken. Das alles müssen Sie für sich selbst herausfinden.

Eine weitere Illusion besteht darin, daß das jemand anderer für Sie herausfinden kann, daß irgendein Erlöser, Guru oder Lehrer es für Sie tun kann. Nicht einmal der größte Guru der Welt kann auch nur einen Schritt für Sie tun – den müssen Sie schon selbst tun.

Der heilige Augustinus sagt in diesem Zusammenhang sehr einsichtig: „Jesus Christus selbst konnte für viele, die ihn hörten, nichts tun." *Sie selbst* sind es, die das Ihrige erledigen müssen. Niemand kann Ihnen helfen: *Sie* müssen Ihr Essen verdauen, *Sie* müssen verstehen. Das Verstehen kann Ihnen niemand abnehmen ebensowenig wie das Suchen. *Sie* müssen selbst suchen. Wenn Sie nach der Wahrheit suchen, müssen *Sie* es selbst tun. Sie können sich dabei auf niemanden stützen.

DER EINZIGE GRUND

Warum nehmen Sie das Glück nicht wahr, das Sie schon besitzen? Weil Ihr Verstand dauernd Unglücklichsein produziert. Verjagen Sie dieses Unglücklichsein aus Ihrem Kopf, und sofort wird das Glück, das schon immer in Ihnen war, die Oberhand gewinnen...

Wenn Sie genau hinschauen, werden Sie erkennen, daß es nur einen einzigen Grund für Ihr Unglücklichsein gibt. Er heißt: *Abhängigkeit*. Was ist Abhängigkeit? Ein gefühlsmäßiger Zustand des Sich-Anklammerns, der aus der Überzeugung entsteht, daß man ohne eine bestimmte Sache oder einen bestimmten Menschen nicht glücklich sein kann. Dieser gefühlsmäßige Zustand des Anklammerns besteht aus zwei Elementen: einem positiven und einem negativen. Das positive Element ist das schnelle Vergnügen, die Erregung, der Nervenkitzel, den Sie erleben, wenn Sie bekommen haben, woran ihr Herz hängt. Das negative Element ist das Gefühl der Bedrohung und der Spannung, das die Abhängigkeit immer begleitet.

Stellen Sie sich einen Menschen vor, der in einem Straflager sein Essen hinunterschlingt: Mit einer Hand führt er das Essen zum Mund, mit der anderen möchte er es von den anderen abschirmen, die es ihm sofort wegschnappen, wenn er nicht aufpaßt: das perfekte Bild eines Menschen, der an etwas festklammert. So macht Festklammern oder Abhängigsein von sich aus anfällig für Gefühlsausbrüche und ist immer eine Bedrohung für Ihren inneren Frieden und Ihre Ausgeglichenheit.

EINFACH AUFGEBEN

Wie können Sie von einem Menschen, der an etwas krampfhaft festhält, erwarten, daß er sich auf das weite Meer des Glücks hinauswagt, das Reich Gottes heißt? Genausogut kann man von einem Kamel erwarten, daß es durch ein Nadelöhr geht!

Das Tragische an solchem Festhalten ist freilich, daß es unglücklich macht, sobald man nicht bekommt, woran man sich klammert. Und bekommt man es, macht es ebensowenig glücklich – es verschafft uns nur das schnelle Vergnügen, den Genuß, gefolgt vom Überdruß und seinem selbstverständlichen Begleiter: der Angst, es wieder zu verlieren.

Sie werden sagen: „Darf ich denn mein Herz nicht an ein einziges hängen?" Selbstverständlich! An so vieles, wie Sie möchten. Doch jede einzelne Abhängigkeit kostet Sie ein Stück Ihres Glückes. Denken Sie daran: Abhängigkeiten sind von Natur aus so, daß noch so viele an einem einzigen Tag befriedigte Sie nicht glücklich machen können, wenn eine einzige offen bleibt, die Ihnen keine Ruhe läßt und Sie unglücklich macht. Es gibt keinen Weg, den Kampf gegen Abhängigkeiten zu gewinnen. Genausogut können Sie nach trockenem Wasser suchen wie nach einer Abhängigkeit, die nicht unglücklich macht. Noch niemand hat jemals ein Patentrezept dafür gehabt, das, woran man hängt, ohne Kampf, Angst, Zittern und – früher oder später – ohne Niederlage zu behalten.

Nur so ist der Kampf gegen Abhängigkeiten zu gewinnen: Geben Sie sie einfach auf. Es ist – aller verbreiteten gegenteiligen Meinung zum Trotz – ganz einfach.

DREI WAHRHEITEN

Um den Kampf gegen Ihre Abhängigkeiten zu gewinnen, müssen Sie folgende Wahrheiten wirklich erkennen:

Erste Wahrheit: Sie halten an einem Irrglauben fest – daran nämlich, daß Sie ohne einen bestimmten Menschen oder ohne eine bestimmte Sache nicht glücklich sind. Betrachten Sie einmal all Ihre Abhängigkeiten, und machen Sie sich den Irrtum dieser Annahme klar. Sobald Sie das erkennen, werden Sie das Ergebnis spüren. Genau in diesem Moment wird die Abhängigkeit ihre Macht verlieren.

Zweite Wahrheit: Wenn Sie sich an allem einfach erfreuen, aber sich weigern, Ihr Herz daran zu hängen, dem Irrglauben zu folgen, daß Sie ohne etwas Bestimmtes nicht glücklich sein können, bleibt Ihnen all der Kampf erspart, das Erlangte zu verteidigen. Haben Sie schon einmal daran gedacht, daß Sie sogar mehr Freude erfahren, wenn allem das Anklammern und Davon-Abhängigsein genommen ist, weil Sie dann in sich ruhen, gelöst und unbeschwert sein können?

Dritte und letzte Wahrheit: Wenn Sie lernen, den Duft von tausend Blumen zu genießen, klammern Sie sich nicht an eine einzelne, und leiden auch nicht, wenn Sie sie nicht bekommen. Sie werden das Fehlen einer einzigen nicht bemerken; es wird Ihr Glück nicht im geringsten beeinträchtigen. Doch genau Ihre Abhängigkeiten sind es, die Sie daran hindern, einen umfassenderen und vielfältigeren Geschmack für Dinge und Menschen zu entwickeln…

Im Lichte dieser drei Wahrheiten kann keine Abhängigkeit länger überleben. Doch das Licht muß ununterbrochen scheinen, um seine Wirkung entfalten zu können. Abhängigkeiten können nur in der Dunkelheit der Illusion gedeihen. Der Reiche kann nicht in das Königreich der Freude eingehen, nicht weil er böse sein will, sondern weil er auf seiner Blindheit beharrt.

DIE SINFONIE

Stellen Sie sich vor, Sie sind bei einem Konzert und lauschen den Klängen der schönsten Musik. Plötzlich fällt Ihnen ein, daß Sie vergessen haben, Ihr Auto abzuschließen. Schon plagt Sie der Gedanke: Wird es nach dem Konzert noch da sein? Doch Sie können nicht einfach aufstehen und hinausgehen. Und vorbei ist es mit allem Kunstgenuß: Eine perfekte Momentaufnahme aus dem Leben der meisten Menschen.

Ja, das Leben ist für diejenigen, die Ohren haben zu hören, eine Sinfonie. Doch es gibt nur ganz, ganz wenige, die die Musik auch hören. Wieso? Weil sie nur die Geräusche vernehmen, auf die sie programmiert und abgerichtet sind. Doch da gibt es noch etwas: Ihre Abhängigkeiten. Eine Abhängigkeit ist eines der stärksten Mittel, das Leben abzuwürgen. Um die Sinfonie wirklich zu hören, muß man auf jedes Musikinstrument des Orchesters eingestimmt sein. Wenn Ihnen nur der Paukenwirbel gefällt, hören Sie die Sinfonie nicht mehr, da die Pauke die anderen Instrumente ausschaltet. Sie können durchaus eine Vorliebe für Pauken oder Posaunen haben, dagegen ist nichts zu sagen; eine Vorliebe hindert Sie nicht daran, auch die anderen Instrumente gern zu hören und zu schätzen. Doch sobald Ihre Vorliebe zur Bedingung der Freude an der Musik wird, macht sie Sie für die anderen Klänge taub, sie sind Ihnen plötzlich nebensächlich. Sie hören auf einem Ohr nicht wegen dieses bestimmten Instruments, da Sie ihm eine Wichtigkeit zumessen, die in keinem vernünftigen Verhältnis mehr zu seiner eigentlichen Bedeutung steht.

VERZERRTE WAHRNEHMUNG

Anhänglichkeit verzerrt unsere Wahrnehmung – ein Thema, dem sich der Meister in seinen Vorträgen immer wieder widmete. Eines Tages erhielten die Schüler darüber einen einleuchtenden Anschauungsunterricht, als sie zuhörten, wie der Meister eine Mutter fragte:

„Wie geht es deiner Tochter?"

„Ach, meine liebe Tochter! Sie hat wirklich Glück! Ihr Mann ist wunderbar. Er hat ihr ein Auto geschenkt, jeden Schmuck, den sie sich wünscht, auch mehrere Dienstmädchen angestellt. Er bringt ihr das Frühstück ans Bett, und sie steht nicht vor Mittag auf. Ein wirklicher Prinz von einem Mann!"

„Und wie geht's deinem Sohn?"

„Der arme Junge! Was für eine Plage von Frau hat er geheiratet. Er hat ihr ein großes Auto gekauft, jeden Schmuck, den sie sich wünscht, und obendrein ein Heer von Dienstmädchen angestellt. Und sie weiß nichts anderes zu tun, als bis Mittag im Bett zu liegen. Nicht einmal das Frühstück richtet sie ihm.!"

Als der Meister einmal über die problematischen Bindungen zwischen Eltern und Kindern befragt wurde, erzählte er, wie er einmal in einem Einkaufsmarkt einer Frau begegnete, die einen Kinderwagen schob, in dem zwei kleine Jungen saßen.

„Was für zwei reizende Kinder Sie haben", sagte der Meister. „Wie alt sind sie denn?"

„Der Arzt", sagte die Frau, „ist drei Jahre und der Rechtsanwalt zwei."

AUFGEBEN, ABER WIE?

Denken Sie an einen Menschen oder an etwas anderes, an dem Sie hängen: etwas oder jemand, dem Sie die Macht gegeben haben, Sie glücklich oder unglücklich zu machen. Sie werden feststellen, daß Sie sich nur noch darauf konzentrieren, das Begehrte – auch diesen Menschen – in Ihren Besitz zu bekommen; daß sich alles darum dreht, es zu behalten, damit Sie Freude haben – auf Kosten anderer Dinge und Menschen. Beobachten Sie, wie Sie diese Versessenheit gegenüber dem Rest der Welt abstumpft. Sie sind gefühllos geworden. Haben Sie den Mut und sehen Sie ein, wie voreingenommen und blind Sie sind, wenn es um diese Sache oder diesen Menschen, an dem Sie hängen, geht.

Wenn Sie das erkennen, werden Sie sich bald danach sehnen, sich von jeder Abhängigkeit freizumachen. Das Problem ist nur: wie? Verzichten oder Meiden hilft nicht, denn wenn Sie den Klang der Pauke unterdrücken, werden Sie genauso abgestumpft und gefühllos, als würden Sie nur der Pauke Gehör schenken. Was Sie brauchen, ist nicht Verzicht, sondern *Verstehen*, Wissen. Wenn Ihnen Ihre Abhängigkeiten Schmerz und Sorge gebracht haben, erleichtert es Ihnen das Verstehen. Wenn Sie auch nur einmal in Ihrem Leben die Freude gespürt haben, die das Aufgeben einer Abhängigkeit mit sich bringt, ist dies eine weitere Hilfe. Ebenso hilft es, bewußt auf den Klang aller Instrumente des Orchesters zu hören. Dies kann jedoch kein Ersatz dafür sein, sich klarzumachen, was verloren geht, wenn man die Pauke überbewertet und für die anderen Instrumente des Orchesters kein Ohr mehr hat.

DIE GANZE KLANGFÜLLE

Wenn Sie – um im Bild zu bleiben – die ganze Klangfülle des Orchesters aufnehmen und Ihr Musikgenuß nicht mehr von der Pauke abhängt, werden Sie Ihrem Freund niemals mehr sagen: „Wie glücklich machst Du mich!" Denn sagen Sie ihm das, schmeicheln Sie seinem Ego und beeinflussen ihn, Ihnen wieder zu gefallen. Überdies wiegen Sie sich selbst in der Illusion, Ihr Glück hinge von Ihrem Freund ab. Vielmehr sollten Sie sagen: „Als Du und ich zusammen waren, kam das Glück." So bleibt das Glück von Ihrem und seinem Ego unangetastet. Keiner von Ihnen beiden kann das Glück mehr als sein Verdienst verbuchen. Und es ermöglicht jedem, ohne Abhängigkeit vom anderen zu leben oder ohne sich an die Erfahrung zu klammern, die mit dem Zusammensein verbunden war. Dann haben Sie sich nämlich nicht aneinander, sondern an der Sinfonie erfreut, die aus Ihrer Begegnung entstand. Gehen Sie dann auf die nächste Situation, den nächsten Menschen oder die nächste Arbeit zu, so tun Sie dies ohne einen emotionalen Übertrag. Dabei werden Sie die freudige Entdeckung machen, daß die Sinfonie auch dort und immer wieder anhebt – in immer anderen Melodien, wie es die Situation ergibt.

Fortan werden Sie von einem Augenblick zum anderen durchs Leben gehen, ganz mit der Gegenwart verbunden sein und dabei so wenig von der Vergangenheit mit sich tragen, daß Ihr Geist durch ein Nadelöhr gehen könnte; so wenig von Sorgen um die Zukunft geplagt wie die Vögel in der Luft und die Blumen auf dem Feld. Von nichts und niemandem werden Sie abhängig sein, da Sie ein Empfinden für die Sinfonie des Lebens entwickelt haben. Und Sie werden das Leben lieben, mit der leidenschaftlichen Anhänglichkeit des ganzen Herzens, der ganzen Seele, des ganzen Verstands und Ihrer ganzen Kraft. Sie werden sich selbst unbeschwert und frei wie ein Vogel am Himmel wiederfinden, der immer im Ewigen Jetzt lebt.

MÄRZ

*Ohne Trugbilder
und Ängste*

ANGST TÖTET

Die Pest war auf dem Weg nach Damaskus und überholte in der Wüste die Karawane eines Häuptlings. „Wohin so schnell?" fragte der Häuptling.

„Nach Damaskus. Ich habe vor, tausend Leben zu nehmen."

Auf ihrem Rückweg von Damaskus kam die Pest wieder an der Karawane vorbei. Der Häuptling sagte: „Fünfzigtausend Leben hast du dahingerafft, nicht tausend."

„Nein", sagte die Pest, „ich nahm tausend. Es war die Angst, die die übrigen nahm."

Eine Gruppe Touristen, die es aufs flache Land verschlagen hatte, bekam ein Essen vorgesetzt, das ihnen nicht mehr sehr frisch erschien. Bevor sie es selbst aßen, ließen sie einen Hund probieren. Dem schien das Essen zu schmecken, und er zeigte auch keine Nachwirkungen.

Doch am nächsten Tag erfuhren sie, daß der Hund gestorben war. Panik ergriff sie. Viele begannen, sich zu erbrechen, und klagten über Fieber und Durchfall. Ein Arzt wurde gerufen, der die Opfer wegen Lebensmittelvergiftung behandeln sollte.

Der Arzt fragte zunächst, was mit dem Hundekadaver geschehen sei. Es wurde nachgeforscht. Ein Nachbar erklärte beiläufig: „Oh, man warf ihn in einen Graben, weil er von einem Auto überfahren worden war."

Menschen reagieren nicht auf das,
was in Wirklichkeit geschieht,
sondern auf Vorstellungen, die sie im Kopf haben...

FIXIERT

Nehmen wir einmal an, Sie wüßten, daß Sie in einer Woche hingerichtet werden. Sie könnten dann an nichts anderes mehr denken als an dies. Sie wären so konzentriert wie nie. So ist es mit den Ängsten: sie fixieren Ihre ganze Aufmerksamkeit auf eine einzige Sache, unter Ausschluß alles übrigen. Ganz zu Unrecht meinen Sie, daß Ihre Ängste Sie beschützen, daß Ihre Überzeugungen Sie das werden ließen, was Sie sind, und daß alles, woran Sie hängen, Ihr Leben aufregend und sorglos macht. Dabei sehen Sie aber nicht, daß die Ängste, Überzeugungen und Abhängigkeiten im Grunde wie eine schallschluckende Wand zwischen Ihnen und der Sinfonie des Lebens stehen.

Natürlich ist es nicht gut möglich, auf jeden einzelnen Ton der Sinfonie des Lebens zu hören. Doch wenn Ihr Geist frei geworden ist und Ihre Sinne sich öffnen, werden Sie beginnen, die Dinge so wahrzunehmen, wie sie sind und der Wirklichkeit Rechnung tragen. Bald werden Sie von den Wohlklängen des Universums entzückt sein. Dann werden Sie verstehen, was Gott ist, wissen Sie doch schließlich, was Liebe ist.

Was ist Liebe?

„Überhaupt keine Angst mehr zu haben", sagte der Meister.

„Was fürchten wir?"

„Liebe", sagte der Meister.

BLIND

Man sagt, Liebe macht blind. Tut Sie das wirklich? Tatsächlich ist nichts auf der Welt so scharfsichtig wie die Liebe. Das, was blind macht, ist nicht Liebe, sondern Abhängigkeit. Abhängigkeit ist ein Zustand des Sich-Anklammerns, der aus dem Irrglauben rührt, eine bestimmte Sache oder einen bestimmten Menschen unbedingt zum Glück zu brauchen...

Stellen Sie sich einen Politiker vor, der sich selbst davon überzeugt hat, daß er nicht glücklich sein kann, solange er keine politische Macht besitzt. Sein Streben nach Macht stumpft ihn gegenüber vielen anderen wichtigen Dingen des Lebens ab. Er hat kaum noch Zeit für die Familie und für Freunde. Plötzlich werden alle Menschen nur noch daraufhin angesehen, ob sie seinem Ehrgeiz nützen oder ihm im Wege stehen. Und diejenigen, die ihm weder nützlich noch gefährlich sein können, übersieht er einfach. Hängt sein Herz darüber hinaus noch an Dingen wie Geld oder Vergnügungen, ist der arme Mann in seiner Wahrnehmungsfähigkeit so eingeschränkt, daß man fast sagen könnte, er ist blind. Für alle ist das klar, nur für ihn selbst nicht. Das ist die Situation, die zur Ablehnung des Messias führt, zur Ablehnung des Wahren, Schönen und Guten, weil man ihm gegenüber blind geworden ist...

Um in dem Zustand zu sein, der Liebe heißt, müssen Sie für die Einzigartigkeit und Schönheit aller Dinge und jedes Menschen in Ihrer Umgebung empfänglich sein. Sie können schwerlich etwas lieben, was Sie nicht einmal wahrnehmen. Und sehen Sie nur ein paar wenige Dinge auf Kosten anderer, so ist das eben keine Liebe. Denn Liebe klammert niemanden aus, sie schließt das Ganze des Lebens ein.

WER VON BEIDEN?

Ein junger Mann, blind von Geburt, verliebte sich in ein Mädchen. Alles ging gut, bis ihm ein Freund sagte, daß das Mädchen nicht sehr hübsch war. Von da an verlor er jedes Interesse an ihr.

Schlimm genug! Er hatte sie richtig „gesehen", der Freund war blind gewesen.

Zwei Herren, die etwas unsicher auf den Beinen waren, warteten spät nachts ungeduldig an der Bushaltestelle, lange nachdem die Busse den Verkehr eingestellt hatten.

Mehrere Stunden vergingen, ehe sie, sinnlos betrunken, wie sie waren, merkten, daß der letzte Bus schon lange weg war. Aber sie sahen mehrere Wagen im Depot geparkt und beschlossen, einen auszuleihen und selbst nach Hause zu fahren.

Enttäuscht stellten sie fest, daß sie den richtigen Bus nicht finden konnten. „Ist das zu glauben", sagte einer, „da stehen Hunderte von Bussen und nicht ein 36er ist darunter!"

„Das ist jetzt egal", sagte der andere. „Laß uns den 22er bis zur Endhaltestelle nehmen, und die letzten paar Kilometer nach Hause laufen."

NICHT MEHR DIE WIRKLICHKEIT

Schauen Sie auf Ihr Leben, so werden Sie feststellen, daß es die Abhängigkeiten und Ängste sind, die darüber entscheiden, was Sie wahrnehmen und was Sie verdrängen. Wovon auch immer Sie Notiz nehmen, es beansprucht Ihre Aufmerksamkeit. Und da Sie beim Sehen auswählen, besitzen Sie ein trügerisches Bild der Menschen und Dinge um Sie herum. Je länger Sie mit diesem Zerrbild leben, desto mehr sind Sie davon überzeugt, daß es das einzige wahre Bild der Welt ist, denn Ihre Abhängigkeiten und Ängste verarbeiten auch die neu eingehenden Informationen weiterhin so, daß sie das vorhandene Bild neu bestätigen.

Auf diese Weise bilden sich Ihre Überzeugungen: feste, unveränderliche Sichtweisen einer Wirklichkeit, die aber weder fest noch unveränderlich ist, sondern immer in Bewegung und im Wandel. Dadurch ist es nicht mehr die wirkliche Welt, auf die Sie eingehen und die Sie lieben, sondern eine Welt, die in Ihrem Kopf entstanden ist. Nur wenn Sie von Ihren starren Überzeugungen ablassen, Ihre Ängste und die Abhängigkeiten aufgeben, die diese Ängste erst hervorrufen, werden Sie von der Empfindungsarmut befreit sein, die Sie so taub und blind sich selbst und der Welt gegenüber macht.

Ein Mann in der Bar wandte sich zu dem neben ihm sitzenden Fremden und sagte:

„Ich verstehe es einfach nicht. Ich brauche nur einen kleinen Drink, nur einen einzigen kleinen Drink, und schon bin ich betrunken."

„Wirklich. Nur einen?"

„Ja. Und gewöhnlich ist es der achte."

DIE ÄUSSERE FORM

Ein Junge entwickelte eine wahre Sandwich-Phobie. Jedesmal, wenn er einen Sandwich sah, begann er vor Angst zu zittern und zu schreien. Seine Mutter war davon so geschockt, daß sie mit ihm zu einem Therapeuten ging. Der sagte: „Diese Phobie kann leicht beseitigt werden. Nehmen Sie den Jungen nach Hause, und lassen sie ihn zusehen, wie Sie einen Sandwich machen. Dadurch werden seine albernen Vorstellungen, die er von einem Sandwich hat, aus dem Wege geräumt, und er wird nicht mehr zittern und schreien."

Genau das tat die Mutter. Sie nahm zwei Scheiben Brot in die Hand und sagte: „Hast du davor Angst?" Der Junge sagte: „Nein." Sie zeigte ihm die Butter. Hatte er davor Angst? Nein, keine Angst. Sie ließ ihn zusehen, wie sie die Butter auf das Brot strich. Danach kam das Salatblatt. Hatte er davor Angst? Nein. Der Salat wurde auf das Brot gelegt. Und Tomatenscheiben? Hatte er vor irgend etwas Angst? Nein. Also wurden die Tomaten auf das Salatblatt gelegt. Wie stand es mit Speckstreifen? In Ordnung, also wurden sie obenauf gelegt.

Nun hielt sie die beiden belegten Brotscheiben in den Händen und zeigte sie dem Jungen. Immer noch keine Angst. Aber in dem Augenblick, als sie die Scheiben aufeinanderlegte, um einen Sandwich zu machen, schrie er: „Sandwich! Sandwich!" und begann vor Angst zu zittern.

Sie lieben oder hassen nicht
das Wesentliche der Dinge oder Menschen,
sondern nur ihre äußere Form...

FETTSCHICHTEN

Sie brauchen sich nur einmal umzuschauen und werden bald feststellen, daß der Verstand vieler Menschen träge, müde, mit Fettschichten bedeckt ist. Dabei möchte er nicht gestört oder gefragt werden, um nicht vielleicht doch wach zu werden.

Was sind diese Fettschichten? Jede festgelegte Meinung, jedes Urteil über Menschen und Dinge, zu dem Sie gekommen sind, jede Gewohnheit und jede Abhängigkeit...

Nehmen wir eine Schicht nach der anderen etwas näher unter die Lupe; zuerst Ihre Überzeugungen. Führen Sie ein Leben als Sozialist oder Kapitalist, als Muslim oder Jude – um nur diese zu nennen –, so leben Sie einseitig und voreingenommen; zwischen Ihnen und der Wirklichkeit ist eine Barriere, eine Fettschicht, weil Sie sie nicht mehr direkt sehen und mit ihr in Berührung kommen.

Zweite Schicht: Ihre Vorstellungen. Wenn Sie an Ihrer Vorstellung von einem Menschen festhalten, lieben Sie nicht mehr diese Person, sondern nur Ihr eigenes Bild von ihr. Sie sehen diese Person etwas tun oder sagen, sich in einer bestimmten Weise verhalten und stecken sie dabei in eine Schublade: „Sie ist dumm, oder, er ist langweilig, er ist scheußlich oder, sie ist sehr nett" usw. Damit haben Sie einen Schirm, eine Fettschicht zwischen sich und diesem Menschen errichtet, dann treffen Sie ihn das nächste Mal, nehmen Sie ihn nur in den Begriffen Ihrer Vorstellung von ihm wahr, auch wenn er sich noch so verändert hat. Prüfen Sie einmal, ob das nicht für die meisten Menschen, die Sie kennen, zutrifft.

GEFANGENGEHALTEN

Eine weitere Barriere oder Fettschicht sind Ihre Abhängigkeiten und Ängste. Diese Schicht ist am leichtesten zu erkennen. Breiten Sie eine dicke Decke aus Abhängigkeit und Angst (und somit Abneigung) über alles und jeden, und sofort werden Sie nichts mehr so sehen, wie es wirklich ist. Rufen Sie sich einige Menschen ins Gedächtnis, die Sie nicht mögen, vor denen Sie sich fürchten oder an denen Sie hängen, und Sie werden sehen, wie sehr dies zutrifft.

Ist Ihnen jetzt klargeworden, daß Sie in einem Gefängnis sitzen, das aus Überzeugungen und Traditionen Ihrer Gesellschaft und Kultur, aus Vorstellungen, Vorurteilen, Abhängigkeiten und Ängsten aus Ihrer Vergangenheit besteht? Mauer um Mauer umgibt Ihre Zelle, und es scheint beinahe unmöglich, daraus auszubrechen, um mit dem Reichtum des Lebens, der Liebe und der Freiheit, der hinter Ihren Gefängnismauern liegt, in Berührung zu kommen. Und doch ist diese Aufgabe durchaus nicht unmöglich, sondern sogar einfach und schön.

Von Meister Eckhart stammt das schöne Wort: „Gott läßt sich nicht dadurch erreichen, daß man seiner Seele etwas hinzufügt, sondern indem man etwas abzieht." Sie tun nichts, um frei zu sein, sondern lassen etwas. Dann sind Sie frei.

Das erinnert mich an die Geschichte von einem irischen Gefangenen, der einen Tunnel unter der Gefängnismauer ins Freie gegraben hatte, durch den er entkommen konnte. Mitten auf einem Schulhof, auf dem kleine Kinder spielten, kroch er aus dem Tunnel ans Tageslicht. Übermütig sprang er umher und rief: „Ich bin frei, ich bin frei!"

Ein kleines Mädchen schaute ihn verächtlich an und sagte: „Das ist doch gar nichts. Ich bin vier."

GROLL

Der Meister schonte niemanden, der in Selbstmitleid und Groll schwelgte.

„Unrecht erlitten zu haben", sagte er, „ist *nichts*, es sei denn, du bist erpicht, dich daran zu erinnern."

Der Meister setzte das Thema fort mit der Geschichte von dem Hotelbesitzer, der sich bitter über die Folgen beklagte, die der Bau einer neuen Schnellstraße für sein Geschäft mit sich gebracht hatte.

„Hör mal zu", sagte ihm ein Freund. „Ich kann dich einfach nicht verstehen. Jeden Abend sehe ich das Schild ‚Besetzt' vor deinem Hotel."

„Danach kannst du nicht gehen. Bevor die Schnellstraße gebaut wurde, mußte ich jeden Tag dreißig bis vierzig Leute fortschicken. Jetzt schicke ich nie mehr als fünfundzwanzig weg."

Fügte der Meister hinzu: „Wenn du entschlossen bist, negativ zu empfinden, sind sogar nichtexistierende Kunden wirkliche Kunden."

LIEBER ÄRGER

Ein Reisender gab dem Speisewagenkellner seine Bestellung auf. „Zum Nachtisch", sagte er, „möchte ich Obsttörtchen und Eis."

Der Kellner sagte, sie hätten keine Obsttörtchen. Der Mann explodierte.

„Was? Keine Törtchen? Das ist absurd. Ich bin einer der besten Kunden dieser Eisenbahnlinie. Jedes Jahr organisiere ich Reisen für Tausende von Touristen und lasse Hunderte von Tonnen Fracht mit der Bahn befördern. Und wenn ich selbst einmal mit dieser Linie reise, kann ich noch nicht einmal einfache Obsttörtchen bekommen! Ich werde das mit dem Vorstand besprechen."

Der Küchenchef rief den Kellner zu sich und sagte: „Wir können ihm diese Törtchen bei der nächsten Station besorgen."

Gleich nach dem nächsten Halt ging der Kellner noch einmal zu dem Reisenden. „Ich bin glücklich, Ihnen sagen zu können, Sir, daß unser Küchenchef diese Törtchen speziell für Sie gemacht hat. Er hofft, sie werden Ihnen schmekken. Und außerdem erlauben wir uns, Ihnen dazu diesen 75 Jahre alten Cognac anzubieten mit Empfehlungen von der Eisenbahngesellschaft."

Der Reisende warf seine Serviette auf den Tisch, ballte die Faust und schrie: „Zum Teufel mit den Törtchen! Ich möchte wütend sein!"

Wie leer wäre unser Leben,
wenn wir uns über nichts ärgern könnten!

MISERABEL

Der häufigste Grund des Unglücklichseins", erklärte der Meister, „ist der gefaßte Entschluß, unglücklich zu sein. Daher kommt es, daß von zwei Personen in genau derselben Situation sich die eine glücklich und die andere miserabel fühlt."

Er erzählte, wie sich einmal seine kleine Tochter gesträubt hatte, in ein Ferienlager zu gehen. In seinem Bemühen, ihr die Bedenken zu zerstreuen, adressierte der Meister einige Postkarten an sich selbst und gab sie dem Kind.

„Schreib bloß drauf ‚Es geht mir gut'", sagte er, „und steck jeden Tag eine Karte in den Briefkasten."

Das Mädchen überlegte kurz und fragte: „Wie schreibt man ‚miserabel'?"

Der Meister behauptete, daß der Hauptgrund für vieles Unglück in der Welt auf die geheime Befriedigung der Menschen zurückzuführen ist, sich schlecht zu fühlen.

Er erzählte von einem Freund, der zu seiner Frau sagte:

„Warum läßt du nicht alles stehen und liegen und machst dir einen schönen Tag, meine Liebe?"

„Ach, du weißt doch genau, mein Lieber, daß ich mich niemals dabei wohl fühlen würde, mir einfach einen schönen Tag zu machen", gab sie gereizt zur Antwort.

GEWOHNHEITEN

Gewohnheiten sind ein wesentlicher Bestandteil des menschlichen Lebens. Wir könnten nicht gehen, sprechen oder autofahren, würden wir uns dabei nicht auf die Gewohnheiten verlassen. Doch Gewohnheiten müssen sich auf mechanische Vorgänge beschränken – und können nicht für die Liebe oder für Sichtweisen gelten. Wer möchte aus Gewohnheit geliebt werden?

Haben Sie schon einmal am Meer gestanden und wie gebannt die mächtigen Wellen und die majestätische Weite des Ozeans betrachtet? Ein Fischer schaut jeden Tag aufs Meer und nimmt von dessen Großartigkeit kaum Notiz. Warum? Es ist die abstumpfende Wirkung einer Fettschicht, die Gewohnheit heißt: Sie haben sich von allen Dingen, die Sie sehen, feste Vorstellungen gebildet, und begegnen Sie ihnen, so nehmen Sie diese nicht in ihrer ganzen, sich verändernden Neuheit wahr, sondern nur in denselben dummen, dumpfen und langweiligen Vorstellungen, die Sie aus Gewohnheit angenommen haben. Nicht anders verhalten Sie sich Menschen gegenüber: keine Frische, kein neues Sehen, sondern immer diese langweilige Routine aus Gewohnheit. Sie sind nicht imstande, sie in anderer, kreativer Weise zu sehen. Da das Betrachten der Welt und der Mitmenschen sich zu einer Gewohnheit entwickelt hat, können Sie Ihren Verstand auf „automatische Steuerung" umschalten und sich schlafen legen.

KÄFIG OHNE GITTER

Ein Bär ging in seinem sechs Meter langen Käfig hin und her.

Als die Gitterstäbe nach fünf Jahren entfernt wurden, ging der Bär weiterhin diese sechs Meter hin und her, als ob der Käfig noch da wäre. Für ihn war er da!

Sie werden von geistigen, nicht wirklichen Mauern gefangengehalten.

Die ungeduldige Witwe drückte auf den Fahrstuhlknopf und wurde wütend, weil der Lift nicht sofort kam.

Als er schließlich eintraf, fuhr sie den Fahrstuhlführer an: „Wo waren Sie denn?"

„Lady, wohin kann man in einem Fahrstuhl gehen?"

Tommy war gerade vom Strand zurückgekommen.

„Waren da noch andere Kinder?" fragte seine Mutter. „Ja", sagte Tommy.

„Jungen oder Mädchen?"

„Woher soll ich das wissen! Sie hatten nichts an."

Sie sehen nicht, was da ist, sondern das, was ihnen beigebracht wurde zu sehen.

WIE AUSBRECHEN?

Machen Sie sich zuerst klar, daß Sie von Gefängnismauern umgeben sind und daß sich Ihr Verstand schlafen gelegt hat. Den meisten Leuten gelingt es nicht, dies einzusehen, und so leben und sterben sie als Gefängnisinsassen. Die meisten Leute enden schließlich als Konformisten; sie passen sich dem Gefängnisleben an. Einige werden Reformer; sie kämpfen für bessere Haftbedingungen: bessere Beleuchtung, bessere Belüftung. Kaum einer oder eine wird ein Rebell, eine Revolutionärin, die die Gefängnismauern niederreißt. Sie können nur dann zum Revolutionär werden, wenn Sie erst einmal die Gefängnismauern erkennen.

Wollen Sie diese durchbrechen, betrachten Sie die Mauern: Verwenden Sie viel Zeit auf die Beobachtung Ihrer Vorstellungen, Ihrer Gewohnheiten, Ihrer Abhängigkeiten und Ihrer Ängste, ohne zu urteilen oder zu verurteilen. Schauen Sie sie an, und sie werden sich auflösen.

Nehmen Sie sich Zeit, die Menschen und Dinge Ihrer Umgebung zu beobachten. Schauen Sie, aber schauen Sie alles wirklich so an, als wäre es das erste Mal: das Gesicht eines Freundes, ein Blatt, ein Baum, ein Vogel in der Luft, das Verhalten Ihrer Mitmenschen, betrachten Sie ihr Gehabe. Sehen Sie sich das alles genau an, und Sie werden sie hoffentlich neu sehen, so wie sie sind, ohne die abstumpfende, lähmende Wirkung Ihrer Vorstellungen und Gewohnheiten.

Es war einmal ein sehr weiser und guter König", sagte der Meister, „dem zu Ohren gekommen war, daß in seinem Staatsgefängnis eine Anzahl Unschuldiger eingesperrt war. Daraufhin befahl er, ein anderes, bequemeres Gefängnis für Unschuldige zu bauen."

EINE KATASTROPHE

Der Meister hielt den Menschen immer wieder ihre roboterhafte Lebensweise vor Augen: „Wie kannst du dich Mensch nennen, wenn jedes Denken, jedes Fühlen und Handeln mechanisch vor sich geht und nicht aus dir selbst kommt, sondern deiner Beeinflussung oder deinem Programmiert-Sein entspringt?"

„Kann etwas dieses Programmiert-Sein durchbrechen und uns davon loslösen?" fragte ein Schüler.

„Ja, Bewußtheit."

Und nach kurzem Nachdenken fügte er hinzu: „Und eine Katastrophe."

„Eine Katastrophe?"

„Ja. Ein sehr englischer Engländer erzählte mir einmal, daß er nach einem Schiffbruch mitten im Ozean mit einem anderen Engländer eine ganze Stunde lang im Meer geschwommen war, bis es ihm endlich gelang, sich von seinem Programmiert-Sein zu befreien und ihn anzusprechen, ohne vorgestellt zu sein!"

„Was sagte er?"

„Er sagte: ,Entschuldigen Sie, daß ich Sie so anspreche, ohne vorgestellt worden zu sein, aber ist das die Richtung nach Southampton?'"

FREIE SICHT

Auch das ist ist wichtig, um Ihre Gefängnismauern zu durchbrechen: Setzen Sie sich still hin, und beobachten Sie, wie Ihr Verstand arbeitet. Da ist ein ständiger Strom von Gedanken, Gefühlen und Reaktionen. Beobachten Sie das alles eine ganze Weile, so wie Sie vielleicht einen Fluß oder einen Film anschauen. Bald werden Sie es weitaus fesselnder als einen Fluß oder Film finden und um vieles lebendiger und befreiender.

Schließlich: Können Sie eigentlich von sich sagen, lebendig zu sein, wenn Sie sich nicht einmal Ihrer eigenen Gedanken und Reaktionen bewußt sind? Man sagt, ein unbewußtes Leben ist nicht wert, gelebt zu werden. Es kann nicht einmal Leben genannt werden; es ist ein mechanisches Roboterdasein; ein Schlaf, eine Bewußtlosigkeit, ein Totsein; und dennoch ist es das, was die Menschen menschliches Leben nennen!

Also schauen Sie, beobachten Sie, fragen Sie, erforschen Sie – und Ihr Verstand wird lebendig werden, sein Fett verlieren und scharf, wach und aktiv sein. Ihre Gefängnismauern werden einstürzen, bis kein Stein des Tempels mehr auf dem anderen ist, und Sie werden mit dem Geschenk einer ungehinderten Sicht der Dinge gesegnet sein – der Dinge, so wie sie sind –, mit der unmittelbaren Erfahrung der Wirklichkeit.

STREIFEN AUF DEN FENSTERSCHEIBEN

Eine Frau beschwerte sich bei einer Freundin, die sie besuchte, daß ihre Nachbarin keine gute Hausfrau sei. „Du solltest sehen, wie schmutzig ihre Kinder sind – und ihr Haus. Es ist beinahe eine Schande, in der Nachbarschaft zu wohnen. Sieh dir bloß einmal die Wäsche an, die sie draußen auf die Leine gehängt hat. Man erkennt deutlich die schwarzen Streifen auf den Laken und den Handtüchern."

Die Freundin ging zum Fenster und sagte: „Ich glaube, die Wäsche ist ganz sauber, meine Liebe. Die Streifen sind auf deinen Fensterscheiben."

Eine Frau nahm Gesangsunterricht. Sie hatte eine solch kreischende Stimme, daß ihr Nachbar es nicht mehr aushalten konnte. Schließlich nahm er allen Mut zusammen, klopfte an ihre Tür und sagte: „Madam, wenn Sie nicht mit dem Singen aufhören, werde ich noch verrückt."

„Was reden Sie da?" antwortete die Frau. „Ich habe schon seit zwei Stunden aufgehört."

Wie deine Erkenntnis ist, so wird auch dein Handeln sein. Was du ändern mußt, ist nicht dein Handeln, sondern deine Sichtweise."

„Was muß ich tun, um die zu ändern?"

„Nichts weiter als verstehen, daß dein gegenwärtiges Sehen mangelhaft ist."

SICHTWEISEN

Der Meister erzählte gern diese Geschichte, um zu zeigen, mit welchen Augen Leute auf andere Leute schauen:

In den ersten Jahren nach seiner Heirat wohnte der Meister in einem Appartement, das im 20. Stock eines Hochhauses lag. Seine junge Frau stand einmal unter der Dusche und wollte gerade nach dem Handtuch greifen, als sich ihr Blick mit dem eines Fensterputzers draußen vor ihrem Fenster traf. Wie angewurzelt stand sie eine Weile da, vor Verblüffung nicht imstande, eine Bewegung zu machen.

Der junge Mann unterbrach die Arbeit: „Was ist los, junge Frau?" sagte er. „Haben Sie noch niemals einen Fensterputzer gesehen?"

Du siehst so müde aus, Jack, was ist mit dir?"

„Ich bin erst früh morgens nach Hause gekommen, und gerade als ich mich auszog, wachte meine Frau auf und sagte: ,Stehst du nicht viel zu zeitig auf, Jack?' Um keinen Ärger zu machen, zog ich mich wieder an und ging zur Arbeit."

Zwei Hippies, die sich high fühlten, schlenderten eine Straße hinunter. Ein anderer Hippie kam ihnen entgegen, hob sanft die Hand und sagte: „He, ihr da!"

Vier Straßen weiter sagte der eine Hippie zum anderen: „Ich dachte, der hört nie auf zu reden."

DURCH DIE BRILLE

Ein Reporter fragte mehrere Leute in einer kleinen Stadt, ob sie den Bürgermeister kennen würden.

„Er ist ein Lügner und Betrüger", sagte der Tankstellenwärter.

„Er ist ein aufgeblasener Kerl", sagte der Lehrer.

„Ich habe ihn noch nie gewählt, ich mag ihn nicht", sagte der Drogist.

„Der korrupteste Politiker, den ich kenne", sagte der Friseur.

Als der Reporter schließlich den Bürgermeister traf, fragte er ihn, wie er bezahlt würde.

„Um Himmels willen, ich bekomme kein Gehalt", sagte der Bürgermeister.

„Warum haben Sie denn den Job übernommen?"

„Ehrenhalber."

„Ich bin stolz darauf, den Charakter der Menschen gut beurteilen zu können."

„Ist das wirklich etwas, worauf du stolz sein kannst?" fragte der Meister.

„Oder vielleicht nicht?"

„Nein. Es gibt einen Fehler, den ein guter Richter mit einem schlechten gemeinsam hat: Er urteilt."

„Wie soll ich anderen vergeben?"

„Wenn du nie verurteiltest, brauchtest du nie zu vergeben."

TRUGBILDER

„Was ist die Ursache des Bösen?"

„Unwissenheit", sagte der Meister.

„Und wie wird sie beseitigt?"

„Nicht durch Anstrengung, sondern durch Licht; durch Verstehen, nicht durch Handeln."

Und nach einer Weile fügte der Meister hinzu: „Das Zeichen des Erleuchtetseins ist Friede – du hörst auf zu fliehen, sobald du erkennst, daß du nur von den Trugbildern verfolgt wirst, die deine Ängste erfunden haben."

Als der Meister jemanden sagen hörte: „Ich hätte meine Frau viel lieber, wenn sie ein anderer Typ von Frau wäre", erinnerte er sich, wie er einmal einen Sonnenuntergang auf dem Meer bewundert hatte.

„Ist das nicht schön?" sagte er zu einer für ihr Nörgeln auf dem Schiff bekannten Dame, die neben ihm an der Reling stand.

„Ja", sagte die Frau widerstrebend. „Aber glauben Sie nicht, daß links noch etwas mehr Rosa fehlt?"

Sagte der Meister: „Jeder sieht schöner aus, wenn man die eigenen voreingenommenen Erwartungen an sein Aussehen ablegt."

Ein Mann stieg in einen Bus und kam neben einem jungen Mann zu sitzen, der offensichtlich ein Hippie war. Er hatte nur einen Schuh an.

„Du hast wohl einen Schuh verloren, mein Junge."

„Nein, guter Mann", lautete die Antwort, „ich habe einen gefunden."

GAR NICHT VORHANDEN

Worte sind nicht nur begrenzt, es gibt auch einige Worte, denen nichts entspricht. Ich zeige es Ihnen an einem Beispiel.

Gehen wir davon aus, daß ich Inder bin, und nehmen wir einmal an, ich sei Kriegsgefangener in Pakistan, und man sagt mir: „Heute werden wir dich an die Grenze zu Indien bringen, wo du einen Blick in dein Heimatland werfen kannst."

Ich werde also zur Grenze gebracht, schaue über die Grenze und denke: „O Indien! Meine wunderschöne Heimat. Ich sehe Dörfer, Bäume und Berge. Das Land, in dem ich zu Hause bin!" Nach einer Weile sagt einer der Wächter: „Entschuldigung, wir haben uns geirrt. Die richtige Stelle liegt zehn Kilometer weiter."

Worauf habe ich also reagiert? Auf nichts. Ich habe meine Aufmersamkeit auf ein Wort gerichtet: Indien. Doch Bäume sind nicht Indien, Bäume sind Bäume. In Wirklichkeit gibt es keine Grenzen, sie wurden lediglich vom menschlichen Verstand gezogen, im allgemeinen von engstirnigen, habgierigen Politikern. Früher war Indien ein einziges Land, jetzt sind es vier Länder, und vielleicht werden es bald sechs sein. Dann werden wir sechs Nationalflaggen haben und sechs Armeen. Deshalb werden Sie mich niemals dabei ertappen können, wie ich vor einer Flagge salutiere. Nationalflaggen als Götzen sind mir zuwider. Vor was salutieren wir bei einer Flagge? Ich salutiere vor den Menschen, nicht vor einer Flagge mit einer Armee.

Flaggen gibt es auch in den Köpfen der Menschen. Jedenfalls sind Tausende von Worten im Gebrauch, die überhaupt nicht der Wirklichkeit entsprechen, aber unsere Gefühle in Wallung bringen und uns Dinge sehen lassen, die gar nicht vorhanden sind. Wir *sehen* tatsächlich indische Berge, auch wenn es sie gar nicht gibt.

TRÄUME

Eine Frau träumte, sie beträte einen ganz neuen Laden am Markt, und zu ihrem Erstaunen stand Gott hinter dem Ladentisch.

„Was verkaufst du hier?" fragte sie.

„Alles, was dein Herz begehrt", sagte Gott.

Die Frau wagte kaum zu glauben, was sie hörte, beschloß aber das Beste zu verlangen, was ein Mensch sich nur wünschen konnte. „Ich möchte Frieden für meine Seele und Liebe und Glück, und weise möchte ich sein und nie mehr Angst haben", sagte sie. Nach kurzem Nachdenken fügte sie hinzu: „Nicht nur für mich allein, sondern für alle Menschen auf der Erde."

Gott lächelte: „Ich glaube, du hast mich falsch verstanden, meine Liebe", sagte er, „wir verkaufen hier keine Früchte, nur die Samen."

Ein Mann in den Achtzigern wurde nach dem Geheimnis seines ungeheuren Durchhaltevermögens gefragt.

„Ja", sagte er, „ich trinke nicht, ich rauche nicht, und ich schwimme täglich eine Meile."

„Aber ich hatte einen Onkel, der genau das tat, und er starb mit sechzig."

„Bei Ihrem Onkel lag es wohl daran, daß er nicht lange genug durchhielt."

ENT-TÄUSCHUNG

Ein Freund bat Nasrudin um eine Summe Geldes. Nasrudin war überzeugt, das Geld würde nicht zurückgegeben werden. Aber da er seinen Freund nicht beleidigen wollte und die erbetene Summe nicht groß war, gab er ihm den Betrag. Zu seinem großen Erstaunen erhielt er das Geld genau nach einer Woche zurück.

Einen Monat später bat der Freund noch einmal um eine ein wenig höhere Summe. Nasrudin weigerte sich. Als der Mann nach dem Grund fragte, sagte er: „Letztes Mal habe ich nicht erwartet, daß du mir das Geld zurückgeben wirst – und du hast mich enttäuscht. Dieses Mal erwarte ich, daß du das Geld zurückgibst – und ich möchte nicht wieder enttäuscht werden."

„Entschuldigung, Sir", sagte ein schüchterner Student, „ich konnte nicht entziffern, was Sie in meiner letzten Hausarbeit an den Rand geschrieben haben."

„Ich habe Ihnen geraten, leserlich zu schreiben", sagte der Lehrer.

„Liebling", sagte eine Frau auf einer Party zu ihrem Mann, „trink lieber nicht mehr. Du siehst schon so verschwommen aus."

FLUCHT VOR DEM DRACHEN

Nisterus der Große, einer der heiligen Väter der Ägyptischen Wüste, wanderte eines Tages mit einer großen Anzahl Schüler, die ihn als einen Gottesmann verehrten, durch die Wüste.

Plötzlich erschien vor ihnen ein Drache, und sie liefen alle davon.

Viele Jahre später, als Nisterus im Sterben lag, sagte einer der Schüler zu ihm: „Vater, hattet Ihr auch Angst an jenem Tag, als wir den Drachen sahen?"

„Nein", erwiderte der Sterbende.

„Warum lieft Ihr dann mit uns davon?"

„Ich hielt es für besser, vor dem Drachen zu fliehen, als später vor dem Geist der Eitelkeit."

Ein Erdbeben erschütterte die Stadt, und der Meister stellte erfreut fest, wie sehr seine Schüler von seiner zur Schau getragenen Furchtlosigkeit beeindruckt waren.

Als er einige Tage später gefragt wurde, was es heiße, die Angst zu besiegen, erinnerte er sich an sein eigenes Beispiel: „Habt ihr bemerkt, daß ich still dasaß und ruhig Wasser trank, während alle Welt in Panik hin und her lief? Hat einer von euch gesehen, daß meine Hand, die das Glas hielt, zitterte?"

„Nein", sagte ein Schüler, „aber Ihr trankt nicht Wasser, sondern Sojabohnensoße."

FAST IMMER

Die Menschen wollen sich nicht von den Befürchtungen und Ängsten, ihrem Groll und ihrem Schuldgefühl trennen, weil diese negativen Empfindungen für sie ein Anstoß sind und ihnen das Gefühl verschaffen, am Leben zu sein", erklärte der Meister.

Und mit dieser Geschichte machte er seine Einsicht den Schülern deutlich:

Der Dorfpostbote nahm mit seinem Fahrrad eine kleine Abkürzung über eine Wiese, auf der Rinder weideten. Auf halbem Weg erspähte ihn ein Bulle und ging auf ihn los. Mit Mühe und Not konnte der arme Kerl über den Weidezaun entkommen.

„Fast hätte er Sie erwischt, nicht wahr?" sagte der Meister, der die Szene aus sicherem Abstand beobachtet hatte.

„Ja", keuchte der alte Mann, „fast erwischt es mich immer."

Eine aktive junge Frau fühlte sich gestreßt und überanstrengt. Der Arzt verschrieb ihr Tranquilizer und sagte, sie solle nach einigen Wochen wiederkommen.

Als sie das nächste Mal kam, fragte er sie, ob sie sich besser fühle. Sie sagte: „Nein, aber ich habe festgestellt, daß die anderen Leute viel entspannter zu sein scheinen."

DAS ÜBEL

Es gibt nur eines auf der Welt, was von Übel ist, nämlich Angst. Es gibt nur eines auf der Welt, was gut ist, nämlich Liebe. Sie hat manchmal auch andere Namen. Manchmal nennt man sie Glück, Freiheit, Frieden, Freude, Gott oder wie auch immer. Aber das Etikett ist nicht so wichtig. Jedenfalls gibt es kein einziges Übel auf der Welt, das sich nicht auf Angst zurückführen ließe; kein einziges.

Ignoranz und Angst, Ignoranz durch Angst: daher rührt alles Übel, daher rührt auch Ihre Gewalttätigkeit. Wer wirklich gewaltlos ist –, unfähig zu Gewalt – ist ein furchtloser Mensch. Nur wer sich fürchtet, ärgert sich.

Erinnern Sie sich daran, wie Sie sich das letzte Mal geärgert haben, und suchen Sie nach der Angst, die dahintersteckte. Fürchteten Sie, etwas zu verlieren? Fürchteten Sie, man könnte Ihnen etwas wegnehmen? Daher rührt nämlich der Ärger.

Denken Sie einmal an jemanden, der verärgert ist, vielleicht an jemanden, den Sie fürchten. Merken Sie, wieviel Angst er oder sie hat? Er hat wirklich und tatsächlich Angst. Sie hat wirklich Angst, sonst wäre sie nicht so verärgert. Letztlich gibt es nur zwei Dinge: *Liebe und Angst*.

Was einem bewußt ist, das hat man auch unter Kontrolle; was einem nicht bewußt ist, das hat einen selbst unter Kontrolle. Man ist immer der Sklave dessen, wessen man sich nicht bewußt ist. Ist man sich dessen bewußt, ist man davon befreit. Es ist noch vorhanden, doch es betrifft einen nicht, kontrolliert einen nicht, versklavt einen nicht. Das ist der Unterschied.

SICH MIT DEM DRACHEN ANFREUNDEN

Ein Mann suchte einen Psychiater auf und sagte ihm, er werde jede Nacht von einem über dreißig Meter langen Drachen mit drei Köpfen besucht.

Er war ein Nervenbündel, konnte nicht mehr schlafen und stand am Rande eines Zusammenbruchs. Sogar an Selbstmord hatte er schon gedacht.

„Ich glaube, ich kann Ihnen helfen", sagte der Psychiater, „aber ich muß Sie warnen, es wird ein oder zwei Jahre dauern und 3000 Dollar kosten."

„3000 Dollar!" rief der Mann. „Vergessen Sie es! Ich werde einfach nach Hause gehen und mich mit dem Drachen anfreunden."

Ein Mann ging zu einem Psychiater, und der diagnostizierte, er sei arbeitssüchtig. Daraufhin mußte er eine zweite Arbeit annehmen, um die Therapie bezahlen zu können.

Arzt zum Patienten: „In den letzten zehn Jahren habe ich Sie wegen Schuldgefühlen behandelt. Und immer noch fühlen Sie sich wegen einer solchen Kleinigkeit schuldig? Sie sollten sich schämen!"

IRRTUM

Eine Sufi-Geschichte:

Ein Mann, den man für tot hielt, wurde von seinen Freunden zur Beerdigung getragen. Als der Sarg in das Grab hinabgelassen werden sollte, kam der Mann plötzlich wieder zu sich und schlug gegen den Sargdeckel.

Der Sarg wurde geöffnet; der Mann richtete sich auf. „Was tut ihr?" fragte er die versammelte Menge. „Ich lebe, ich bin nicht tot."

Seine Worte stießen auf verblüfftes Schweigen. Schließlich sagte einer der Trauergäste: „Mein Freund, sowohl die Ärzte wie die Priester haben deinen Tod bescheinigt. Die Fachleute können sich doch wohl nicht täuschen!"

Also wurde der Sargdeckel wieder zugeschraubt, und der Mann wurde beerdigt, wie es sich gehörte.

Ein Ehepaar kehrte von der Beerdigung Onkel Georgs zurück. Er hatte zwanzig Jahre bei ihnen gelebt und war eine solche Nervensäge gewesen, daß er beinahe ihre Ehe ruiniert hätte.

„Ich muß dir etwas sagen, mein Schatz", sagte der Mann. „Wenn nicht meine Liebe zu dir gewesen wäre, hätte ich mich nicht einen einzigen Tag mit deinem Onkel Georg abgefunden."

„*Mein* Onkel Georg?" rief sie entsetzt. „Ich dachte, es wäre *dein* Onkel Georg!"

SPUK

Wenn du je wieder heiratest oder eine Geliebte hast, wenn ich tot bin, werde ich zurückkommen und spuken", sagte eine Frau auf dem Totenbett zu ihrem Mann.

Als er also einige Monate nach dem Tode seiner Frau sich wieder verliebte, war er entsetzt, aber nicht überrascht, als der Geist seiner Frau in der Nacht ins Haus kam und ihn bitter der Untreue zieh.

So ging das jede Nacht, bis er es nicht mehr aushalten konnte und einen Zen-Meister um Rat fragte. Dieser sagte: „Was macht dich so sicher, daß es ein Geist ist?"

„Die Tatsache, daß sie alles, was ich gesagt und getan, gedacht und gefühlt habe, weiß und beschreiben kann."

Der Meister gab dem Mann eine Tüte voll Sojabohnen und sagte: „Achte darauf, daß du die Tüte nicht öffnest, wenn sie heute nacht kommt, frag sie, wie viele Bohnen in der Tüte sind."

Als der Mann dem Geist diese Frage stellte, floh dieser und kam nie wieder. „Warum?" fragte der Mann den Meister.

Der Meister lächelte: „Ist es nicht seltsam, daß dein Geist nur das wußte, was du wußtest?" fragte er.

WAGEMUT

Für alle fest Überzeugten – ganz gleich, ob ihre Überzeugungen auf religiösem, politischem oder ökonomischem Gebiet lagen – hatte der Meister diese eine Botschaft:
  „Was Sie brauchen, ist nicht Sicherheit
  sondern den Wagemut des Spielers;
  nicht festen Boden unter den Füßen,
  sondern die Geschmeidigkeit des Schwimmers."

Der Meister behauptete, daß das, was alle Welt für wahr hält, falsch ist. So steht der Pionier immer allein. Er sagte:
  „Du denkst über die Wahrheit, als wäre sie eine Formel, die du aus einem Buch herauspicken kannst. Wahrheit kostet den Preis der Einsamkeit. Wenn du der Wahrheit folgen willst, mußt du lernen, allein zu gehen."

Der Meister erlaubte seinen Schülern, nur für eine begrenzte Zeit mit ihm zusammenzuleben, danach schickte er sie fort, damit jeder für sich selbst sorge.
  Als ein Neuankömmling einem Schüler darüber seine Verwunderung aussprach, erhielt er zur Antwort:
  „Der Meister ist ein Spiegel, der die Wirklichkeit auf dich reflektiert. Hast du einmal die Wirklichkeit gesehen, muß der Spiegel weggeworfen werden, damit er nicht durch deine Verehrung zu einer Abschirmung wird."

KULTUR

Was ist „Kultur" überhaupt? Ich bin über diesen Ausdruck nicht sehr glücklich. Besagt er, daß man gerne etwas tun oder empfinden möchte, weil man so abgerichtet wurde? Ist das kein mechanisches Leben?

Stellen Sie sich ein amerikanisches Baby vor, das russische Eltern adoptieren und mit nach Rußland nehmen. Das Kind hat keine Ahnung, daß es in Amerika geboren wurde. Es wächst mit der russischen Sprache auf, wird russisch erzogen – es lebt und stirbt für Mütterchen Rußland; es haßt Amerikaner. Das Kind ist durch seine Bildung geprägt, es betrachtet die Welt mit den Augen seiner Kultur. Wenn Sie Ihre Kultur so tragen wollen, wie Sie Ihre Kleider tragen, dann mag das angehen. Eine indische Frau würde einen Sari tragen, eine japanische Frau ihren Kimono; aber keine würde sich selbst mit ihren Kleidern identifizieren. Sie aber möchten Ihre Kultur fester an sich ziehen. Sie werden stolz darauf. Man bringt es Ihnen bei, stolz auf sie zu sein.

Als jemand voller Stolz von den wirtschaftlichen und kulturellen Errungenschaften in seinem Land sprach, zeigte sich der Meister davon völlig unbeeindruckt. „Haben alle diese Errungenschaften die leiseste Veränderung in den Herzen deiner Landsleute bewirkt?" fragte er.

Darauf erzählte er von dem weißen Mann, der von Kannibalen gefangengenommen und zu ihrem Oberhäuptling gebracht worden war, um später lebendig gebraten zu werden. Er staunte nicht schlecht, als er den Häuptling ein perfektes Englisch mit Harvard-Akzent sprechen hörte.

„Haben Ihre Jahre an der Harvard-Universität nichts an Ihren Gewohnheiten geändert?" fragte ihn der weiße Mann.

„Selbstverständlich, Sie haben mir Kultur beigebracht. Wenn Sie gebraten sind, werde ich zur Tafel den Abendanzug anziehen und Sie mit Messer und Gabel verspeisen."

APRIL

*Menschliche Wesen
sind Blüten*

DAS SCHRIFTZEICHEN

In der Ecke einer Bibliothek in Japan saß jeden Tag ein alter Mönch in friedlicher Meditation.

„Ich sehe Euch nie die Sutren lesen", sagte der Bibliothekar.

„Ich habe nie lesen gelernt", erwiderte der Mönch.

„Das ist eine Schande. Ein Mönch wie Ihr sollte lesen können. Soll ich es Euch lehren?"

„Ja. Sagt mir, was bedeutet dieses Schriftzeichen?" sagte der Mönch und zeigte auf sich.

Warum eine Fackel entzünden,
wenn die Sonne am Himmel scheint?
Warum den Erdboden bewässern,
wenn der Regen herniederprasselt?

Der Meister konnte sehr kritisch sein, wenn er glaubte, daß Kritik angebracht war. Doch zum Erstaunen aller nahm ihm niemand seine Rügen übel. Als er einmal darauf angesprochen wurde, sagte er:

„Es hängt davon ab, wie man es macht. Menschliche Wesen sind Blüten: offen und empfänglich für sanft fallenden Tau, verschlossen für kräftigen Regen."

MENSCHLICHE NATUR

Der Meister setzte dieses Thema fort mit der Geschichte von dem Einbrecher, der an der Tür des Geldschranks, den er gerade knacken wollte, folgenden Hinweis fand: „Bitte verwenden Sie kein Dynamit! Dieser Safe ist nicht verschlossen, Sie brauchen nur den Griff zu drücken!"

In dem Augenblick, da er den Griff betätigte, fiel ein Sandsack von der Decke auf ihn herunter, Scheinwerfer leuchteten draußen auf, und eine Sirene alarmierte die ganze Nachbarschaft.

Als der Meister den Einbrecher später im Gefängnis besuchte, traf er dort einen verbitterten Mann: „Wie konnte ich bloß wieder einem anderen menschlichen Wesen trauen?"

Als ein Schüler anmahnte, die geistliche Lehre des Meisters müsse auf den heutigen Stand gebracht werden, lachte der Meister laut auf. Dann erzählte er die Geschichte von einem Studenten, der sich in einer Buchhandlung beschwerte:

„Haben Sie keine neueren Bücher über Anatomie? Diese hier sind doch mindestens zehn Jahre alt."

Sagte der Buchhändler:

„In den letzten zehn Jahren kamen zum menschlichen Skelett keine neuen Knochen hinzu, mein Lieber."

Und der Meister ergänzte:

„Ebensowenig gab es irgendeinen Zusatz zu der Natur des Menschen in den letzten zehntausend Jahren."

IDENTITÄT

Es war einmal ein Mann, der war sehr dumm. Jeden Morgen, wenn er aufwachte, fiel es ihm so schwer, seine Kleidung wiederzufinden, daß er beinahe Angst hatte, ins Bett zu gehen, bei dem Gedanken, welche Mühe er beim Aufwachen haben würde.

Eines Nachts ergriff er Bleistift und Schreibblock und schrieb genau die Bezeichnung jedes Kleidungsstückes auf, das er auszog, und die Stelle, wohin er es legte. Am nächsten Morgen zog er seinen Block heraus und las: „Hosen" – da waren sie, er zog sie an. „Hemd", da war es, er zog es sich über den Kopf. „Hut", da war er, er stülpte ihn sich auf den Kopf.

Darüber war er sehr erfreut, bis ihm ein schrecklicher Gedanke kam. „Und ich – wo bin ich?" Das hatte er vergessen, aufzuschreiben. Also suchte und suchte er, aber vergebens. Er konnte sich selbst nicht finden.

Wie steht's mit denen, die sagen:
„Ich lese dieses Buch, um zu erfahren, wer ich bin."

Eine Geschichte von Attar aus Neishapur.
Der Verehrer klopfte an die Tür seiner Liebsten.
„Wer klopft?" fragte die Liebste von drinnen.
„Ich bin's", sagte der Liebhaber.
„Dann geh weg. Dieses Haus hat keinen Platz für dich und mich." Der abgewiesene Verehrer ging in die Wüste.

Dort meditierte er monatelang über den Worten der Geliebten. Schließlich kehrte er zurück und klopfte wieder an die Tür.
„Wer klopft?"
„Du bist es."
Und sofort wurde aufgetan.

VOLLKOMMEN

Erleuchtet ist, sagte der Meister, wer erkennt, daß alles in der Welt, so wie es ist, vollkommen ist.

„Wie verhält es sich mit dem Gärtner?" fragte jemand. „Ist er auch vollkommen?"

Der Klostergärtner war ein buckeliger Mann.

„Für das, was ihm im Leben bestimmt ist", erwiderte der Meister, „ist der Gärtner ein vollkommener buckeliger Mann."

Der Gedanke, daß alles in der Welt vollkommen ist, überstieg das Maß dessen, womit die Schüler einverstanden sein konnten. So faßte es der Meister in Begriffe, die ihrem Verständnis besser entsprachen.

„Gott webt vollkommene Muster mit den Fäden unseres Lebens", sagte er, „sogar mit unseren Sünden. Der Grund, warum wir dies nicht erkennen, liegt darin, daß wir die Rückseite des Teppichs betrachten."

Und noch prägnanter: „Was manche Leute für einen glänzenden Stein halten, erkennt der Juwelier als einen Diamanten."

LACHEN

Was ist die Aufgabe eines Meisters?" fragte ein Besucher mit feierlicher Miene.

„Die Leute lachen zu lehren", erwiderte der Meister.

Ein andermal erklärte er:

„Wenn du imstande bist, dem Leben ins Gesicht zu lachen, erhältst du Macht über die Welt – genau wie derjenige, der darauf vorbereitet ist zu sterben."

Es gab kein wichtigtuerisches Gehabe um den Meister. Wildes, ausgelassenes Gelächter brach jedesmal los, wenn er sprach, zum Entsetzen derer, die es mit ihrer Spiritualität – und mit sich selbst – feierlich hielten.

Sagte ein enttäuschter Besucher: „Der Mann ist ein Clown."

„Nein, nein", sagte ein Schüler. „Du übersiehst den entscheidenden Punkt: Ein Clown bringt dich über ihn zum Lachen, ein Meister bringt dich über dich selbst zum Lachen."

Die Schüler waren betroffen, die Lehren des Meisters in einem Magazin ins Lächerliche gezogen zu sehen.

Der Meister blieb gelassen: „Kann etwas wirklich wahr sein", sagte er, „wenn niemand darüber lacht?"

SICH ERINNERN

Eine fromme Frau erzählte dem Meister, daß sie am Morgen beim Beichten gewesen sei.

„Ich kann mir nicht vorstellen, daß Sie eine schwere Sünde begehen können", sagte der Meister. „Was haben Sie denn gebeichtet?"

„Nun, daß ich zu faul war, am Sonntag zur Messe zu gehen, daß ich einmal dem Gärtner geschworen habe und daß ich einmal meine Schwiegermutter für eine ganze Woche aus dem Haus gejagt habe."

„Aber das ist doch schon fünf Jahre her, nicht wahr? Seitdem haben Sie doch sicherlich schon gebeichtet?"

„Ja, das habe ich. Aber ich beichte es jedes Mal. Ich erinnere mich halt so gern daran."

Als der Meister ein Schuljunge war, quälte ihn andauernd ein Klassenkamerad.

Älter geworden und reumütig, besuchte dieser das Kloster und wurde mit offenen Armen empfangen.

Eines Tages kam er auf das Thema seiner früheren Quälsucht zu sprechen, doch der Meister schien nichts mehr davon zu wissen.

Sagte der Besucher: „Erinnerst du dich nicht?"

Sagte der Meister: „Ich erinnere mich genau, daß ich es vergessen habe." Und beide schüttelten sich vor Lachen.

AUSSTRAHLUNG

Ein Klosterbesucher war von der Eigenschaft des Meisters besonders beeindruckt, die er Ausstrahlung nannte. Als er eines Tages zufällig einem alten Freund des Meisters begegnete, fragte er ihn, ob er dafür irgendeine Erklärung habe.

Sagte der Freund: „Ich möchte es so ausdrücken: Das Leben ist ein Geheimnis. Der Tod ist der Schlüssel, der es aufschließt. In dem Augenblick, in dem du den Schlüssel umdrehst, versinkst du für immer in das Geheimnis."

„Müssen wir auf den Tod warten, bevor wir den Schlüssel umdrehen?" fragte der Besucher.

„Nein! Du könntest ihn jetzt umdrehen – durch Schweigen – und im Geheimnis aufgehen. Dann würdest auch du Ausstrahlung haben – wie der Meister."

„Sag mir, warum", bedrängte der Schüler erstaunt den Meister, als dieser ihn aufforderte, das Kloster zu verlassen, in das er vor kaum vierundzwanzig Stunden aufgenommen worden war.

„Weil du keinen Meister brauchst. Ich kann dir den Weg zeigen, aber nur du kannst ihn gehen.

Ich kann auf das Wasser hinweisen, doch du allein kannst trinken. Warum verschwendest du deine Zeit damit, mich gebannt anzuschauen?

Du weißt den Weg. Geh ihn!

Das Wasser ist genau vor dir. Trink!"

HANDELN UND FEILSCHEN

Als junger Mann kam der Meister viel in der Welt herum. So hörte er einmal im Hafen von Shanghai lautes Schreien nicht weit von seinem Schiff entfernt. Er schaute sich um und sah einen Mann, der sich über die Bordwand einer in der Nähe liegenden Dschunke beugte und dabei einen anderen Mann am Zopf im Wasser hin und her zog.

Der Mann in der Dschunke tauchte immer wieder den anderen Mann ins Wasser, um ihn sogleich wieder herauszuziehen. Daraufhin stritten die beiden eine Weile miteinander, bis der eine den anderen aufs neue untertauchte.

Der Meister läutete dem Schiffsjungen und fragte ihn, was denn der Streit bedeute. Der Junge lauschte einen Augenblick, lachte und sagte:

„Nichts, Herr. Mann im Bott will sechzig Yen, dann anderen Mann nicht ertränken. Mann im Wasser sagt nein, nur vierzig Yen."

Die Schüler lachten über die Geschichte.

Darauf sagte der Meister:

„Gibt es einen unter euch, der nicht um das einzige Leben, das er hat, handeln und feilschen würde?"

Und alle schwiegen.

DIE SINNFRAGE

Der Suchende näherte sich ehrerbietig dem Schüler und fragte: „Was ist der Sinn des menschlichen Lebens?"

Der Schüler zog die Werke seines Meisters zu Rate und erwiderte getrost mit des Meisters eigenen Worten: „Menschliches Leben ist nichts weiter als der Ausdruck von Gottes Überfluß."

Als der Suchende den Meister selbst traf und ihm die gleiche Frage stellte, sagte der Meister: „Ich weiß es nicht."

Der Suchende sagt: „Ich weiß es nicht." Das zu sagen erfordert Ehrlichkeit.

Der Meister sagt: „Ich weiß es nicht." Das erfordert ein mystisches Denken, das alle Dinge durch Nicht-Wissen erkennt.

Der Schüler sagt: „Ich weiß es." Das bedeutet Unwissenheit in der Form geborgten Wissens.

Eines Tages stand der Meister dem Prediger gegenüber, der von keinen Zweifeln in seinen Überzeugungen geplagt war und sich selbstgerecht in seinen guten Werken sonnte.

Er sagte ihm: „Mein Freund, ich habe manchmal das Gefühl: wenn du einmal sterben wirst, stirbst du, ohne jemals gelebt zu haben – es wird so sein, als wäre das Leben an dir vorbeigegangen."

Und nach einer kurzen Pause fügte der Meister hinzu: „Nein, schlimmer als das: Das Leben und du verliefen in gegensätzlichen Richtungen."

DU SELBST

Eine Lehrerin behandelte in einer Schulstunde moderne Erfindungen.

„Kann einer von euch eine wichtige Sache nennen, die es vor fünfzig Jahren noch nicht gab?" fragte sie.

Ein heller Kopf in der ersten Reihe hob eifrig die Hand und sagte: „Mich!"

„Warum tue ich das Böse?"

„Weil du verhext bist."

„Wodurch?"

„Durch das illusorische Ding, das du dein Selbst nennst."

„Wie wird also das Böse aufhören?"

„Durch Verstehen, daß es das Selbst, so wie du es kennst, nicht gibt – daß es also auch nicht beschützt werden muß."

„Wie kann ich mich verändern?"

„Du bist du selbst, deshalb kannst *du* dich selbst ebensowenig verändern, wie du deinen eigenen Füßen davonlaufen kannst."

„Gibt es also nichts, was ich tun kann?"

„Du kannst dies begreifen und akzeptieren."

„Wie werde ich mich ändern, wenn ich *mich* selbst akzeptiere?"

„Wie willst du dich ändern, wenn du dich nicht akzeptierst? Was du nicht akzeptierst, *änderst* du nicht, du schaffst es nur, es zu *unterdrücken*."

HERZENSSACHE

Ein Mann kam zu Buddha mit einem Strauß Blumen in der Hand. Buddha sah ihn an und sagte: „Wirf es weg!"

Er konnte nicht glauben, daß er die Blumen wegwerfen sollte. Aber dann fiel ihm ein, er solle sicherlich die Blumen wegwerfen, die er in der linken Hand hatte, weil es als unheilvoll und unhöflich galt, ein Geschenk mit der linken Hand zu übergeben. Also ließ er die Blumen fallen.

Wieder sagte Buddha: „Wirf es weg!"

Dieses Mal ließ er alle Blumen fallen und stand mit leeren Händen vor Buddha, der noch einmal lächelnd sagte: „Wirf es weg."

Erstaunt fragte der Mann: „Was soll ich wegwerfen?"

„Nicht die Blumen, mein Sohn, sondern den, der sie brachte", lautete Buddhas Antwort.

Sagte der Meister zu dem Geschäftsmann: „Wie der Fisch zugrunde geht auf dem Trockenen, so geht Ihr zugrunde, wenn Ihr Euch verstrickt in den Dingen der Welt. Der Fisch muß zurück in das Wasser – Ihr müßt zurück in die Einsamkeit."

Der Geschäftsmann war entsetzt. „Muß ich mein Geschäft aufgeben und in ein Kloster gehen?"

„Nein, nein, behaltet Euer Geschäft und geht in Euer Herz."

IN DIR

Es gibt eine aufschlußreiche Geschichte von einem Mönch, der in der ägyptischen Wüste lebte und so von Versuchungen gequält wurde, daß er es nicht mehr länger aushalten konnte. Er beschloß also, seine Zelle zu verlassen und an einen anderen Ort zu gehen.

Als er seine Sandalen anlegte, um seinen Entschluß auszuführen, sah er nicht weit entfernt einen anderen Mönch, der sich auch die Sandalen anzog.

„Wer bist du?" fragte er den Fremden.

„Ich bin dein eigenes Ich", lautete die Antwort, „solltest du etwa meinetwegen diesen Ort verlassen, dann wisse, wohin du auch immer gehst, ich stets mit dir gehen werde."

Ein verzweifelter Patient sagte zu seinem Psychiater: „Wohin ich auch gehe, immer muß ich mich mitnehmen, und das verdirbt mir jeden Spaß."

Wovor du wegläufst
und wonach du dich sehnst,
beides ist in dir.

PÄDAGOGIK

Als der Meister gefragt wurde, was er an seinen Schülern tue, sagte er: „Dasselbe, was ein Bildhauer an einer Tigerstatue tut: Er nimmt einen Marmorblock und schlägt alles ab, was nicht wie ein Tiger aussieht."

Als seine Schüler später wissen wollten, was er damit genau meinte, sagte der Meister: „Meine Aufgabe ist, alles wegzumeißeln, was nicht du bist: jedes Denken, Empfinden, jedes Verhalten, jeden Zwang, der dir aus deiner Bildung und Vergangenheit anhaftet."

Einem Elternpaar, das sich über die Erziehung seiner Kinder Sorgen machte, gab der Meister ein rabbinisches Sprichwort zu bedenken:

„Begrenze deine Kinder nicht durch dein eigenes Wissen, denn sie sind in einer anderen Zeit geboren."

Als der junge Rabbi seinem Vater nachfolgte, fing jeder davon an, wie ganz anders er sei.

„Im Gegenteil", antwortete der junge Mann, „ich bin genau wie mein alter Herr. Er ahmte niemanden nach. Ich ahme niemanden nach."

Sei du selbst!

Hüte dich, das Verhalten der Großen nachzuahmen, wenn du nicht die innere Einstellung hast, die ihr Handeln inspirierte.

EHRLICHKEIT

Aufrichtigkeit ist nicht genug", konnte der Meister oft sagen. „Was du brauchst, ist Ehrlichkeit."

„Worin besteht der Unterschied?" fragte jemand.

„Ehrlichkeit ist ein ständiges Offensein für die Tatsachen", sagte der Meister. „Aufrichtigkeit ist das Glauben an die eigene Propaganda."

Eines Tages erschien der Teufel als Engel verkleidet einem der heiligen Wüstenväter und sagte: „Ich bin der Engel Gabriel und vom Allmächtigen zu dir gesandt worden."

Der Mönch erwiderte: „Überleg noch einmal. Du bist sicher zu jemand anders geschickt worden. Ich habe nichts getan, um den Besuch eines Engels zu verdienen."

Bei diesen Worten verschwand der Teufel und wagte sich niemals mehr in die Nähe des Mönches.

Als ein Tourist in Japan einen Golfplatz besuchte, fiel ihm auf, daß fast alle guten Caddies Frauen waren.

Eines Tages kam er zu spät auf den Platz und mußte einen zehnjährigen Jungen als Caddie nehmen. Es war ein winziger Bursche, der wenig Ahnung vom Platz und vom Spiel hatte und nur drei Worte Englisch sprach.

Dank dieser drei Worte jedoch behielt ihn der Tourist für den Rest seines Aufenthaltes als Caddie. Nach jedem Schlag, wie immer der auch ausgegangen war, stampfte das Bürschlein mit dem Fuß auf und rief voller Begeisterung: „Verdammt guter Schlag!"

ALTERN

„Himmel, bist du aber gealtert!" rief der Meister, als er sich mit einem Jugendfreund unterhalten hatte.

„Man kann nun mal nichts tun gegen das Altern, oder?" sagte der Freund.

„Nein, das kann man nicht", stimmte der Meister zu, „aber man muß vermeiden, alt zu werden."

Der Meister begegnete einem uralten Nachbarn, der schlürfend und auf einen Stock gestützt daherkam.

„Guten Morgen", rief er ihm zu. „Wie geht es dir auf deine alten Tage?"

„Nicht besonders gut", sagte der Mann mit zittriger Stimme. „Früher ging ich jeden Morgen vor dem Frühstück um den Block herum. Jetzt fühle ich mich so schwach, daß ich nur den halben Weg zurücklegen kann und dann umkehren und noch einmal kommen muß."

Eine Frau fühlte sich tief verletzt durch das Benehmen ihres fünfzehn Jahre alten Sohnes. Immer wenn sie zusammen ausgingen, lief er vor ihr her. Schämte er sich ihrer? Eines Tages sprach sie ihn darauf an.

„Aber nein, Mama, bestimmt nicht", lautete seine verlegene Antwort. „Du siehst jedoch so jung aus, daß ich fürchte, meine Freunde könnten denken, ich hätte eine neue Freundin."

Ihr Kummer war verflogen wie durch Zauberhand.

LEBENSJAHRE

Eine große Schar von Freunden und ehemaligen Schülern hatte sich versammelt, um den neunzigsten Geburtstag des Meisters zu feiern. Kurz vor Schluß der Party stand der Meister auf und sagte:

„Das Leben wird nach der Qualität und nicht nach der Zahl der Tage gemessen."

Ein älterer Mann stand mit einem Stück Kuchen in der Hand vor der Tür: „Meine Frau wird heute sechsundachtzig", sagte er, „und ich soll Ihnen ein Stück Geburtstagskuchen bringen." Der Kuchen wurde dankbar in Empfang genommen, besonders weil der Mann fast eine halbe Meile gelaufen war, um ihn zu überbringen.

Eine Stunde später stand er wieder vor der Tür. „Ist etwas passiert?" wurde er gefragt.

„Nun ja", sagte er verlegen, „Agatha hat mich zurückgeschickt, um zu sagen, sie sei erst fünfundachtzig."

Nach einer Legende schickte Gott einen Engel mit folgender Botschaft zum Meister:„Bitte um eine Million Lebensjahre, und sie werden dir gegeben werden, ja auch abermillionen Jahre. Wie lange möchtest du leben?"

„Achtzig Jahre", erwiderte der Meister, ohne das geringste Zögern.

Die Schüler waren bestürzt. „Aber Meister, wenn Ihr eine Million Jahre leben könntet, bedenkt wieviele Generationen von Eurer Weisheit profitieren könnten."

„Wenn ich eine Million Jahre lebte, wären die Menschen mehr darauf bedacht, ihr Leben zu verlängern, als Weisheit zu entwickeln."

GRÖSSENUNTERSCHIED

Ein Floh beschloß, mit seiner Familie in ein Elefantenohr umzuziehen. Also rief er: „Mr. Elefant, Sir, meine Familie und ich haben vor, in Ihr Ohr zu ziehen. Ich finde es fair, Ihnen eine Woche Bedenkzeit zu geben, und es mich wissen zu lassen, wenn Sie etwas dagegen haben."

Der Elefant, der von der Existenz des Flohs noch nicht einmal etwas gemerkt hatte, trottete gemächlich weiter, so daß der Floh nach einer Woche gewissenhaften Wartens die Einwilligung des Elefanten voraussetzte und einzog.

Einen Monat später fand Frau Floh, daß das Elefantenohr kein gesunder Wohnort war und drängte ihren Mann, wieder auszuziehen. Herr Floh bat sie, doch wenigstens noch einen Monat länger zu bleiben, um nicht die Gefühle des Elefanten zu verletzen.

Schließlich formulierte er es so taktvoll wie möglich: „Mr. Elefant, Sir, wir haben vor, ein anderes Quartier zu beziehen. Das hat natürlich mit Ihnen überhaupt nichts zu tun, denn Ihr Ohr ist geräumig und warm. Es geht nur darum, daß meine Frau lieber in der Nähe ihrer Freunde im Büffelfluß wohnen möchte. Sollten Sie etwas gegen unseren Umzug einzuwenden haben, so lassen Sie mich doch das bitte im Verlauf der nächsten Woche wissen."

Der Elefant sagte nichts, und so zogen Flohs mit reinem Gewissen um.

Das Universum weiß nichts von deiner Existenz! Also bitte keine Aufregung!

Ein Hahn scharrte in der Box eines großen Bauernpferdes. Als das Pferd unruhig wurde und hin und her zu stampfen begann, blickte der Hahn zu ihm auf und sagte: „Wir sollten beide vorsichtig sein, Brüderchen, sonst treten wir uns gegenseitig auf die Zehen."

WIRKLICHKEITSGETREU

Es war einmal ein Wissenschaftler, der die Kunst, sich selbst zu reproduzieren, so perfekt beherrschte, daß es unmöglich war, die Nachbildung vom Original zu unterscheiden. Eines Tages erfuhr er, daß der Engel des Todes ihn suche, also fertigte er ein Dutzend Kopien von sich an. Der Engel war ratlos, wie er herausfinden sollte, welches der dreizehn Exemplare, die er vor sich hatte, nun der Wissenschaftler war. Also ließ er es dabei bewenden und kehrte in den Himmel zurück.

Aber nicht lange, denn als Fachmann für Menschliches, Allzumenschliches kam er auf einen Kunstgriff. Er sagte: „Sir, Sie müssen ein Genie sein, weil Sie so perfekte Nachbildungen Ihrer selbst herstellen können. Ich habe jedoch einen schwachen Punkt in Ihrer Arbeit entdeckt, nicht schwerwiegend, nur einen winzigen Fehler."

Sofort sprang der Wissenschaftler vor und rief: „Unmöglich. Wo sollte da ein Fehler sein?"

„Genau hier", sagte der Engel, als er den Mann aus der Reihe der Nachbildungen herausholte und ihn fortführte.

Einem Reisenden, der fragte, wie er einen wahren Meister von einem falschen unterscheiden könnte, sagte der Meister kurz angebunden: „Wenn du selbst nicht unredlich bist, wirst du nicht betrogen werden."

Seinen Schülern sagte der Meister später: „Warum setzen Suchende stets voraus, sie selbst seien ehrlich und brauchten nur einen Test, um betrügerische Meister herausfinden zu können."

SELBSTENTHÜLLUNG

Es war einmal ein alter arabischer Richter, dessen Weisheit gerühmt wurde. Eines Tages kam ein Geschäftsmann zu ihm und klagte, daß aus seinem Laden Waren gestohlen würden, er aber des Diebes nie habhaft werden könnte. Der Richter ordnete an, die Ladentür aus den Angeln zu heben, auf den Marktplatz zu bringen und ihr dort fünfzig Peitschenhiebe zu verabreichen, weil sie ihrer Pflicht nicht nachgekommen war, den Dieb aus dem Laden fernzuhalten.

Eine große Menschenmenge versammelte sich, um zuzusehen, wie dieser seltsame Urteilsspruch ausgeführt wurde. Als die Hiebe ausgeteilt worden waren, beugte sich der Richter zu der Tür hinunter und fragte, wer der Dieb sei. Er legte sein Ohr an die Tür, um besser hören zu können, was sie zu sagen hatte.

Als er sich aufrichtete, verkündete er: „Die Tür erklärt, die Diebereien seien von einem Mann begangen worden, der auf seinem Turban eine Spinnwebe hat." In dem Augenblick hob ein Mann aus der Menge die Hand und faßte an seinen Turban. Sein Haus wurde durchsucht und die gestohlenen Waren gefunden.

Es bedarf nur eines schmeichelnden oder kritischen Wortes, um das wahre Ich aufzudecken.

Was für eine Buße soll ich tun angesichts des ganzen Ausmaßes meiner Vergehen?"

„Verstehe die Unwissenheit, die ihnen zugrunde liegt", sagte der Meister.

Dann fügte er hinzu: „So wirst du die anderen wie auch dich selbst verstehen und ihnen und dir vergeben, du wirst aufhören, nach Rache zu rufen, die du Strafe oder Buße nennst."

SELBSTVERGESSEN

Ein Holzschnitzer namens Ching hatte gerade die Arbeit an einem Glockenstuhl beendet. Alle, die ihn sahen, staunten, denn es war ein begnadetes Werk. Als der Herzog von Lu es erblickte, sagte er: „Was ist das für eine Begabung, die Euch ein solches Meisterwerk vollbringen läßt?"

Der Holzschnitzer erwiderte: „Sir, ich bin nur ein einfacher Handwerker, ich bin kein Genie. Wenn ich einen Glockenstuhl machen will, meditiere ich drei Tage, um meine Gedanken zu beruhigen. Wenn ich drei Tage meditiert habe, denke ich nicht mehr an Belohnung oder Vergütung. Wenn ich fünf Tage meditiert habe, denke ich nicht mehr an Lob oder Tadel, an Geschicklichkeit oder Unbeholfenheit. Wenn ich sieben Tage meditiert habe, vergesse ich plötzlich meine Glieder, meinen Körper, ja, mein ganzes Selbst. Ich weiß nichts mehr von meinem Arbeitsplatz und meiner Umgebung. Nur mein Können bleibt. In diesem Zustand gehe ich in den Wald und prüfe jeden Baum, bis ich einen finde, in dem ich den Glockenstuhl in seiner ganzen Vollkommenheit sehe. Dann machen sich meine Hände an die Arbeit. Da ich mein Selbst beiseite geschoben habe, trifft Natur auf Natur in der Arbeit, die durch mich getan wird. Das ist zweifellos der Grund, warum jeder sagt, das fertige Produkt sei ein begnadetes Werk."

Sagte ein weltberühmter Geiger über seinen Erfolg bei der Wiedergabe von Beethovens Violinenkonzert: „Ich habe eine herrliche Partitur, eine wunderbare Geige und einen sehr guten Bogen. Ich brauche sie nur zusammenzubringen und dann beiseite zu treten."

SELBSTKRITIK

Ein Schüler kam zu Maruf Karkhi, dem Moslem-Meister und sagte: „Ich habe mit anderen Leuten über dich gesprochen. Die Juden sagen, du seist einer der ihren. Die Christen halten dich für einen ihrer Heiligen. Und die Muslime sehen in dir eine Zierde des Islam."

Maruf erwiderte: „So reden sie hier in Bagdad. Als ich in Jerusalem lebte, nannten mich die Juden einen Christen; die Christen einen Muslim und die Muslime einen Juden."

„Was sollen wir also von dir halten?"

„Haltet mich für einen Mann, der folgendes von sich sagte: ‚Die, die mich nicht verstehen, verehren mich. Die, die mich schmähen, verstehen mich auch nicht.'"

Wenn du denkst, du seist der,
für den dich Freunde und Feinde halten,
kennst du dich offensichtlich selbst nicht.

Einem fortschrittlichen Geist, den häufige Kritik entmutigte, sagte der Meister:

„Hör auf die Worte des Kritikers. Er verrät, was deine Freunde vor dir verbergen."

Aber er sagte auch: „Laß dich nicht von dem, was der Kritiker sagt, niederdrücken. Noch nie wurde zu Ehren eines Kritikers ein Denkmal errichtet, wohl aber für Kritisierte."

SELBSTERKENNTNIS

Ein ängstlich blickender Bursche kommt zu einem Psychiater in die Sprechstunde. Er raucht Pot, trägt eine Kette, am Saum ausgefranste, weit ausladende Hosen und schulterlanges Haar.

Der Psychiater sagt: „Sie behaupten, kein Hippie zu sein. Wie erklären Sie sich dann Ihre Kleidung, die Frisur und das Haschisch?"

„Um das herauszufinden, bin ich ja hergekommen, Doktor."

Viel zu wissen heißt, gelehrt zu sein.
Andere zu erkennen heißt weise sein.
Sein Ich zu erkennen heißt erleuchtet sein.

Eine Puppe aus Salz reiste Tausende von Meilen über Land, bis sie schließlich ans Meer kam.

Sie war fasziniert von dieser seltsamen, sich bewegenden Wassermasse, die ganz anders war als alles, was sie bisher gesehen hatte.

„Wer bist du?" fragte die Salzpuppe das Meer.

Lächelnd erwiderte diese: „Komm herein und sieh selbst."

Also watete die Puppe in die See. Je weiter sie hineinging, desto mehr löste sie sich auf, bis nur noch sehr wenig von ihr übrig war. Ehe der letzte Rest verging, rief die Puppe verwundert: „Nun weiß ich, wer ich bin!"

DIE GRUNDFRAGE

Die großen Lehrmeister sagen uns, daß die wichtigste Frage der Welt sei: „Wer bin ich?" Was ist das überhaupt, was man das „Ich" oder das „Selbst" nennt? Meinen Sie etwa, Sie hätten sonst alles verstanden, nur das nicht? Meinen Sie, Sie haben die Astronomie samt ihren schwarzen Löchern und Quasaren verstanden, kennen sich mit Computern aus, und wissen nicht, wer Sie sind? Meinen Sie, Sie haben verstanden, wer Jesus Christus ist, und wissen nicht, wer Sie selbst sind? Woher wollen Sie denn wissen, daß Sie Jesus Christus verstanden haben? Wer ist derjenige, der etwas versteht?

Finden Sie das erst einmal heraus. Das ist die Grundlage von allem. Weil wir uns darüber nicht im klaren sind, gibt es immer noch all diese engstirnigen religiösen Leute, die ihre sinnlosen religiösen Kriege führen – Moslems gegen Juden, Protestanten gegen Katholiken, und so weiter. Sie wissen nicht, wer sie sind, denn wüßten sie es, gäbe es keine Kriege. So wie ein kleines Mädchen einen kleinen Jungen fragte: „Bist du Presbyterianer?" Darauf antwortete der Junge: „Nein, wir haben eine andere Konfrontation."

Der Meister behauptete, daß es letzten Endes keinen Sinn habe, sich selbst als Inder, Chinese, Afrikaner, Amerikaner, Hindu, Christ oder Muslim zu bezeichnen, da dies nur Schubladen und Etiketen seien. Einem Schüler, der darauf beharrte, zuerst, zuletzt und vor allem Jude zu sein, sagte der Meister freundlich:

„Deine Erziehung ist jüdisch, aber nicht deine Identität."

„Was ist meine Identität?"

„Nichts", sagte der Meister.

„Du glaubst, ich bin ein Nichts und eine Leere?" fragte ungläubig der Schüler.

„Nichts, was mit einem Etikett versehen werden kann", sagte der Meister.

　　　　　　　　　　Menschliche Wesen sind Blüten

WER?

Eine Frau lag im Koma. Plötzlich hatte sie das Gefühl, sie käme in den Himmel und stände vor dem Richterstuhl.

„Wer bist du?" fragte eine Stimme.

„Ich bin die Frau des Bürgermeisters", erwiderte sie.

„Ich habe nicht gefragt, wessen Ehefrau du bist, sondern wer du bist."

„Ich bin die Mutter von vier Kindern."

„Ich habe nicht gefragt, wessen Mutter du bist, sondern wer du bist."

„Ich bin Lehrerin."

„Ich habe nicht nach deinem Beruf gefragt, sondern wer du bist."

Und so ging es weiter. Alles, was sie erwiderte, schien keine befriedigende Antwort auf die Frage zu sein: „Wer bist du?"

„Ich bin eine Christin."

„Ich fragte nicht, welcher Religion du angehörst, sondern wer du bist."

„Ich bin die, die jeden Tag in die Kirche ging und immer den Armen und Hilfsbedürftigen half."

„Ich fragte nicht, was du tatest, sondern wer du bist."

Offensichtlich bestand sie die Prüfung nicht, denn sie wurde zurück auf die Erde geschickt. Als sie wieder gesund war, beschloß sie, herauszufinden, wer sie war. Und darin lag der ganze Unterschied.

Deine Pflicht ist es zu sein. Nicht irgend jemand, nicht ein Niemand – denn darin liegt Habgier und Ehrgeiz – nicht dies oder jenes zu sein – und dadurch abhängig zu werden – sondern einfach zu sein.

SELBST ODER NICHT SELBST?

Wer lebt in Ihnen? Es dürfte Sie ziemlich erschrecken, wenn Sie das erfahren. Sie meinen, Sie sind frei, doch dürfte es keine Geste, keinen Gedanken, keine Gefühlsregung, keine Einstellung, keine Meinung geben, die nicht von einem anderen stammt. Ist das nicht erschreckend? Und Sie wissen es nicht einmal. Sie vertreten in vielen Dingen einen klaren Standpunkt und denken, daß Sie es sind, die diesen Standpunkt haben, doch sind Sie es wirklich? Sie brauchen viel Einsicht, um zu verstehen, daß dieses Etwas, daß Sie „Ich" nennen, einfach eine Anhäufung Ihrer vergangenen Erfahrungen ist, Ihrer unbewußten Beeinflussung und Programmierung...

Achten Sie auf Ihre Reaktionen, während Sie mir zuhören? Ist das nicht der Fall, werden Sie beeinflußt werden, ohne es zu merken. Oder Sie werden von Kräften in Ihnen selbst beeinflußt, von denen Sie nichts wissen. Und selbst wenn Sie wissen, wie Sie auf mich reagieren, sind Sie sich dabei bewußt, warum Sie so und nicht anders reagieren?

Vielleicht hören ja gar nicht *Sie* mir zu; vielleicht ist es Ihr Vater. Halten Sie das für möglich? Zweifellos. Immer wieder begegne ich in meinen Therapiegruppen Menschen, die eigentlich gar nicht selbst da sind. Ihr Vater ist da, ihre Mutter ist da, nur nicht sie selbst. Ich könnte Sie Satz für Satz, den sie sagen, auseinandernehmen und fragen: „Stammt dieser Satz jetzt von Papa, Mama, Oma oder Opa, von wem wirklich?"

Eine schmerzliche Feststellung. Wenn Sie beginnen aufzuwachen, erfahren Sie tatsächlich eine Menge Schmerz: Wenn man sieht, wie Illusionen zerplatzen. Alles, woran Sie glaubten, Sie hätten es aufgebaut, stürzt zusammen, und das tut weh. Das ist im Grunde Reue, und das ist wirkliches Erwachen.

LINDERUNG

Zu einem bekümmerten Menschen, der sich an ihn um Hilfe wandte, sagte der Meister: „Willst du wirklich Heilung?"

„Wenn nicht, würde ich mir dann die Mühe machen, zu Euch zu kommen?"

„O ja, die meisten Menschen tun das."

„Wozu?"

„Nicht wegen der Heilung, die tut weh, sondern um Erleichterung zu finden."

Seinen Schülern sagte der Meister:

„Menschen, die Heilung wollen, vorausgesetzt, sie können sie ohne Schmerzen haben, gleichen jenen, die für den Fortschritt eintreten, vorausgesetzt, sie können ihn ohne Veränderung bekommen."

Der Arzt befand, die Zeit sei gekommen, seinem Patienten die Wahrheit zu sagen. „Ich glaube, ich muß Ihnen mitteilen, daß Sie sehr krank sind und wahrscheinlich nur noch zwei Tage leben werden. Vielleicht wollen Sie Ihre Angelegenheiten ordnen. Möchten Sie irgend jemanden sprechen?"

„Ja", kam mit schwacher Stimme die Antwort.

„Und wen?" fragte der Arzt.

„Einen anderen Arzt."

„Könnten Sie mir einen guten Arzt empfehlen?"

„Ich würde Dr. Chung vorschlagen. Er rettete mir das Leben."

„Wie ging das zu?"

„Ich war sehr krank und ging zu Dr. Ching. Ich nahm seine Medizin, und es ging mir noch schlechter. Dann ging ich zu Dr. Chang. Ich nahm seine Medizin und meinte, sterben zu müssen. Schließlich ging ich also zu Dr. Chung – und der war nicht da."

WENN DAS ICH STIRBT

Ich suche den Frieden, den das Absterben des Selbst gibt."
Sagte der Meister: „Wer ist das, der diesen Frieden
sucht?"

„Ich."

„Wie will denn dein ‚Ich' einen Frieden erlangen, der nur
ins Leben tritt, wenn dein ‚Ich' gestorben ist?"

Danach erzählte er die folgende Geschichte:

„Als der alte Hausdiener starb, hinterließ er zur Überraschung aller ein großes Vermögen, das in Wertpapieren an-
gelegt war. Das konnte jedoch die Witwe nicht trösten:
‚Mein armer, armer Mann! Das ganze Leben kannte er nur
bittere Armut und harte Arbeit Tag für Tag. Und jetzt, da uns
Gott dieses Vermögen geschickt hat, ist er nicht da, um sich
daran zu erfreuen.'"

Stets überließ der Meister jedem, das Tempo der eigenen
Entwicklung zu bestimmen. Man wußte, daß er nie „an-
trieb". Er erklärte das mit folgende Gleichnis:

Ein Mensch sah zu, wie ein Schmetterling sich an-
strengte, aus seiner Puppe zu schlüpfen. Es ging ihm nicht
schnell genug, also begann er, sanft darauf zu blasen. Sein
warmer Atem beschleunigte tatsächlich den Prozeß. Aber
was herauskroch, war nicht ein Schmetterling, sondern eine
Kreatur mit übel zugerichteten Flügeln.

„Einen Wachstumsprozeß", schloß der Meister, „kann
man nicht beschleunigen, man kann ihn nur abbrechen."

STERBENSANGST

Ein Kaufmann in Bagdad schickte seinen Diener mit einem Auftrag zum Basar. Der Mann kam blaß und zitternd vor Angst zurück.

„Herr", sagte er, „auf dem Markt traf ich einen Fremden. Als ich ihm ins Gesicht blickte, sah ich, daß es der Tod war. Er wies mit einer drohenden Gebärde auf mich und ging davon. Nun habe ich Angst. Bitte gebt mir ein Pferd, daß ich sofort nach Samarra reiten kann, um mich möglichst weit vom Tod zu entfernen."

Der Kaufmann war besorgt um den Mann und gab ihm sein schnellstes Roß. Der Diener saß auf und war im Handumdrehen verschwunden.

Später ging der Kaufmann selbst auf den Basar und sah den Tod in der Menge herumlungern. Er ging zu ihm hin und sagte: „Du hast heute morgen vor meinem armen Diener eine drohende Gebärde gemacht. Was sollte das bedeuten?"

„Das war keine drohende Gebärde, Sir", sagte der Tod. „Es war nur ein erstauntes Zusammenfahren, weil ich ihn hier in Bagdad traf?"

„Warum sollte er nicht in Bagdad sein? Hier wohnt er doch."

„Nun, mir hatte man zu verstehen gegeben, daß ich ihn heute abend in Samarra treffen würde."

Die meisten Menschen haben solche Angst zu sterben, daß sie ganz darauf gerichtet sind, den Tod zu vermeiden und dabei nie richtig leben.

IMMER IST STERBEN UND AUFERSTEHEN

Kann man uneingeschränkt Mensch sein, ohne das Tragische zu erfahren? Das einzig Tragische auf der Welt ist Ignoranz, die Wurzel allen Übels. Das einzig Tragische auf der Welt ist Unwachsamkeit und Unbewußtheit. Ihnen entspringt die Furcht, und aus der Furcht kommt alles andere, aber der Tod ist keineswegs eine Tragödie. Sterben ist schön; es wird nur für diejenigen zum Schrecken, die das Leben nie verstanden haben. Nur wer Angst vor dem Leben hat, hat auch Angst vor dem Tod. Nur wer tot ist, fürchtet den Tod. Doch wer lebt, fürchtet ihn nicht.

Ein amerikanischer Schriftsteller schrieb dazu sehr treffend: Das Erwachen ist der Tod Ihres Glaubens an Ungerechtigkeit und Tragik. Was für eine Raupe das Ende der Welt bedeutet, ist ein Schmetterling für den Meister. Tod ist Auferstehung. – Damit meinen wir nicht irgendeine Auferstehung, die noch geschehen wird, sondern eine, die gerade jetzt geschieht. Wenn Sie von Ihrer Vergangenheit, von jeder vergehenden Minute, Abschied nehmen könnten, einem Sterben gleich, wären Sie ein ganz vom Leben durchdrungener Mensch, denn ein vom Leben durchdrungener Mensch ist durchdrungen vom Tod. Immer ist für uns ein Sterben da, müssen wir etwas zurücklassen, um ganz vom Leben durchdrungen zu werden und um jeden Augenblick aufzuerstehen.

Manche Leute behaupten, es gäbe kein Leben nach dem Tod", sagte ein Schüler.

„Tun sie das?" fragte der Meister unverbindlich.

„Wäre es nicht furchtbar zu sterben, ohne jemals wieder zu sehen, zu hören, zu lieben oder sich zu bewegen?"

„Findest du das furchtbar?" erwiderte der Meister. „Das ist doch bei den meisten Menschen so, noch bevor sie gestorben sind."

DEIN TIEFSTES WESEN

Ein älterer Herr betrieb in einer größeren Stadt ein Antiquitätengeschäft. Eines Tages betrat ein Tourist den Laden und unterhielt sich mit dem alten Mann über die vielen Dinge, die hier aufgestapelt waren.

Sagte der Tourist: „Welches ist für Sie der seltsamste und geheimnisvollste Gegenstand, den Sie hier haben?"

Der alte Mann warf einen Blick auf die unzähligen Kuriositäten, Antiquitäten, ausgestopften Tiere, Schrumpfköpfe, präparierten Fische und Vögel, archäologischen Fundstücke, Hirschköpfe... wandte sich dann dem Touristen zu und sagte: „Das seltsamste Ding in diesem Land bin zweifellos ich selbst."

Sagte der Meister:
„Als du noch im Mutterleib warst,
hast du geschwiegen.
Dann wurdest du geboren
und fingst an zu sprechen, sprechen, sprechen
– bis der Tag kommt, da man dich ins Grab legt.
Dann wirst du wieder still sein.
Fange dieses Schweigen ein,
das im Mutterleib war
und im Grab sein wird
und selbst jetzt dieses Intervall von Lärm
unterläuft, das Leben heißt.
Dieses Schweigen ist dein tiefstes Wesen."

MAI

*Was sich über Liebe
sagen läßt*

HÜTET EUCH!

Ein Moslemkönig verliebte sich leidenschaftlich in eine Sklavin und holte sie aus den Sklavenhäusern in den Palast. Er wollte sie heiraten und zu seiner Lieblingsfrau machen, aber am Tag, als sie den Palast betrat, wurde das Mädchen auf geheimnisvolle Weise krank. Es ging ihr immer schlechter. Sie erhielt jede Arznei, die beschafft werden konnte, aber nichts half. Und das arme Mädchen schwebte zwischen Leben und Tod. Verzweifelt bot der König die Hälfte seines Reiches dem an, der sie heilen könnte. Aber niemand traute sich, eine Krankheit heilen zu wollen, die den besten Ärzten des Reiches ein Rätsel war.

Schließlich tauchte ein Hakim auf, der bat, das Mädchen allein sehen zu können. Nachdem er lang mit ihr gesprochen hatte, trat er vor den Thron des Königs, der voller Angst sein Urteil erwartete.

„Euer oder Eure Majestät", sagte der Hakim, „ich kenne tatsächlich eine unfehlbare Medizin für das Mädchen. Und ich bin ihrer Wirkung so sicher, daß ich bereit bin, mich bei Mißerfolg enthaupten zu lassen. Die Medizin, die ich vorschlage, wird allerdings äußerst schmerzhaft sein, nicht für das Mädchen, aber für Eure Majestät."

„Nenne die Medizin", rief der König, „und die soll sie bekommen, gleichgültig, was sie kostet."

Der Hakim sah den König mitleidsvoll an und sagte: „Das Mädchen liebt einen Eurer Diener. Gebt ihr Erlaubnis, ihn zu heiraten, und sie ist sofort gesund."

Armer König! Er sehnte sich so nach dem Mädchen, daß er sie nicht freigeben wollte. Er liebte sie so sehr, daß er sie nicht sterben lassen wollte.

Hütet euch vor Liebe! Wenn ihr euch darauf einlaßt, wird es euer Tod sein.

DIE WIRKLICHKEIT DER LIEBE

Wie können Sie einen Menschen lieben, für den Sie ein Sklave sind? Wie können Sie einen Menschen lieben, ohne den Sie nicht leben können? Das einzige, was Sie können, ist: verlangen, brauchen, abhängig sein, fürchten und kontrolliert werden. Liebe ist nur in Furchtlosigkeit und Freiheit zu finden...

Entgegen einer landläufigen Meinung sind nicht Gesellschaft und Geselligkeit das wirksame Mittel gegen Lieblosigkeit und Einsamkeit, sondern der Kontakt mit der Wirklichkeit. In dem Augenblick, da Sie diese Wirklichkeit berühren, werden Sie wissen, was Freiheit und Liebe ist. Freiheit von Menschen – und somit die Fähigkeit, sie zu lieben.

Sie dürfen nicht meinen, daß Sie zuerst anderen begegnen müssen, um die Liebe in Ihrem Herzen zu wecken. Das wäre keine Liebe, sondern Angezogenwerden oder Mitgefühl. Liebe entspringt vielmehr in Ihrem Herzen aus Ihrem Kontakt mit der Wirklichkeit. Nicht Liebe zu einer bestimmten Person oder Sache, sondern die Wirklichkeit der Liebe: ein Verhalten, eine Bereitschaft zur Liebe. Bald wird diese Liebe nach außen dringen und die Welt der Dinge und Menschen erleuchten.

Wenn Sie möchten, daß es diese Liebe in Ihrem Leben gibt, müssen Sie Ihre innere Abhängigkeit von Menschen aufgeben, indem Sie diese Abhängigkeit erkennen.

Ein Reporter sollte vom Mann auf der Straße erkunden, was er von der modernen Frau hält. Die erste Person, die er traf, war ein Mann, der gerade seinen 103. Geburtstag gefeiert hatte.

„Ich fürchte, ich kann Ihnen nicht weiterhelfen", sagte der alte Mann bedauernd. „Vor ungefähr zwei Jahren habe ich aufgegeben, über Frauen nachzudenken."

SELBSTSÜCHTIG?

Denken Sie an jemanden, den Sie sehr lieben, jemanden, dem Sie nahestehen, der Ihnen viel bedeutet, und sagen Sie in Gedanken zu ihm: „Ich würde lieber glücklich sein, als dich zu haben."

Schauen Sie, was passiert: „Ich würde lieber glücklich sein, als dich zu haben. Wenn ich die Wahl hätte, würde ich mich ohne Frage fürs Glücklichsein entscheiden." Doch wer fühlte sich dabei nicht selbstsüchtig, als er sich das sagte? Sicherlich viele.

Sehen Sie, wie wir in unserer Meinung beeinflußt sind, wie unser Denken dahin gebracht wurde, daß wir uns sagten: „Wie kann ich nur so selbstsüchtig sein?"

Doch schauen Sie einmal, wer wirklich selbstsüchtig ist: Stellen Sie sich vor, jemand sagt zu Ihnen: „Wie kannst du nur so selbstsüchtig sein, daß du das Glücklichsein mir vorziehst?"

Würden Sie dann nicht am liebsten antworten: „Entschuldige mal, aber wie kannst du nur so selbstsüchtig sein, daß du verlangst, ich sollte dich über mein Glücklichsein stellen?!"

Eine Frau erzählte mir einmal von ihrem Vetter, dem Jesuitenpater; sie war damals noch ein Kind, als er in der Jesuitenkirche in Milwaukee Einkehrtage hielt. Jeden Vortrag begann er mit den Worten: „Der Prüfstein der Liebe ist das Opfer, das Maß der Liebe ist die Selbstlosigkeit." Ein großartiger Satz! Ich stellte der Frau die Frage: „Würden Sie wünschen, daß ich Sie liebe, auch wenn ich dann nicht mehr glücklich sein könnte?" „Ja", erwiderte sie.

Ist das nicht ganz entzückend? *Sie* würde mich lieben und könnte nicht mehr glücklich sein, und *ich* würde sie lieben und könnte auch nicht mehr glücklich sein. So hätten wir zwei unglückliche Menschen, doch – *lang lebe die Liebe!*

ANSPRÜCHE UND ERWARTUNGEN

Wir alle hängen voneinander in verschiedenster Hinsicht ab, oder nicht? Wir hängen vom Metzger ab, vom Bäcker, vom Glühbirnenhersteller. Gegenseitige Abhängigkeit. So ist das!... Aber voneinander psychologisch abhängig zu sein – voneinander gefühlsmäßig abzuhängen –, was bedeutet das eigentlich? Es bedeutet, von einem anderen Menschen in punkto Glück abzuhängen.

Denken Sie einmal darüber nach. Denn wenn Sie das tun, wird das nächste, was Sie tun werden, sein – ob Sie sich dessen bewußt sind oder nicht – *zu verlangen,* daß andere Leute zu Ihrem Glück beitragen. Dann wird der nächste Schritt folgen: Angst – Angst vor Verlust, vor Entfremdung, vor Zurückweisung, gegenseitiger Kontrolle. Vollkommene Liebe vertreibt Angst. Wo Liebe ist, gibt es keine Ansprüche, keine Erwartungen, keine Abhängigkeit. Ich verlange nicht, daß du mich glücklich machst; mein Glück ist nicht in dir begründet. Wenn du mich verlassen würdest, würde ich mich nicht bedauern; ich genieße deine Gesellschaft über alle Maßen, aber ich klammere mich nicht an.

Ich genieße sie, ohne mich festzuklammern. Was ich eigentlich genieße, bist nicht du, es ist etwas, das größer ist als wir beide. Es ist etwas, das ich entdeckt habe, eine Art Sinfonie, eine Art Orchester, das in deiner Gegenwart eine Melodie spielt, doch wenn du gehst, hört das Orchester nicht auf zu spielen. Begegne ich jemand anderem, spielt es eine andere Melodie, die auch wunderbar ist. Und bin ich alleine, spielt es weiter. Es hat ein großes Repertoire und hört nie auf zu spielen...

Kann man sagen, daß Sie einen Menschen lieben, wenn Sie ihn psychologisch oder gefühlsmäßig zu Ihrem Glück brauchen? Das steht in offenem Widerspruch zu den universalen Lehren aller Schriften, aller Religionen und Mystiker.

LULU

Der Besucher einer Irrenanstalt sah, wie einer der Insassen auf einem Stuhl saß, sich ständig hin- und herwiegte und mit sanfter, zufriedener Stimme wiederholte: „Lulu, Lulu, Lulu."

„Was hat der Mann für ein Problem?" fragte er den Arzt.

„Lulu. Sie war die Frau, die ihn sitzengelassen hat", antwortete der Doktor.

Als sie die Runde fortsetzten, kamen sie zu einer Gummizelle, deren Bewohner seinen Kopf immer wieder gegen die Wand schlug und stöhnend wiederholte: „Lulu, Lulu, Lulu."

„Ist Lulu auch das Problem dieses Mannes?" fragte der Besucher.

„Ja", erwiderte der Arzt, „ihn hat Lulu schließlich geheiratet."

Es gibt eigentlich nur zwei Heimsuchungen im Leben:
nicht zu bekommen, was man sich wünscht,
und das, was man sich wünscht, zu bekommen.

SICH VERLIEBEN

Warum verliebe ich mich eigentlich? Wieso verliebe ich mich in bestimmte Menschen und in andere nicht? Weil ich beeinflußt wurde. Unbewußt habe ich mir ein Bild geschaffen, wodurch dieser bestimmte Menschentyp auf mich anziehend wirkt. Begegne ich also diesem Menschen, verliebe ich mich Hals über Kopf in ihn.

Habe ich aber ihn oder sie wirklich gesehen? Nein, das werde ich erst nach der Hochzeit; denn dann kommt das Erwachen! Dann könnte die Liebe beginnen.

Aber Sich-Verlieben hat mit Liebe nichts zu tun. Es ist keine Liebe, sondern Verlangen, brennendes Verlangen. Sie sehnen sich von ganzem Herzen danach, von diesem anbetungswürdigen Geschöpf gesagt zu bekommen, daß Sie auf es anziehend wirken. Das gibt Ihnen ein tolles Gefühl. Währenddessen sagt jeder: „Was, um Himmels willen, findet er nur an ihr?" Das ist seine Voreingenommenheit – er *sieht* nicht.

Man sagt, daß Liebe blind macht. Sie können mir glauben, es gibt nichts Scharfsichtigeres als wahre Liebe, nichts. Sie ist das Scharfsichtigste der Welt. Sucht macht blind, an etwas zu hängen macht blind. Anhänglichkeiten, Sehnsüchte und Wünsche machen blind, aber nicht wahre Liebe. Nennen Sie das nicht Liebe. Natürlich wird dieses Wort in den meisten modernen Sprachen mißbraucht. Man spricht von körperlicher Liebe und Sich-Verlieben. Wie der kleine Junge, der das kleine Mädchen fragt: „Hast du dich schon mal verliebt?" Und sie antwortet: „Nein, aber ich habe mich schon mal ver*freundet*."

KLARSICHTIG

Es ist sehr befreiend, mit seinen Gefühlen von nichts abhängig zu sein. Würden Sie dies für nur eine Sekunde erfahren, gäbe es für Sie in Ihrem Gefängnis keine Mauern mehr, und Sie könnten einen Blick auf die Weite des Himmels werfen. Eines Tages werden Sie vielleicht sogar fliegen...

Ich schaue in mich hinein und komme immer wieder zu demselben Schluß: Wenn ich von Lob und Wertschätzung abhängig bin, werde ich die Menschen danach beurteilen, ob sie meine Abhängigkeiten gefährden oder fördern. Wenn Sie als Politiker gewählt werden möchten, worauf werden Sie wohl bei den Leuten achten, wonach wird sich Ihr Interesse richten? Sie werden sich um die Leute kümmern, die Sie wählen könnten. Wenn Sie an Sex interessiert sind, wie glauben Sie, werden Sie Frauen und Männer betrachten? Wenn Sie nach Macht streben, wird das Ihre Sicht der Menschen beeinflussen. Jemandem verfallen zu sein zerstört Ihre Fähigkeit zu lieben.

Was ist Liebe? Liebe ist Empfindsamkeit, Liebe ist Wahrnehmungsfähigkeit.

Was ist ein liebendes Herz? Ein liebendes Herz ist dem ganzen Leben gegenüber empfindsam, allen Menschen gegenüber; ein liebendes Herz verschließt sich vor nichts und niemandem. Aber in dem Augenblick, da Sie in meinem Sinn des Wortes abhängig werden, blockieren Sie vieles andere. Sie haben nur noch Augen für das, woran Ihr Herz hängt; Sie haben nur noch Ohren für die Pauken oder Trompeten in einem Orchester, das Herz ist verhärtet, ja es ist verblendet, denn es sieht das Objekt seiner Abhängigkeit nicht mehr objektiv. Liebe heißt ungetrübte Wahrnehmung, Objektivität; es gibt nichts, was so klarsichtig wäre wie die Liebe.

NUR MICH

„Glauben Sie, daß Sie meiner Tochter das geben können, was sie sich wünscht?" fragte ein Mann einen Freier.
„Bestimmt, Sir. Sie sagt, sie wünscht sich nur mich."

Niemand würde es Liebe nennen, wenn sie sich Geld wünschte. Warum ist es Liebe, wenn sie sich dich wünscht?

Sagte der Meister: „Was du Freundschaft nennst, ist in Wirklichkeit ein Geschäft: Entsprich meinen Erwartungen, gib mir, was ich möchte, und ich werde dich lieben; weise mich ab, und meine Liebe schlägt in Groll und Gleichgültigkeit um."

Er erzählte von dem Familienvater, der nach einem anstrengenden Arbeitstag zu seiner Frau und seinem niedlichen, drei Jahre alten Töchterchen nach Hause kam.

„Bekommt Daddy einen Kuß?"
„Nein!"
„Schäm dich! Dein Daddy muß den ganzen Tag hart arbeiten, um etwas Geld nach Hause zu bringen, und du behandelst ihn so! Wo ist der Kuß?"

Das niedliche, drei Jahre alte Töchterchen schaute ihm in die Augen: „Und wo ist das Geld?"

Sagte ein Schüler: „Ich gebe meine Liebe nicht für Geld."
Sagte der Meister: „Ist es nicht ebenso schlecht – oder gar schlimmer –, wenn du Liebe für Liebe verlangst?"

ES IST SCHÖN, BEI DIR ZU SEIN

Wir müssen erkennen, daß das Aneinander-Hängen einer Beziehung eher schadet als nützt.

Ich erinnere mich, wie sehr ich mich davor fürchtete, einem guten Freund von mir zu sagen: „Eigentlich brauche ich dich nicht. Ich kann auch ohne dich glücklich sein. Aber dadurch, daß ich dir das sage, kann ich deine Gesellschaft erst richtig genießen – da gibt es keine Ängste mehr, keine Eifersucht, kein Besitzdenken, kein Anklammern. Es ist schön, bei dir zu sein, ohne festgehalten zu werden. Du bist frei und ich auch."

Für viele von Ihnen wird das etwas völlig Neues sein. Ich selbst habe lange dazu gebraucht, es zu begreifen, und Sie müssen dabei berücksichtigen, daß ich Jesuit bin und geistliche Übungen gemacht habe, bei denen es genau um so etwas geht. Dennoch begriff ich den entscheidenden Punkt nicht, und meine Kultur und meine Gesellschaft ließen mich die Menschen in den Kategorien meiner Abhängigkeiten sehen. Ich amüsiere mich manchmal darüber, wenn scheinbar objektive Leute wie Therapeuten und geistliche Leiter über jemand sagen: „Er ist wirklich ein toller Kerl, ich mag ihn sehr."

Später finde ich heraus, daß ich jemand mag, weil er oder sie mich mag.

VERBUNDEN

Einer Frau, die die Schönheiten der Liebe überschwenglich pries, erzählte der Meister diese Geschichte von Nasrudin:

Nasrudin versuchte seine Frau zu trösten, die im Sterben lag. Die Frau sah ihrem Mann in die Augen und sagte: „Das wird wohl meine letzte Nacht sein. Ich werde die Sonne nicht mehr sehen. Nasrudin, wie wirst du meinen Tod ertragen?"

„Wie werde ich deinen Tod ertragen? Ich werde verrückt werden."

Ernst, wie ihr Zustand war, konnte sich die Frau dennoch nicht ein Lächeln verkneifen:

„Du schlauer Bursche", sagte sie, „ich kenne dich. Du wirst nicht einmal einen Monat nach meinem Tod unverheiratet bleiben."

„Was willst du damit sagen?" erwiderte Nasrudin entrüstet. „Natürlich werde ich verrückt werden, aber *so* verrückt werde ich nicht sein."

Nach einer heftigen Diskussion mit seiner Frau sagte ein Mann: „Warum können wir nicht friedlich zusammenleben, wie unsere beiden Hunde, die sich nie zanken?"

„Das stimmt", pflichtete seine Frau bei, „aber binde sie mal zusammen, dann wirst du sehen, was passiert."

BRAUCHEN – GEBRAUCHEN

Ein liebendes Herz bleibt weich und empfindsam. Wenn Sie aber darauf versessen sind, etwas zu erreichen, werden Sie ruchlos, hart und empfindungslos. Wie können Sie einen Menschen lieben, wenn sie ihn brauchen? Sie können ihn nur gebrauchen. Wenn ich Sie zu meinem Glück brauche, muß ich Sie gebrauchen, manipulieren, muß ich Mittel und Wege finden, Sie zu gewinnen. Ich kann Sie nicht frei sein lassen.

Ich kann die Menschen nur lieben, wenn ich mein Leben von den Menschen losgelöst habe. Wenn ich mich vom Bedürfnis nach Menschen lossage, bin ich wirklich in der Wüste. Am Anfang ist es furchtbar, die Einsamkeit zu spüren, doch wenn Sie eine Weile ausgehalten haben, entdecken Sie auf einmal, daß es durchaus keine Einsamkeit ist. Sie erleben die Abgeschiedenheit, das Alleinsein, und die Wüste beginnt zu blühen. Dann werden Sie endlich erfahren, was Liebe ist, was Gott ist, was Realität ist. Doch am Anfang kann es hart sein, die Droge aufzugeben, wenn Sie keinen starken Willen oder nicht genug gelitten haben.

Es hat etwas Großartiges an sich, gelitten zu haben. Nur dann kann es Ihnen überdrüssig werden. Sie können das Leiden dazu benutzen, ihm ein Ende zu setzen. Viele leiden aber weiter.

Einsamkeit heißt, Menschen zu vermissen; Alleinsein heißt, sich selbst zu genügen. So wird vom scharfzüngigen George Bernard Shaw ein schöner Ausspruch berichtet: Auf einer jener langweiligen Cocktail-Parties, auf denen viel geredet, aber nichts gesagt wird, fragte man ihn: „Amüsieren Sie sich gut?" Worauf er erwiderte: „Das ist das einzige, was mich hier amüsiert."

Zusammensein mit anderen ist nur dann schön, wenn man ihnen nicht versklavt ist.

WENN MAN IN EIN GESICHT BLICKT

Ein Guru fragte seine Schüler, wie sie das Ende der Nacht vom Beginn des Tages unterscheiden könnten.

Einer sagte: „Wenn man in der Entfernung ein Tier sieht und erkennt, ob es eine Kuh oder ein Pferd ist."

„Nein", sagte der Guru.

„Wenn man in der Entfernung einen Baum sieht und erkennt, ob es ein Paternosterbaum oder ein Mango ist."

„Wieder falsch", sagte der Guru.

„Also, wie dann?" fragten die Schüler.

„Wenn man in das Gesicht eines Mannes blickt und darin seinen Bruder erkennt; wenn man in das Gesicht einer Frau blickt und in ihr seine Schwester erkennt. Wer dazu nicht fähig ist, für den ist – wo immer die Sonne auch stehen mag – Nacht."

Die Gemeinde wunderte sich, daß ihr Rabbi jede Woche am Vorabend des Sabbat verschwand. Sie hatten ihn in Verdacht, sich heimlich mit dem Allmächtigen zu treffen und beauftragten daher einen aus ihrer Mitte, ihm zu folgen.

Und das sah der Mann: Der Rabbi zog sich wie ein Bauer an und versorgte eine gelähmte, nichtjüdische Frau in ihrer Behausung, indem er putzte und ein Festtagsessen für sie vorbereitete.

Als der Spion zurückkam, fragte die Gemeinde: „Wohin ist der Rabbi gegangen? Fuhr er gen Himmel?"

„Nein", erwiderte der Mann, „er stieg noch höher."

SÜCHTIG

Wer ignoriert wird oder wer sich abgelehnt fühlt, erfährt eine so unerträgliche Einsamkeit, daß er zu den anderen zurückkriecht und um die wohltuende Droge fleht, die Unterstützung, Ermutigung und Bestätigung heißt. So mit anderen zu leben bringt endlose Anspannung mit sich. „Die Hölle, das sind die anderen", sagt Sartre. Das ist nur zu wahr. Wenn Sie in solcher Abhängigkeit leben, müssen Sie sich stets von Ihrer besten Seite zeigen; nie können Sie ungezwungen sein; Sie müssen Erwartungen erfüllen.

Mit anderen zu leben heißt, in Anspannung zu leben. Ohne die anderen zu leben, zieht die Agonie der Einsamkeit nach sich, weil Sie die Menschen vermissen. Sie haben die Fähigkeit verloren, sie so zu sehen, wie sie sind, und angemessen auf sie einzugehen, da Ihre Wahrnehmung durch den Drang nach der Droge getrübt wird. Sie sehen sie nur unter dem Blickwinkel, ob sie Ihnen helfen, Ihre Droge zu bekommen, oder ob sie Ihnen die Droge nehmen könnten: Werde ich von Ihnen bekommen, was ich will? Und können sie mir weder helfen noch mich bedrohen, interessieren sie mich nicht. Es ist schlimm, das sagen zu müssen, aber ich frage mich, für wen von uns das nicht gelten könnte.

Ein Freund besuchte den berühmten Essayisten Charles Lamb: „Ich möchte Euch Herrn Soundso vorstellen."

„Nein, danke", erwiderte Lamb, „ich mag den Mann nicht."

„Aber Ihr kennt ihn ja gar nicht!"

„Ich weiß. Darum mag ich ihn ja auch nicht", sagte Lamb.

„In bezug auf Menschen kenne ich mich aus und weiß, wen ich mag."

„Sie wollen sagen, Sie mögen, was Sie kennen."

FÜRSORGENDE LIEBE

Zwei Brüder, der eine verheiratet, der andere nicht, besaßen eine Farm, deren fruchtbarer Boden reichlich Korn hervorbrachte. Die Ernte wurde zwischen den Brüdern geteilt.

Zuerst ging alles gut. Doch auf einmal begann der verheiratete Bruder nachts aufzuschrecken und dachte: „Das ist nicht gerecht. Mein Bruder ist nicht verheiratet, und er bekommt die halbe Ernte. Ich dagegen habe Frau und fünf Kinder, so daß mein Alter gesichert ist. Aber wer wird für meinen armen Bruder sorgen, wenn er alt ist? Er muß viel mehr für die Zukunft sorgen, als er es im Augenblick tut, deshalb ist sein Bedarf bestimmt größer als der meine."

Bei diesen Gedanken stand er auf, schlich sich hinüber zu der Behausung seines Bruders und schüttete einen Sack Korn in dessen Scheune.

Auch der Junggeselle begann von diesen nächtlichen Anwandlungen überfallen zu werden. Ab und zu fuhr er aus dem Schlaf hoch und sagte sich: „Das ist einfach nicht gerecht. Mein Bruder hat eine Frau und fünf Kinder, und er bekommt die Hälfte der Ernte. Ich aber muß nur mich selbst versorgen. Ist es also richtig, daß mein Bruder, dessen Bedarf bestimmt größer ist als der meine, genau soviel bekommt wie ich?" Also stand er auf und schüttete einen Sack Korn in die Scheune seines Bruders.

Eines Nachts standen sie gleichzeitig auf und trafen sich, jeder mit einem Sack Korn auf dem Rücken.

Viele Jahre nach ihrem Tod wurde die Geschichte bekannt, und als die Bürger einen Tempel errichten wollten, bauten sie ihn dort, wo sich die beiden Brüder getroffen hatten, denn das schien ihnen der heiligste Platz der Stadt zu sein.

ZUGEHÖRIGKEIT

Die Psychologen sagen immer, wie wichtig es ist, einen Sinn für Zugehörigkeit zu entwickeln. Unsinn! Wieso möchten Sie denn zu jemand gehören? Das spielt keine Rolle mehr.

Einer meiner Freunde erzählte mir, es gebe einen afrikanischen Stamm, bei dem Kapitalverbrechen mit Verbannung bestraft werden. Wenn man Sie aus New York, oder wo auch immer Sie wohnen, hinauswürfe, würden Sie nicht sterben. Wie kam es also, daß das afrikanische Stammesmitglied starb? Weil es sich an der gemeinsamen Dummheit der Menschheit beteiligte. Es glaubte, es könnte nicht leben, wenn es zu niemandem mehr gehört.

Unterscheidet sich dieser Stammesangehörige in diesem Punkt wirklich so sehr von den meisten Leuten? Er ist davon überzeugt, daß er zu jemandem gehören muß. Doch muß man weder zu irgendwem noch zu irgend etwas, auch nicht zu irgendeiner Gruppe gehören. Man muß nicht einmal verliebt sein.

Wer hat Ihnen gesagt, daß man das muß? Was Sie wirklich brauchen, ist, frei zu sein und zu lieben. Das ist alles, das ist Ihre Natur. Doch was Sie mir da erzählen, heißt, daß Sie begehrt sein möchten. Sie möchten Applaus, möchten attraktiv sein und daß alle hinter Ihnen herlaufen. Sie vergeuden Ihr Leben. Wachen Sie auf! Das haben Sie nicht nötig. Sie können ohne all das glücklich sein.

FAMILIENBANDE

Einen Schüler verlangte es von ganzem Herzen, der Welt zu entsagen, aber er behauptete, seine Familie liebe ihn zu sehr, um ihn gehen zu lassen.

„Liebe?" sagte sein Guru. „Das ist durchaus keine Liebe. Hör zu...", und er offenbarte dem Schüler ein Joga-Geheimnis, wie er seinen eigenen Tod simulieren könnte. Am nächsten Tag war der Mann allem äußeren Anschein nach tot, und das Haus hallte wider vom Weinen und Klagen seiner Familie.

Dann tauchte der Guru auf und sagte den trauernden Angehörigen, er habe die Macht, den Mann wieder zum Leben zu erwecken, wenn jemand an seiner Stelle sterben würde. Freiwillige vor!

Zum Erstaunen des „Leichnams" begann jedes Familienmitglied Gründe vorzubringen, warum gerade er am Leben bleiben müßte. Seine Frau faßte die Gefühle aller zusammen und sagte: „Es ist eigentlich wirklich nicht notwendig, daß jemand seinen Platz einnimmt. Wir werden auch ohne ihn fertig werden."

Beim Begräbnis eines sehr reichen Mannes sah man einen Fremden genau so laut klagen und weinen wie die anderen.

Der Priester, der die Trauerfeier hielt, ging zu ihm und fragte: „Sind Sie vielleicht ein Verwandter des Verstorbenen?"

„Nein."

„Warum weinen Sie dann?"

„Eben darum."

SELBSTLOS

Gibt es so etwas wie *selbstlose Liebe?"* fragte jemand den Meister. Als Antwort erzählte er diese Geschichte:

Mister Tugut sah mit Bangen, wie die Engel im Himmel sein Sündenregister überprüften. Endlich sah der Protokollengel auf und rief aus: „Das ist ja fabelhaft! Das ist unerhört! In deinem ganzen Leben hast du nicht die geringste Sünde begangen, nicht einmal die kleinste läßliche Sünde während deiner ganzen Lebenszeit! Alles, was du vollbracht hast, waren Werke der Nächstenliebe. Als was sollen wir dich aber nun in den Himmel lassen? Nicht als Engel, denn ein Engel bist du nicht. Nicht als menschliches Wesen, denn du hast keine einzige Schwäche. Wir müssen dich für einen Tag wieder auf die Erde schicken, damit du wenigstens eine Sünde begehen und als menschliches Wesen zu uns zurückkommen kannst."

So fand sich der arme sündenlose Mr. Tugut bald an einer Straßenecke seiner Heimatstadt wieder, unglücklich und verdattert, doch entschlossen, wenigstens einen kleinen Fehltritt zu tun. Es verging eine Stunde, dann zwei, dann drei. Mr. Tugut stand ratlos da und fragte sich, was er tun sollte. Als ihm schließlich eine großgewachsene, kräftige Frau zuwinkte, ging er bereitwillig zu ihr. Die Dame war weit davon entfernt, jung oder hübsch zu sein, doch sie war für ihn die Eintrittskarte in den Himmel. Und so ging er mit ihr fort und verbrachte mit ihr die Nacht. Als der Morgen dämmerte, warf Mr. Tugut einen Blick auf die Uhr. Er mußte sich beeilen. Eine halbe Stunde noch, bis er wieder in den Himmel getragen werden sollte. Als er seine Sachen anlegte, erstarrte er, denn die alte Dame rief ihm aus dem Bett zu: „Oh, lieber Mr. Tugut, was für ein großes Werk der Nächstenliebe haben Sie heute nacht vollbracht!"

FREUNDESLIEBE

„Mein Freund ist nicht vom Schlachtfeld zurückgekommen, Sir. Erbitte Erlaubnis, ihn zu suchen und hereinzuholen."

„Abgelehnt", sagte der Offizier, „ich möchte nicht, daß Sie Ihr Leben aufs Spiel setzen für einen Mann, der wahrscheinlich tot ist."

Der Soldat machte sich trotzdem auf die Suche und kam eine Stunde später tödlich verwundet zurück, in den Armen seinen toten Freund.

Der Offizier tobte. „Ich habe Ihnen gesagt, er sei tot. Nun habe ich Sie beide verloren. Was hat es nun gebracht, hinauszugehen, um eine Leiche zurückzubringen?"

Der sterbende Mann antwortete: „Es hat sich gelohnt, Sir. Als ich ihn fand, lebte er noch. Und er sagte zu mir: ‚Ich wußte, Jack, daß du kommen würdest.'"

Ein Besucher erzählte die Geschichte eines Heiligen, der einen sterbenden Freund besuchen wollte, aber Angst hatte, bei Nacht zu reisen und daher zur Sonne sagte: „Im Namen Gottes, bleib am Himmel, bis ich zu dem Dorf komme, wo mein Freund im Sterben liegt." Und die Sonne blieb auf der Stelle stehen, bis der heilige Mann das Dorf erreicht hatte.

Der Meister lächelte. „Hätte der heilige Mann nicht mehr davon gehabt, wenn er seine Angst, des Nachts zu reisen, überwunden hätte?" sagte er.

KINDERLIEBE

Nasrudin gab einem Jungen ein Gefäß und bat ihn, Wasser aus dem Brunnen zu holen. Ehe der Junge jedoch hinausging, kniff er ihn ins Ohr und sagte: „Wehe, wenn du es fallen läßt!"

Ein Passant sagte: „Wie könnt Ihr ein armes Kind schlagen, ehe es irgend etwas verbrochen hat?"

Daraufhin sagte Nasrudin: „Ihr würdet es wohl lieber sehen, wenn ich ihn schlage, *nachdem* er das Gefäß zerbrochen hat und das Wasser verschüttet ist? Wenn ich ihm vorher eine runterhaue, denkt er daran, und Wasser und Topf sind gerettet."

Drei Erwachsene frühstückten in der Küche, während die Kinder auf dem Fußboden spielten. Man unterhielt sich darüber, was jeder bei drohender Gefahr als erstes retten würde. Jeder sagte, natürlich zu allererst die Kinder.

Plötzlich platzte das Sicherheitsventil des Schnellkochtopfes, und durch die Explosion war der Raum bald voller Dampf. In Sekundenschnelle hatten alle die Küche verlassen, außer den Kindern, die auf dem Fußboden spielten.

VATERLIEBE

Einem Mann, der Jahre damit verbrachte, das Gesetz seiner Religion zu studieren, sagte der Meister:

„Der Schlüssel zu einem rechtschaffenen Leben ist Liebe, nicht Religion oder das Gesetz."

Dann erzählte er die Geschichte von zwei Jungen, die zur Sonntagsschule gingen und schließlich vom Religionsunterricht genug hatten, weshalb einer den Vorschlag machte, einfach wegzulaufen.

„Weglaufen? ... Unsere Väter werden uns aber einholen und verprügeln."

„Wir werden *sie* versohlen."

„Was? Den *Vater* versohlen? Du bist wohl verrückt. Hast du vergessen, daß Gott uns befohlen hat, unseren Vater und unsere Mutter zu ehren?"

„Ja, stimmt! Du versohlst meinen Vater und ich deinen."

Ein kleiner Junge rannte die Straße entlang und stieß, als er um die Ecke bog, mit einem Mann zusammen. „Du meine Güte", sagte dieser, „wohin rennst du denn so eilig?"

„Nach Hause", sagte der Junge, „und ich hab's eilig, weil meine Mutter mich verhauen wird."

„Möchtest du so gerne verhauen werden, daß du deswegen nach Hause läufst?" fragte der Fremde erstaunt.

„Nein, aber wenn mein Vater vor mir nach Hause kommt, dann haut er!"

Kinder sind Spiegel.
Wenn sie von Liebe umgeben sind, spiegeln sie diese wider.
Wenn die Liebe fehlt, können sie nichts ausstrahlen.

MUTTERLIEBE

Klein Mary war mit ihrer Mutter am Strand.

„Mammi, darf ich im Sand spielen?"

„Nein, Liebling, da machst du dir nur dein hübsches Kleid schmutzig."

„Darf ich im Wasser waten?"

„Nein, da wirst du bloß naß und erkältest dich."

„Darf ich mit den anderen Kindern spielen?"

„Nein, da finde ich dich nicht wieder."

„Mammi, kauf mir ein Eis."

„Nein, das ist nicht gut für deinen Hals."

Klein Mary begann zu weinen.

Die Mutter wandte sich zu einer Frau in der Nähe und sagte: „Du lieber Himmel! Haben Sie schon einmal so ein neurotisches Kind gesehen!"

Als ein achtjähriges Mädchen das Taschengeld dafür verwandte, ihrer Mutter ein Geschenk zu kaufen, war diese sehr dankbar und glücklich, denn im allgemeinen hat eine Mutter und Hausfrau viel Arbeit und wenig Anerkennung.

Das Mädchen schien das verstanden zu haben, denn sie sagte: „Dafür, daß du so schwer arbeitest, Mutter, und keiner es richtig würdigt."

Die Frau sagte: „Dein Vater arbeitet auch schwer."

Sagte das Mädchen: „Ja, aber er macht nicht so viel Aufhebens davon."

ALTE LIEBE

Es war der Tag der goldenen Hochzeit. Das Paar war den ganzen Tag über mit den vielen Verwandten und Freunden, die vorbeikamen, um zu gratulieren, auf Trab gehalten worden. So waren beide froh, als sie gegen Abend allein vor dem Haus sitzen und der untergehenden Sonne zusehen konnten, um sich von dem anstrengenden Tag zu erholen.

Der alte Mann blickte seine Frau liebevoll an und sagte: „Agatha, ich bin stolz auf dich!"

„Was hast du gesagt?" fragte die alte Dame. „Du weißt doch, ich höre schlecht. Sprich lauter."

„Ich sagte, ich bin stolz auf dich."

„Macht nichts", erwiderte sie mit einer abfälligen Handbewegung, „ich habe dich auch satt!"

Frau zum Ehemann, der in die Zeitung vertieft ist: „Du brauchst nicht immer weiter, ‚ha, ha' zu sagen. Ich habe schon vor zehn Minuten aufgehört zu sprechen."

Der Arzt beugte sich über die leblose Gestalt im Bett. Dann richtete er sich auf und sagte: „Es tut mir leid, aber ich muß Ihnen sagen, Ihr Mann lebt nicht mehr, meine Liebe."

Von der leblosen Gestalt im Bett kam ein schwacher Protest: „Doch, ich lebe noch."

„Halt den Mund", sagte die Frau, „der Arzt weiß das besser als du."

JUNGE LIEBE

Als Robert, ein vierzehnjähriger Junge, sich in seine gleich-altrige Nachbarin verliebte, verkaufte er alles, was er besaß und nahm auch Gelegenheitsjobs an, um genug Geld zu haben, seinem Schwarm die teure Uhr, die sie sich wünschte, kaufen zu können. Seine Eltern waren nicht sehr glücklich darüber, hielten es aber für das beste, nichts zu sagen.

Am Tag, als der Kauf vonstatten gehen sollte, kam Robert von seiner Einkaufsexpedition zurück, ohne sein Geld aus-gegeben zu haben. Und er erklärte es so: „Ich ging mit ihr zum Juwelier, und dort sagte sie, sie wolle die Uhr nun doch nicht. Andere Dinge gefielen ihr besser, zum Beispiel ein Armband, eine Kette oder ein goldener Ring.

Während sie so im Laden umherging, um sich zu ent-scheiden, erinnerte ich mich an das, was uns unser Lehrer einmal gesagt hatte. Ehe wir uns etwas anschafften, sollten wir uns fragen, wozu wir es wollten. Da wurde mir klar, daß ich sie eigentlich doch nicht wollte, also verließ ich den La-den und ging fort."

Zwei kleine Jungen unterhielten sich.
„Wie alt bist du?"
„Ich bin fünf. Wie alt bist du?"
„Weiß ich nicht."
„Du weißt nicht, wie alt du bist?"
„Nee."
„Machen dir Frauen zu schaffen?"
„Nee."
„Dann biste vier."

LIEBE TRÄGT LASTEN... UND VERGISST

Jeremias liebte eine sehr große Frau. Jeden Abend begleitete er sie von der Arbeit nach Hause, und jeden Abend hätte er sie gerne geküßt, war aber zu schüchtern, sie zu fragen.

Eines Abends nahm er seinen Mut zusammen. „Darf ich dich küssen?" Sie war einverstanden.

Aber Jeremias war außergewöhnlich klein, so schauten sie sich nach etwas um, auf das er sich stellen konnte. Sie fanden eine verlassene Schmiede mit einem Amboß, der Jeremias gerade die richtige Größe verschaffte.

Nach ungefähr einer Meile sagte Jeremias wieder: „Könnte ich vielleicht noch einen Kuß haben, Liebling?"

„Nein", sagte die Frau, „einen habe ich dir schon gegeben, das reicht für heute abend."

Jeremias sagte: „Warum hast du mich dann diesen verdammten Amboß mitschleppen lassen?"

Liebe trägt Lasten und spürt sie nicht!

Warum sprichst du ständig von meinen früher begangenen Fehlern?" sagte der Ehemann. „Ich dachte, du hättest sie vergeben und vergessen."

„Ich habe tatsächlich vergeben und vergessen", antwortete die Ehefrau, „aber ich möchte sicher sein, daß du nicht vergißt, daß ich vergeben und vergessen habe."

EINSICHTEN DER LIEBE

Als ein Mann, dessen Ehe nicht gut ging, seinen Rat suchte, sagte der Meister: „Du mußt lernen, deiner Frau zuzuhören."

Der Mann nahm sich diesen Rat zu Herzen und kam nach einem Monat zurück und sagte, er habe gelernt, auf jedes Wort, das seine Frau sprach, zu hören.

Sagte der Meister mit einem Lächeln: „Nun geh nach Hause und höre auf jedes Wort, das sie nicht sagt."

Der Meister hörte geduldig die Klagen einer Frau über ihren Mann an.

Schließlich sagte er: „Eure Ehe wäre glücklicher, meine Liebe, wenn du eine bessere Ehefrau wärest."

„Und wie könnte ich das sein?"

„Indem du dich nicht länger anstrengst, ihn zu einem besseren Ehemann zu machen."

Ehemann: „Weißt du, Liebling, ich werde hart arbeiten, und eines Tages werden wir reich werden."

Ehefrau: „Wir sind schon reich, Liebster, denn wir haben einander. Eines Tages werden wir vielleicht Geld haben."

WAS LIEBE IST

Was ist Liebe? Nehmen Sie zum Beispiel eine Rose: Kann die Rose sagen: „Für gute Menschen will ich meinen Duft verströmen, doch vor bösartigen halte ich ihn zurück"? Oder können Sie sich eine Lampe vorstellen, die einem boshaften Menschen, der in ihrem Schein gehen möchte, nicht leuchtet? Sie wäre dann keine Lampe mehr. Und wie hilflos und wahllos spendet ein Baum allen seinen Schatten: gut und böse, jung und alt, hoch und niedrig; Menschen, Tieren, jedem Lebewesen, sogar dem, der ihn fällen möchte.

Somit ist das erste Merkmal der Liebe: Sie wählt nicht aus. Deshalb werden wir auch ermahnt, wie Gott zu sein, „der seine Sonne über Gute und Böse scheinen läßt und den Regen auf Heilige und Sünder fallen läßt; darum sollt ihr gut sein, wie euer Vater im Himmel gut ist".

Betrachten Sie mit Staunen die reine Güte der Rose oder der Lampe, denn hier haben Sie ein Bild dessen, was letztlich Liebe ist.

Was ist zu tun, um solche Liebe zu erlangen? Es gibt nichts, was Sie tun könnten, denn Liebe läßt sich nicht erzwingen. Doch gibt es etwas, wovon Sie lassen könnten. Achten Sie darauf, welch wunderbare Veränderung in Ihnen vor sich geht, sobald Sie die Menschen nicht mehr in gut und böse, in Heilige und Sünder einteilen, sondern sie als nicht wahrnehmend und unwissend zu sehen beginnen. Geben Sie den Irrglauben auf, daß Menschen im Bewußtsein sündigen können. Niemand kann im Licht des Bewußtseins sündigen. Sünde geschieht nicht – wie wir fälschlicherweise meinen – aus Bosheit, sondern aus Unwissenheit. „Vater, vergib ihnen, denn sie wissen nicht, was sie tun." Dies zu erkennen heißt, die bewundernswerte Fähigkeit einer Rose, einer Lampe, eines Baumes zu erlangen.

EIN GESCHENK

Zum Wesen der Liebe gehört ferner, daß sie ein Geschenk ist. Wie die Rose oder die Lampe gibt sie und verlangt nichts zurück. Wie sehr verachten wir den Mann, der sich bei der Wahl seiner Frau nicht von einem Vorzug, den sie haben mag, bestimmen läßt, sondern von ihrer Mitgift. Ein solcher Mann, sagen wir zu Recht, liebt nicht die Frau, sondern den finanziellen Vorteil, den er durch sie erhält.

Doch ist Ihre Liebe um so viel anders, wenn sie die Gesellschaft und Nähe derer suchen, die Ihnen emotionale Befriedigung einbringen, und diejenigen meiden, bei denen dies nicht so ist; wenn Sie denen gegenüber positiv eingestellt sind, die Ihnen das geben, was Sie suchen und Ihre Erwartungen erfüllen, und sich anderen gegenüber, für die das nicht gilt, gleichgültig und ablehnend verhalten?

Auch hier können Sie nur eines tun: die Fähigkeit erwerben, Liebe als Geschenk zu verstehen. Die bloße Erkenntnis, was Ihre sogenannte Liebe in Wahrheit ist: eine Tarnung für Selbstsucht und Habgier, kann ein Riesenschritt zum Erlangen dieses zweiten Merkmals der Liebe sein.

Du kannst deine Mutter mit deinem ganzen Herzen lieben; und deine Frau und jedes deiner Kinder. Das Wunder ist, daß du deswegen anderen nicht weniger geben mußt, wenn du jemand deine ganze Liebe schenkst. Im Gegenteil, jeder von ihnen bekommt nun mehr. Denn wenn du deinen Freund liebst und niemand sonst, bietest du ihm in der Tat nur ein schwaches Herz an. Er gewänne mit Sicherheit mehr, wenn du es auch anderen gäbest.

SICH IHRER SELBST NICHT BEWUSST

Die dritte Wesensart der Liebe besteht darin, daß sie sich ihrer selbst nicht bewußt ist. Liebe erfreut sich so sehr der Liebe, daß sie es vor Glück selbst nicht weiß. So wie die Lampe nur damit beschäftigt ist zu leuchten und keinen Gedanken daran verliert, ob sie anderen damit nützen könnte oder nicht; wie die Rose ihren Duft einfach deshalb verströmt, weil es nichts anderes gibt, was sie tun könnte – ganz gleich, ob es jemanden gibt, der ihren Duft genießt oder nicht, so wie der Baum Schatten spendet. Das Licht, der Duft und der Schatten entstehen nicht, sobald sich jemand nähert, und hören nicht auf, sobald niemand mehr da ist. All dies ist da wie die Liebe – unabhängig von Menschen.

Liebe *ist* einfachhin, sie hat kein Objekt. Licht, Duft, Schatten *sind* einfachhin, egal, ob jemand von ihnen profitiert oder nicht. Darum wissen sie auch nichts von Verdienst oder guter Tat. Ihrer linken Hand ist nicht bewußt, was die rechte tut. „Herr, wann haben wir dich hungern oder dürsten gesehen und dir geholfen?" ...

Es ist doch klar: Eine gute Tat ist am besten, wenn man nicht weiß, daß man Gutes tut. Oder wie es der große Sufi sagen würde: „Ein Heiliger ist so lange heilig, bis er es weiß." Nicht Selbstbewußtsein, sondern Selbst-unbewußtsein!

FREIHEIT

Schließlich gehört zum Wesen der Liebe die Freiheit. Sobald sich Zwang, Kontrolle oder Konflikt einstellen, stirbt die Liebe. Auch die Rose, der Baum und die Lampe lassen Sie vollkommen frei sein. Der Baum wird sich nicht bemühen, Sie in seinen Schatten zu ziehen, wenn Ihnen ein Sonnenstich droht. Die Lampe wird Ihnen nicht ihr Licht aufzwingen, wenn Sie im Dunkeln stolpern.

Denken Sie einmal an die vielen Zwänge und die Kontrollen durch andere, denen Sie unterliegen, wenn Sie ängstlich ihren Erwartungen zu entsprechen suchen, um ihre Liebe oder Zustimmung zu erkaufen oder weil Sie fürchten, sie zu verlieren. Jedesmal, wenn Sie sich diesem Zwang und dieser Kontrolle unterstellen, zerstören Sie Ihre Fähigkeit zu lieben, die ihre eigentliche Natur ist, denn Sie können nicht umhin, anderen das anzutun, was Sie anderen erlauben, daß sie es Ihnen antun.

Denken Sie dann über all die Kontrollen und die Zwänge in Ihrem Leben nach, und allein dieses Bedenken wird sie Ihnen hoffentlich nehmen. In dem Augenblick, da sie verschwinden, wird sich Freiheit einstellen. Und Freiheit ist nur ein anderes Wort für Liebe.

ICH LIEBE DICH

Jahrelang war ich neurotisch. Ich war ängstlich und depressiv und selbstsüchtig. Und jeder sagte mir immer wieder, ich sollte mich ändern. Und jeder sagte mir immer wieder, wie neurotisch ich sei.

Und sie waren mir zuwider, und ich pflichtete ihnen doch bei, und ich wollte mich ändern, aber ich brachte es nicht fertig, sosehr ich mich auch bemühte.

Was mich am meisten schmerzte, war, daß mein bester Freund mir auch immer wieder sagte, wie neurotisch ich sei. Auch er wiederholte immer wieder, ich sollte mich ändern.

Und auch ihm pflichtete ich bei, aber zuwider wurde er mir nicht, das brachte ich nicht fertig. Ich fühlte mich so machtlos und gefangen.

Dann sagte er mir eines Tages: „Ändere dich nicht. Bleib, wie du bist. Es ist wirklich nicht wichtig, ob du dich änderst oder nicht. Ich liebe dich so, wie du bist. So ist es nun einmal."

Diese Worte klangen wie Musik in meinen Ohren: ‚Ändere dich nicht, ändere dich nicht… ich liebe dich.'

Und ich entspannte mich, und ich wurde lebendig, und Wunder über Wunder, ich änderte mich!

Jetzt weiß ich, daß ich mich nicht wirklich ändern konnte, bis ich jemanden fand, der mich liebte, ob ich mich nun änderte oder nicht.

Liebst du mich auf diese Weise, Gott?

DANN IST LIEBE EINGEKEHRT

Sieben närrische Männer waren zu einem Fest in ein Nachbardorf eingeladen. Sie waren mehr als leicht angeheitert, als sie nachts nach Hause torkelten. Da begann es zu regnen.

Also ließen sie sich unter einem großen Feigenbaum nieder, um dort die Nacht zu verbringen.

Als sie am folgenden Morgen erwachten, hoben sie ein großes Wehklagen an.

„Was ist passiert?" fragte ein Vorübergehender.

„Letzte Nacht kauerten wir uns unter diesen Baum und schliefen ein", sagte einer der närrischen Männer. „Beim Aufwachen, heute morgen, stellten wir fest, daß unsere Glieder ineinander verschlungen sind, und wir können die Eigentümer nicht mehr unterscheiden."

„Dem ist leicht abzuhelfen", sagte der Reisende, „gebt mir eine Nadel." Er stach die Nadel kräftig in das erstbeste Bein. „Autsch", schrie einer der Männer. „Na, also", sagte der Reisende zu dem Mann, „dieses Bein gehört Ihnen." Dann piekste er einen Arm, „Autsch", schrie ein anderer und identifizierte sich somit als Besitzer des Armes. Und so ging es weiter, bis die Glieder entwirrt waren und die närrischen Männer vergnügt in ihr Dorf zurückkehrten, wobei sie noch nicht einmal durch Schaden klüger geworden waren.

Wenn dein Herz instinktiv auf anderer Menschen Freuden und Leiden antwortet, weißt du, daß du dein Selbst verloren und dein Eins-Sein mit dem Menschengeschlecht erfahren hast. Dann endlich ist Liebe eingekehrt.

JUNI

Wo das Glück zu finden ist

DER WEG

Wie erlangt man das Glück?"

„Durch Erlernen, mit allem, was man erhält, zufrieden zu sein."

„Dann kann man sich nie etwas wünschen?"

„Doch, man kann", sagte der Meister, „vorausgesetzt, man tut dies in der Einstellung jenes ängstlichen Vaters, den ich einmal in einer Entbindungsstation traf. Als die Hebamme sagte: ‚Sie haben sich bestimmt einen Jungen gewünscht, es ist aber ein Mädchen', erwiderte der Mann: ‚Ach, das macht wirklich nichts, denn ich habe mir ein Mädchen gewünscht, falls es kein Junge ist'."

Ein Wanderer: „Wie wird das Wetter heute?"

Der Schäfer: „So, wie ich es gerne habe."

„Woher wißt Ihr, daß das Wetter so sein wird, wie Ihr es liebt?"

„Ich habe die Erfahrung gemacht, mein Freund, daß ich nicht immer das bekommen kann, was ich gerne möchte. Also habe ich gelernt, immer das zu mögen, was ich bekomme. Deshalb bin ich ganz sicher: Das Wetter wird heute so sein, wie ich es mag."

Was immer geschieht, an uns liegt es,
Glück oder Unglück darin zu sehen.

GLÜCK ODER PECH?

Eine chinesische Geschichte erzählt von einem alten Bauern, der ein altes Pferd für die Feldarbeit hatte. Eines Tages entfloh das Pferd in die Berge, und als alle Nachbarn des Bauern sein Pech bedauerten, antwortete der Bauer: „Pech? Glück? Wer weiß?"

Eine Woche später kehrte das Pferd mit einer Herde Wildpferde aus den Bergen zurück, und diesmal gratulierten die Nachbarn dem Bauern wegen seines Glücks. Seine Antwort hieß: „Glück? Pech? Wer weiß?"

Als der Sohn des Bauern versuchte, eines der Wildpferde zu zähmen, fiel er vom Rücken des Pferdes und brach sich ein Bein. Jeder hielt das für ein großes Pech. Nicht jedoch der Bauer, der nur sagte: „Pech? Glück? Wer weiß?"

Ein paar Wochen später marschierte die Armee ins Dorf und zog jeden tauglichen jungen Mann ein, den sie finden konnte. Als sie den Bauernsohn mit seinem gebrochenen Bein sahen, ließen sie ihn zurück. War das nun Glück? Pech? Wer weiß?

Was an der Oberfläche wie etwas Schlechtes, Nachteiliges aussieht, kann sich bald als etwas Gutes herausstellen. Und alles, was an der Oberfläche gut erscheint, kann in Wirklichkeit etwas Böses sein. Wir sind dann weise, wenn wir Gott die Entscheidung überlassen, was Glück und was Unglück ist; wenn wir ihm danken, daß für jene, die ihn lieben, alles zum Besten gedeiht.

HEIMKEHREN ZU SICH SELBST

Kehren Sie heim zu sich selbst, beobachten Sie sich. Selbst-Beobachtung ist etwas Großartiges und Außergewöhnliches. Bald brauchen Sie sich gar nicht mehr anzustrengen, denn wenn die Illusionen langsam verblassen, beginnen Sie, Dinge zu erfahren, die sich nicht beschreiben lassen. Man nennt das Glücklichsein. Alles verändert sich, und Sie werden geradezu süchtig nach Bewußtheit.

Ich kenne eine Geschichte von einem Schüler, der zu seinem Meister ging und ihn fragte: „Kannst du mir ein Wort der Weisheit geben? Kannst du mir etwas sagen, das mich durch meine Tage begleitet?"

Es war aber der Tag, an dem der Meister Schweigen hielt, und so hob er nur eine Karte, auf der stand: „Bewußtheit". Als der Schüler das sah, verlangte er: „Das ist viel zu wenig. Kannst du nicht ein bißchen mehr dazu sagen?"

Da nahm der Meister die Karte zurück und schrieb darauf: „Bewußtheit, Bewußtheit, Bewußtheit."

Der Schüler entgegnete: „Was soll das denn bedeuten?"

Der Meister nahm die Karte wieder zurück und schrieb darauf: „Bewußtheit, Bewußtheit, Bewußtheit heißt – Bewußtheit." Genau das ist Sich-selbst-Beobachten.

Ein Geschäftsmann wollte vom Meister wissen, was das Geheimnis eines erfolgreichen Lebens sei.

Sagte der Meister: „Mach jeden Tag einen Menschen glücklich!"

Und er fügte als nachträglichen Gedanken hinzu: „...selbst wenn dieser Mensch du selbst bist."

Nur wenig später sagte er: „*Vor allem*, wenn dieser Mensch du selbst bist."

DAS GEHEIMNIS

Ich machte mich auf die Suche nach der Quelle des Glücks: Ich stelle mir einen glücklichen Menschen vor, der arm ist und schaue mir sein Leben genau an. Ich unterhalte mich mit ihm und versuche zu ergründen, was diesen Menschen glücklich macht...

Ich denke an einen fröhlichen Menschen mit schwacher Gesundheit... mit körperlichen Schmerzen... und komme auch mit ihm ins Gespräch, um herauszufinden, was ihn glücklich macht...

Ich mache es ebenso mit einem glücklichen Menschen, der sein Ansehen verloren hat...

Ich gehe in ein Gefängnis... und bin erstaunt, sogar hier einen glücklichen Menschen zu finden... Ich frage ihn, wie er dazu kommt...

Dann beobachte ich unglückliche Leute, die frei sind und wohlhabend... einflußreich... angesehen...

Ich spreche mit ihnen – und höre mir bei der Unterhaltung ihre Klagen aufmerksam an...

Gestern hatte ich Gelegenheiten, mich zu freuen, und habe sie nicht einmal bemerkt. Jetzt erst sehe ich sie...

Es ist unvorstellbar, daß jemand dankbar und unglücklich sein könnte. Ich danke dem Herrn für alles, was gestern geschehen ist... und achte darauf, welche Wirkung das auf mich hat.

Und in den Dingen, die ich unangenehm oder lästig nenne, suche ich das Gute, das ich durch sie bekomme... die Samenkörner, die Wachstum in sich bergen... und finde Grund, auch für sie dankbar zu sein...

Endlich sehe ich mich selber von Stunde zu Stunde durch den heutigen Tag gehen in Dank – und Glück...

DIE QUELLE

Ich stelle mir vor, ich begebe mich an einen einsamen Ort.
Ich verbringe einige Zeit damit, die Gegend zu erkunden.
Dann lasse ich mich nieder, um mein Leben zu betrachten.

Ich sehe, wie oft ich nach außen jage – nach Menschen, Beschäftigungen, Orten, Dingen –, auf der Suche nach Kraft und Ruhe und Sinn, und dabei vergesse, daß die Quelle all dessen hier in meinem Herzen ist.
Hier muß ich sie suchen.

Jeder Mensch trägt Gedanken in sich, die ihm auf der Stelle Frieden bringen können. Ich suche die meinigen.
Ich suche auch die Gedanken, die mir helfen, den Anforderungen des Lebens stark und mutig entgegenzutreten.
Was für Gedanken machen mich warm und gütig und vertreiben Haß und Ärger aus meinem Herzen?
Was für Gedanken machen mein Leben sinnvoll, bringen mir Zufriedenheit und Freude, treiben mich an zu dienen?

Ehe ich die Wüste verlasse, erinnere ich mich, daß es noch eine andere Quelle in mir gibt, die nicht auf Gedanken angewiesen ist, um mir alles zu geben, was ich brauche.
Ich mache einen indirekten Versuch, sie zu erreichen, indem ich mir eine lichtdurchflutete Höhle in meinem Herzen vorstelle. Als ich eintrete, dringt das Licht in mich ein. Ich kann fühlen, wie seine Strahlen erschaffen und beleben und wärmen und heilen.

So sitze ich in schweigender Anbetung mitten in der Höhle, und das Licht sickert durch alle Poren in mich ein.

DIE WELT, IN DER WIR LEBEN

Ich stelle mir vor, ich hätte einen ganzen Tag zur Verfügung, den ich allein auf einem Berggipfel verbringen könnte...

Einsamkeit ist Zusammensein: Hier begegne ich mir selbst und der ganzen Schöpfung und dem Sein. Außerhalb der Einsamkeit bin ich zerstreut und geteilt.

Ich schaue auf die ganze Schöpfung und ziehe sie an mein Herz:

Ich liebe die Vögel und Tiere... die Bäume... die Sonne... die Luft... die Wolken... das Gras... die Berge... Flüsse... Seen... die Erde... und die Sterne... und das Weltall...

Ich liebe das Zimmer, das ich bewohne... und die Möbel, die ich benutze... die Küche... und das Feuer... und das Essen...

Ich liebe das erfrischende Wasser, das ich trinken und auf mein Gesicht spritzen werde...

Ich liebe den Verkehrslärm in der Ferne... die Straßen... die Felder... die Fabriken... die Wohnhäuser... die Theater, Läden und Gaststätten...

Ich liebe die Menschen, denen ich heute begegnen werde, und drücke sie alle an mein Herz... und ich liebe alle Menschen überall und an allen Enden der Erde... und vergangene Völker... und die Völker späterer Jahrhunderte... denn in der Einsamkeit gewinne ich die Einsicht und Tiefe, um das zu vermögen.

SCHÖPFERISCHES VERSCHWENDEN

Ich stelle mir vor, daß ich mich an einen einsamen Ort zurückziehe, um mir die Wohltat des Alleinseins zu gönnen, denn Einsamkeit ist eine Zeit, in der ich die Dinge sehe, wie sie sind.

Was sind die kleinen Dinge im Leben, die aus Mangel an Einsamkeit so ungehörig aufgebauscht werden? Was sind die wirklich großen Dinge, für die ich zu wenig Zeit finde?

Einsamkeit ist die Zeit, um Entschlüsse zu fassen. Ich treffe jetzt eine Entscheidung, wie der heutige Tag verlaufen soll: Soll es ein Tag voller *Geschäftigkeit* werden? Ich zähle die Dinge auf, die ich heute unbedingt erledigen will...

Soll es auch ein Tag werden, an dem ich einfach da bin, ohne etwas leisten zu wollen, Dinge zu verrichten, zu erreichen oder zu besitzen, vielmehr um einfach zu *sein?*

Mein Leben wird keine Frucht tragen, wenn ich nicht die Kunst lerne, etwas beiseite zu legen, die Kunst, die Zeit schöpferisch zu „verschwenden".

Deshalb setze ich eine bestimmte Zeit fest für das Spiel... für das Gebet... für scheinbar nutzlose und unproduktive Liebhabereien... für Stille... Geselligkeit... Ausruhen...

Und ich überlege, was ich heute schmecken und berühren und riechen und anhören und sehen will...

MENSCHLICH SEIN

Was ich jetzt sage, mag etwas übertrieben klingen, aber es ist wahr: Vor Ihnen können die wichtigsten Minuten Ihres Lebens liegen. Wenn Sie das begreifen, wird Ihnen das Geheimnis des Erwachens mit einem Schlag klar. Sie werden für immer glücklich, werden nie wieder unglücklich sein. Nichts und niemand wird Ihnen mehr etwas anhaben können. Ich meine das wirklich so: nichts.

Es ist, wie wenn jemand schwarze Farbe in die Luft wirft: die Luft wird davon nicht schwarz, Luft kann man nicht schwarz anmalen. Egal, was Ihnen zustößt, es berührt Sie nicht. Sie behalten Ihren Frieden.

Es gibt Menschen, die das erreicht haben, was ich „menschlich sein" nenne. Lassen Sie den Unsinn, wie eine Marionette einmal hierhin und einmal dorthin gezogen zu werden. Lassen Sie sich nicht von dem, was passiert, oder anderen Leuten vorschreiben, wie Sie empfinden sollen. Sie fühlen, wie man es von Ihnen erwartet, und nennen es „verwundbar sein". Für mich heißt das: „eine Marionette sein". Möchten Sie eine Marionette sein? Ein Druck auf den Knopf, und Sie liegen am Boden; gefällt Ihnen das? Doch wenn Sie sich weigern, sich mit einem jener Etiketten zu identifizieren, werden die meisten Ihrer Sorgen bald ein Ende haben.

Eines Tages wollten die Schüler wissen, wie der Mensch beschaffen sein müßte, der am besten geeignet war, Schüler zu werden.

Sagte der Meister: „Das wäre ein Mensch, der nur zwei Hemden hat, eines davon veräußert und von dem Geld eine Blume kauft."

SORGEN

Es war einmal ein Gasthaus, das hieß SILBERSTERN. Der Gastwirt kam auf keinen grünen Zweig, obgleich er alles tat, Gäste zu gewinnen: Er richtete das Haus gemütlich ein, sorgte für eine freundliche Bedienung und hielt die Preise in vernünftigen Grenzen. In seiner Verzweiflung fragte er einen Weisen um Rat.

Als er die jammervolle Geschichte des anderen gehört hatte, sagte der Weise: „Es ist sehr einfach. Du mußt den Namen deines Gasthauses ändern."

„Unmöglich!" sagte der Gastwirt. „Seit Generationen heißt es SILBERSTERN und ist unter diesem Namen im ganzen Land bekannt."

„Nein", sagte der Weise bestimmt, „Du mußt es nun DIE FÜNF GLOCKEN nennen und über dem Eingang sechs Glocken aufhängen."

„Sechs Glocken? Das ist doch absurd. Was soll das bewirken?"

„Versuch es doch einmal, und sieh selbst", sagte der Weise lächelnd.

Also machte der Gastwirt einen Versuch, und folgendes geschah: Jeder Reisende, der an dem Gasthaus vorbeikam, ging hinein, um auf den Fehler aufmerksam zu machen, jeder in dem Glauben, außer ihm habe ihn noch keiner bemerkt. Und wenn sie erst einmal in der Gaststube waren, waren sie beeindruckt von der freundlichen Bedienung und blieben da, um eine Erfrischung zu bestellen. Und das war die Chance, auf die der Wirt so lange gewartet hatte.

Nichts entzückt das eigene Ich mehr,
als die Fehler anderer korrigieren zu können.

OKAY-SEIN

Jemand sagte einmal: „Gott sei Dank gibt es die Wirklichkeit – *und* die Möglichkeiten ihr zu entkommen." Genau das ist es, was eigentlich geschieht...

Wie schön ist es doch, eingesperrt zu sein! Oder wie mir unlängst jemand sagte, in seinem Käfig zu sitzen. Sind Sie gern eingesperrt? Werden Sie gerne kontrolliert? Darf ich Ihnen etwas sagen? Wenn Sie sich selbst erlauben, sich gut zu fühlen, sobald man Ihnen sagt, daß Sie okay sind, schaffen Sie die Voraussetzung dafür, sich schlecht zu fühlen, sobald man Ihnen sagt, daß Sie nicht okay sind. Solange Sie dafür leben, die Erwartungen anderer zu erfüllen, achten Sie darauf, was Sie anziehen, wie Sie sich frisieren, ob Ihre Schuhe geputzt sind – kurz, ob Sie jeder lächerlichen Erwartung entsprechen wollen. Nennen Sie das menschlich?

Und das werden Sie entdecken, wenn Sie sich beobachten! Sie werden entsetzt sein! Der springende Punkt ist, daß Sie weder okay noch nicht okay sind. Sie können höchstens der momentanen Stimmung, dem Trend oder der Mode entsprechen. Heißt das nun, daß Sie okay geworden sind? Hängt Ihr Okay-Sein davon ab? Hängt es davon ab, wie man über Sie denkt? Jesus Christus muß demnach überhaupt nicht okay gewesen sein. Sie sind nicht ‚okay', und Sie sind nicht ‚nicht okay', Sie sind Sie selbst!

Ich hoffe, daß dies eine wichtige Entdeckung für Sie wird. Vergessen Sie das ganze Gerede von okay und nicht okay. Vergessen Sie alle Urteile, und beobachten Sie einfach, schauen Sie zu. Sie werden wichtige Entdeckungen machen, die Sie verändern werden.

KÖNIGLICH

Wenn Ihnen nichts mehr etwas anhaben und niemand Sie mehr verletzen kann, Sie nichts und niemanden mehr fürchten werden: Ist das nicht wunderbar? Sie werden wie ein König oder eine Königin leben. *Das* heißt königlich zu leben und nicht so ein Unsinn, wie Ihr Foto in der Zeitung zu sehen oder eine Menge Geld zu haben. Das ist es wirklich nicht. Sie fürchten niemand, weil Sie vollkommen damit zufrieden sind, niemand zu sein. Erfolg oder Versagen berühren Sie nicht, sie bedeuten Ihnen nichts. Ansehen oder Schande bedeuten alles nichts! Wenn Sie sich lächerlich machen, bedeutet das ebensowenig. Ist das nicht ein wunderbarer Zustand!

Manche erreichen dieses Ziel mit Mühe und Geduld – Schritt für Schritt, über Wochen und Monate des Bewußtwerdens ihrer selbst. Aber etwas kann ich Ihnen versprechen: Ich habe noch niemanden gesehen, der sich dafür Zeit genommen hat und der nach ein paar Wochen keinen Unterschied bemerkt hätte. Die Lebensqualität ändert sich, und man ist nicht mehr auf Meinungen angewiesen. Man ist anders, man reagiert anders. Genauer gesagt: Man reagiert weniger und agiert mehr; man sieht tatsächlich Dinge, die man vorher nicht erkannt hat.

Man hat viel mehr Energie, viel mehr Leben.

Ehefrau zum Ehemann, dessen Gesicht in einer Zeitung vergraben ist: „Ist es dir je in den Sinn gekommen, daß mehr am Leben sein könnte als das, was in der Welt vorgeht?"

Wo das Glück zu finden ist

ENTSPANNT

Viele meinen, wenn sie keine Sehnsüchte hätten, wären sie wie ein Stück Holz. In Wirklichkeit würden sie jedoch ihre Verspanntheit verlieren. Befreien Sie sich von Ihrer Angst zu versagen, von Ihrer Anspannung, Erfolg haben zu müssen, und Sie werden bald Sie selbst sein. Entspannt. Sie werden dann nicht mehr mit angezogener Handbremse fahren. Genau das wird geschehen.

Es gibt einen schönen Satz von Tranxu, einem großen chinesischen Weisen, den ich mir gut gemerkt habe. Er lautet: „Wenn der Bogenschütze schießt, ohne einen besonderen Preis gewinnen zu wollen, kann er seine ganze Kunst entfalten; schießt er, um eine Bronzemedaille zu erringen, fängt er an, unruhig zu werden; schießt er um den ersten Preis, wird er blind, sieht zwei Ziele und verliert die Beherrschung. Sein Können ist dasselbe, aber der Preis spaltet ihn. Er ist ihm wichtig! Er denkt mehr ans Gewinnen als ans Schießen, und der Zwang zu gewinnen schwächt ihn."

Gilt dieses Bild nicht für die meisten Menschen?

Wenn man nicht für Erfolg lebt, verfügt man über all sein Können, besitzt man all seine Kräfte, ist man entspannt, sorgt man sich nicht, es macht einem nichts aus, ob man verliert oder gewinnt.

KONKURRENZKAMPF

Der Meister klagte über die Übel des Konkurrenzkampfes.

„Holen Wettbewerb und Konkurrenzkampf nicht das Beste aus uns heraus?" fragte jemand.

„Sie holen das Schlimmste heraus, denn sie lehren dich das Hassen."

„Was hassen?"

„*Dich selbst* – denn du läßt zu, daß deine Aktivität von deinem Konkurrenten bestimmt wird und nicht von deinen Erfordernissen und Grenzen. *Andere* – denn du versuchst, auf ihre Kosten vorwärtszukommen."

„Das hieße dann aber, alle Veränderung und allen Fortschritt zu Grabe zu tragen", erhob einer Widerspruch.

Sagte der Meister: „Der einzige Fortschritt, den es gibt, ist der Fortschritt der Liebe. Die einzige Veränderung, die wert ist, erstrebt zu werden, ist die Veränderung des Herzens."

Was soll ich tun, um meinen Nächsten zu lieben?"

„Hör auf, dich zu hassen."

Der Schüler grübelte lange und ernsthaft über diese Worte nach, kam dann zurück und sagte: „Aber ich liebe mich zu sehr, denn ich bin selbstsüchtig und egozentrisch. Wie kann ich mich davon befreien?"

„Sei freundlich zu dir, und dein Selbst wird zufrieden sein und dich freisetzen, deinen Nächsten zu lieben."

SEGEN

Ein Lebensmittelhändler kam in großer Sorge zum Meister, um mitzuteilen, daß genau gegenüber seinem Laden ein großer Supermarkt eröffnet hatte, der sein Geschäft kaputt machen würde. Seit hundert Jahren hatte der Laden seiner Familie gehört, und wenn er das Geschäft verlöre, wäre es sein Ruin, denn etwas anderes hätte er nicht gelernt.

Sagte der Meister: „Wenn du den Besitzer des Supermarktes fürchtest, wirst du ihn hassen. Und der Haß wird dein Ruin werden."

„Was soll ich tun?" fragte der verzweifelte Lebensmittelhändler.

„Jeden Morgen geh aus deinem Laden auf den Bürgersteig und segne dein Geschäft, daß es gut gehen möge. Dann dreh dich um und segne den Laden gegenüber gleichermaßen."

„Was? Meinen Konkurrenten und Verderber segnen?"

„Jeder Segen, den du ihm zuteil werden läßt, wird zu deinem Besten ausschlagen. Alles Böse, das du ihm wünschst, wird dich zerstören."

Nach sechs Monaten kam der Lebensmittelhändler wieder und berichtete, daß er, genau wie befürchtet, seinen Laden hatte schließen müssen, aber nun sei er Verwalter des Supermarktes und seine Geschäfte gingen besser als je zuvor.

KEINE ANGST

Und was ist mit der Angst? Sie kommt, und es beunruhigt Sie nicht. Ist es nicht seltsam? Sie haben Angst, aber keine Probleme.

Ist das nicht paradox? Sie sind bereit, diese dunkle Wolke herankommen zu lassen, denn je mehr Sie gegen sie ankämpfen, desto mehr Kraft flößen Sie ihr ein. Sie sind bereit, sie zu beobachten, wie sie vorüberzieht.

Sie können in Ihrer Angst glücklich sein. Ist das nicht merkwürdig? Sie können in Ihrer Niedergeschlagenheit glücklich sein. Aber Sie dürfen keine falsche Vorstellung vom Glück haben. Meinten Sie, Glück sei Spannung oder Nervenkitzel? Hierin liegen die Ursachen für Ihre Niedergeschlagenheit. Hat Ihnen das noch niemand gesagt? Schön und gut, Sie mögen Ihren Nervenkitzel haben, sind dabei aber schon auf dem Weg zur nächsten Phase der Niedergeschlagenheit. Sie haben Ihren Nervenkitzel, begreifen aber die Angst, die dahintersteckt: Wie kann ich das zum Dauerzustand machen? Das ist kein Glück, das ist Sucht.

„Wie soll ich mich von Angst befreien?"

„Wie kannst du dich von etwas befreien, an das du dich klammerst?"

„Ihr meint, ich klammerte mich tatsächlich an meine Ängste? Das finde ich nicht."

„Überlege, wovor dich deine Ängste schützen, und du wirst mir zustimmen! Und du wirst deine Torheit erkennen."

ENTRÜCKT

Der Meister erzählte gern diese Geschichte aus seiner Familie:

Nach der Geburt seines ersten Sohnes betrat der Meister einmal das Kinderzimmer und sah seine Frau über die Wiege mit dem Baby gebeugt. Ohne sich zu rühren, schaute er zu, wie sie das Neugeborene in seinem Schlaf betrachtete. Aus ihrem Gesicht sprach ungläubiges Staunen, Freude und Entzücken. Auf Zehenspitzen näherte er sich gerührt der Mutter, legte einen Arm um ihre Taille und flüsterte ihr zu: „Meine Liebe, ich kann mir genau vorstellen, was du jetzt fühlst."

Erschrocken in die Wirklichkeit zurückversetzt, platzte seine Frau heraus:

„Ja. Ich wüßte für mein Leben gern, wie man solch eine Wiege für nur zwanzig Dollar herstellen kann."

Die Geburt seines ersten Kindes erfüllte den Meister mit Freude. Staunend blickte er das Neugeborene immer wieder an.

„Was wünschst du ihm, einmal zu sein, wenn es groß geworden ist?" fragte ihn jemand.

„Maßlos glücklich", antwortete der Meister.

GLÜCKSELIGKEIT

Uns wurde gesagt, daß Glücklichsein gutes Aussehen ist, ein Ferienhaus zu besitzen und vieles mehr. Das ist kein Glücklichsein, aber wir haben feinsinnige Wege entwickelt, unser Glück aus anderen Dingen herzuleiten, seien sie in uns oder um uns. Wir sagen: „Ich weigere mich, glücklich zu sein, bis meine Neurose weg ist."

Ich habe gute Nachrichten für Sie: Sie können jetzt glücklich sein, *mit* der Neurose. Möchten Sie eine noch bessere Nachricht? Es gibt nur einen Grund, weshalb Sie nicht das erfahren, was wir in Indien *anand* nennen – Glückseligkeit; nur einen Grund, weshalb Sie in genau diesem Augenblick keine Glückseligkeit erfahren, weil Sie an etwas denken oder etwas zum Mittelpunkt erheben, was Sie nicht haben. Sonst würden Sie Glückseligkeit erfahren. Sie konzentrieren sich auf etwas, was Sie nicht haben. Aber genau jetzt haben Sie alles, was Sie brauchen, um glückselig zu sein.

Jesus sprach mit gesundem Menschenverstand zu einfachen Leuten, zu Hungernden und Armen. Er verkündete ihnen die gute Nachricht: Jetzt seid ihr an der Reihe. Doch wer hört schon zu? Es interessiert ja niemand, sie schlafen weiter.

Der Meister lehrte: Ein Grund dafür, warum viele so unglücklich sind, ist in deren Meinung zu suchen, daß es nichts gebe, was sie nicht ändern könnten.

Und er erzählte gern die Geschichte von dem Mann, der zu dem Radiohändler sagte: „Dieser Transistor, den Sie mir verkauft haben, hat zwar eine ausgezeichnete Tonqualität, doch möchte ich ihn gegen einen anderen tauschen, der ein besseres Programm bietet."

GLÜCKLOS

Ein Mann und seine Ehefrau besuchten Freunde in einem anderen Teil des Landes und wurden zu einem Pferderennen mitgenommen. Sie waren fasziniert von dem Anblick der auf einer Bahn um die Wette rasenden Pferde, so daß sie den ganzen Abend wetteten, bis sie nur noch zwei Dollar besaßen.

Am nächsten Tag beschwor der Mann seine Frau, ihn allein zum Rennen gehen zu lassen. Ein Pferd war am Start mit einer Quote von 50:1 im ersten Rennen. Er setzte auf dieses Pferd, und es gewann. Nun setzte er alles gewonnene Geld in einem kühnen Versuch im nächsten Rennen wieder ein, und wieder gewann er. Und so ging es weiter den ganzen Abend, und zuletzt hatte er 57 000 Dollar gewonnen.

Auf dem Heimweg kam er an einem Spielsalon vorbei. Eine innere Stimme, die gleiche, die ihn bei der Wahl der Pferde geleitet zu haben schien, sagte: „Stopp! Geh hinein!" Also blieb er stehen, ging hinein und stand vor einem Roulette-Spiel. Die Stimme sagte: „Nummer dreizehn." Der Mann setzte seine 57 000 Dollar auf Nummer dreizehn. Das Rad drehte sich, der Croupier sagte: „Nummer vierzehn."

So ging der Mann mit leeren Taschen nach Hause. Seine Frau rief ihm zu: „Wie war's?"

Der Mann zuckte die Schultern. „Ich habe die zwei Dollar verloren", sagte er.

Der glücklose Börsenmakler verlor sein Vermögen und kam in das Kloster, um inneren Frieden zu finden. Aber er war zu verzweifelt, um zu meditieren.

Nachdem er gegangen war, sagte der Meister einen einzigen Satz als trockenen Kommentar: „Diejenigen, die auf dem Fußboden schlafen, fallen nie aus ihren Betten."

GESCHAFFT

Gewöhnlich drehen sich Ihre Sorgen um die Karriere: Ein Geschäftsmann um die fünfzig, der kaum Zeit hat, trinkt in einer Bar ein Bier und sagt: „Schau dir doch mal meine alten Klassenkameraden an, die haben es wirklich geschafft." – Dieser Narr! Was meint er damit: „Sie haben es geschafft?" Vielleicht stehen ihre Namen in der Zeitung. Heißt das wohl, es zu „schaffen"? Einer ist Fabrikdirektor, ein anderer wurde Richter; einer wurde dies, ein anderer das. Narren, alle miteinander!

Wer bestimmt denn, was „Erfolg haben" bedeutet? Die törichte Gesellschaft! Die Hauptsorge der Gesellschaft besteht darin, die Gesellschaft krank zu machen. Und je eher Sie das merken, desto besser für Sie...

Direktor einer Firma zu sein hat nichts damit zu tun, erfolgreich zu leben. Einen Haufen Geld zu haben hat nichts damit zu tun, ob man ein gelungenes Leben führt. Ihr Leben gelingt, wenn Sie wach werden! Dann müssen Sie sich bei niemand mehr entschuldigen, brauchen niemand mehr etwas erklären, es ist für Sie nicht wichtig, was jemand von Ihnen denkt oder über Sie erzählt. Nichts kann Sie mehr quälen; Sie sind glücklich. *Das* heißt für mich, erfolgreich zu sein. Ein guter Posten und Berühmtheit haben absolut nichts mit Glück oder Erfolg zu tun. Das ist völlig unwichtig. In Wirklichkeit plagt unseren Mann in der Bar die Frage, was seine Kinder, seine Nachbarn, seine Frau von ihm halten. Er hätte berühmt werden sollen. Unsere Gesellschaft und Kultur hämmern es ihm Tag und Nacht ein. Leute, die es geschafft haben! Was geschafft? Er hat seine ganze Energie auf etwas Wertloses gerichtet. Er ist ständig ängstlich und unruhig. Nennen Sie das menschlich?

GLÜCKLICHE NUTZNIESSER

Hier ist eine Geschichte, die ein Meister seinen Schülern erzählte, um ihnen zu zeigen, welchen Schaden selbst ein einziges unbedeutendes Begehren auch jenen bringen kann, die an geistigen Gaben reich geworden sind:

Ein Dorfbewohner ritt genau in dem Augenblick an einer Höhle vorbei, als sie auf magische Weise für alle jene sichtbar wurde, die sich an ihren Schätzen bereichern wollten. Er betrat die Höhle und fand dort Berge von Juwelen und Edelsteinen, die er eilig in die Satteltaschen seines Maultieres stopfte, denn er kannte die Legende, nach der die Höhle nur eine sehr begrenzte Zeit offen sein würde, so daß die Schätze schnell weggeschafft werden müßten.

Der Esel war voll beladen, und frohgemut ob seines Glückes machte der Mann sich auf den Weg, als er plötzlich merkte, daß er seinen Stock in der Höhle vergessen hatte. Er machte kehrt und stürzte noch einmal hinein. Aber die Zeit war gekommen, daß die Höhle wieder verschwinden mußte, und so verschwand er mit ihr und ward nie wieder gesehen.

Nachdem die Dorfbewohner ein Jahr und länger auf ihn gewartet hatten, verkauften sie die Schätze, die sie bei dem Esel gefunden hatten, und wurden so die Nutznießer des großen Glücks eines glücklosen Mannes.

Wenn der Sperling im Wald sein Nest baut,
braucht er dazu nur einen einzigen Ast.
Wenn das Wild am Fluß seinen Durst stillt,
trinkt es nie mehr, als es vertragen kann.

BELANGLOS

Kennen Sie die Geschichte vom Rechtsanwalt, dem der Klempner eine Rechnung ausstellte? Er sagte zum Klempner: „Also hören Sie mal, Sie verlangen zweihundert Mark für die Stunde. Soviel verdiene ich ja als Rechtsanwalt nicht." Darauf antwortete der Klempner: „Als ich noch Rechtsanwalt war, habe ich das auch nicht verdient!"

Ob man Klempner, Rechtsanwalt, Geschäftsmann oder Priester ist, berührt das eigentliche „Ich" nicht. Wenn ich morgen meinen Beruf wechseln würde, wäre das so, als wechselte ich meinen Anzug. Ich selbst bleibe derselbe. *Sind* Sie Ihre Kleider? *Sind* Sie Ihr Name? *Sind* Sie Ihr Beruf? Hören Sie auf, sich mit alldem zu identifizieren. Das alles kann von heute auf morgen anders sein.

Wenn Sie das wirklich begriffen haben, kann Sie keine Kritik mehr treffen. Keine Schmeichelei, kein Lob wird Sie mehr rühren. Wenn Ihnen jemand sagt: „Sie sind ein toller Kerl", von was spricht er dann? Es ist eine dieser Schubladen, in die man nach Belieben gesteckt wird. Sie verändern sich schnell und hängen von den Maßstäben ab, die die Gesellschaft setzt. Diese Dinge hängen von Ihrer Beeinflußbarkeit ab. Schubladen werden von der Laune dessen bestimmt, der zufälligerweise gerade mit Ihnen spricht. Schubladen haben nichts mit Ihrem „Ich" zu tun. Das „Ich" paßt in keine dieser Schubladen.

BEDINGUNGSLOS

Wie ich schon sagte, wollen wir gar nicht glücklich sein. Oder sagen wir es etwas genauer: Wir wollen nicht bedingungslos glücklich sein. Ich bin bereit, glücklich zu sein, *vorausgesetzt*, ich habe dieses und jenes und wer weiß was noch. Doch das ist dann so, als sagten wir zu unserem Freund oder zu unserer Freundin, zu Gott oder zu wem auch immer: „Du bist mein Glück. Wenn ich dich nicht bekomme, weigere ich mich, glücklich zu sein."

Dies zu verstehen, ist sehr wichtig. Wir können uns gar nicht vorstellen, ohne solche Bedingungen glücklich zu sein. Es wurde uns beigebracht, unser Glück auf Bedingungen zu setzen... Wichtig sei, respektiert, geliebt und geschätzt zu werden, angesehen und bedeutend zu sein.

Viele sind der Meinung, wir besäßen einen natürlichen Drang, geliebt und geschätzt zu werden, zu jemand zu gehören. Das ist falsch. Geben Sie diese Illusion auf, und Sie werden zum Glück finden. Wir haben einen natürlichen Drang, frei zu sein, zu lieben, aber nicht geliebt zu werden. Immer wieder stoße ich bei psychotherapeutischen Gesprächen auf ein weitverbreitetes Problem: „Niemand liebt mich; wie kann ich da glücklich sein?" Ich erkläre ihm oder ihr: „Soll das heißen, Sie hätten nie Momente, in denen Sie vergessen, daß Sie nicht geliebt werden, und einfach gelöst und glücklich sind?" Natürlich haben Sie solche Augenblicke.

Nehmen wir zum Beispiel eine Frau, die im Kino sitzt und sich ganz vertieft einen Film ansieht. Es ist eine Komödie – sie biegt sich vor Lachen –, und in diesem gesegneten Augenblick vergißt sie, sich selbst daran zu erinnern, daß niemand sie liebt. Sie ist glücklich! Auf dem Weg nach Hause trifft ihre Freundin, mit der sie im Kino war, ihren Freund und verabschiedet sich von ihr. Die Frau ist wieder allein und denkt: „Ich habe niemanden. Ich bin so unglücklich. *Niemand liebt mich!*"

STILLES GLÜCK

Monatelang bewarb sich ein Freier erfolglos um ein Mädchen und litt schreckliche Qualen, daß er abgewiesen wurde. Schließlich gab die Liebste nach. „Komm dann und dann dort und dorthin", sagte sie zu ihm.

Endlich saß also der Freier zur festgesetzten Zeit am festgesetzten Ort neben seiner Liebsten. Er griff in die Tasche und zog ein Bündel Liebesbriefe heraus, die er ihr in den letzten Monaten geschrieben hatte. Es waren leidenschaftliche Briefe, die von seinem Schmerz sprachen und von dem brennenden Wunsch, die Wonnen der Liebe und Vereinigung zu kosten. Er begann sie seiner Liebsten vorzulesen. Stunden vergingen, und er las immer weiter.

Schließlich sagte die Frau: „Was bist du doch für ein Narr! Diese Briefe handeln alle von mir und deiner Sehnsucht nach mir. Nun sitze ich doch hier neben dir, und du liest weiter deine dummen Brief vor."

„Hier sitze ich neben dir", sagte Gott zu seinem eifrigen Anhänger, „und du zerbrichst dir den Kopf weiter über mich, bemühst deine Zunge, um über mich zu reden, und Bücher, um über mich zu lesen. Wann wirst du endlich still und spürst mich?"

FLÜCHTIG

Was tun denn die Menschen ihr ganzes Leben lang? Sie kämpfen ständig, kämpfen und kämpfen. Das nennen sie dann überleben. Wenn der Durchschnittsamerikaner sagt, er oder sie würde seinen oder ihren Lebensunterhalt verdienen, unterhalten sie nicht ihr Leben, o nein! Sie haben viel mehr, als sie zum Leben brauchen. Kommen Sie nach Indien und überzeugen Sie sich davon.

Man braucht nicht all die Autos, um leben zu können, genausowenig wie einen Fernsehapparat. Man braucht nicht die vielen Kosmetika, um zu leben, und auch keinen vollen Kleiderschrank. Aber versuchen Sie einmal, einen Durchschnittsamerikaner davon zu überzeugen: Sie wurden so beeinflußt, programmiert. Sie arbeiten und mühen sich ab, das ersehnte Gut zu bekommen, das ihr Glück bedeutet.

Denken Sie über die folgende bedrückende Geschichte etwas nach – es ist Ihre Geschichte, meine Geschichte, die Geschichte aller: „Solange ich das nicht erreicht habe (Geld, Freundschaft, irgend etwas), bin ich nicht glücklich; ich werde alles tun, um es zu bekommen, und wenn ich soweit bin, werde ich alles tun, um es mir zu erhalten. Ich habe einen kurzen Nervenkitzel. Ich bin begeistert, daß ich es habe!" Aber wie lange hält es an? Ein paar Minuten, vielleicht ein paar Tage. Wenn Sie Ihr nagelneues Auto in Empfang nehmen, wie lange hält Ihre Begeisterung darüber an? Bis zum nächsten Wunsch, an den Sie Ihr Herz hängen!

Wie könnte Spiritualität einem Weltmann wie mir helfen?" fragte der Geschäftsmann.

„Sie wird dir helfen, mehr zu haben", sagte der Meister.

„Wie?"

„Indem sie dich lehrt, weniger zu erstreben."

DEN SCHATZ ENTDECKEN!

Ich kenne eine Geschichte, in der erzählt wird, wie die südafrikanischen Diamantenminen entdeckt wurden.

Ein Reisender saß auf den Treppenstufen vor der Hütte des Dorfältesten und schaute den Kindern zu, die auf der Straße mit kleinen Steinen spielten. Die Steinchen sahen aus wie Murmeln. Der Reisende bat ein Kind um eine Murmel, sah sie sich genau an, bis sein Herz einen Freudensprung machte: Das Steinchen war ein Diamant!

Der Fremde ging zum Dorfältesten und bat ihn:

„Meine Kinder spielen zu Hause auch mit solchen kleinen runden Steinen. Wir nennen sie Murmeln. Könnte ich vielleicht ein paar solcher Steinchen bekommen, um sie meinen Kindern zu bringen? Ich gebe Ihnen dafür etwas Tabak."

Der Dorfälteste erwiderte:

„Selbstverständlich können Sie solche Steinchen haben. Die gibt es bei uns zu Millionen. Es wäre Diebstahl, wollte ich dafür Tabak verlangen. Wenn Sie mir aber etwas geben wollten, bin ich für alles dankbar."

Also gab der Mann dem Dorfältesten seinen Tabakbeutel und kehrte bald nach Hause zurück, wo er die Diamanten für ein Vermögen verkaufte. Es dauerte nicht lange, bis der Mann in das Dorf nach Südafrika zurückkehrte, alle Grundstücke in der Umgebung erwarb und einer der reichsten Männer der Welt wurde.

Der springende Punkt bei dieser Geschichte ist: Die Leute in dem südafrikanischen Dorf verschenkten einen Schatz, ohne es zu wissen: ein getreues Abbild vom Leben. Das Leben ist ein Festmahl, das sich die meisten vorenthalten. Den Schatz entdecken sie nie.

DER DIAMANT

Der Sannyasi – ein heiligmäßiger Mann – hatte den Dorfrand erreicht und ließ sich unter einem Baum nieder, um dort die Nacht zu verbringen, als ein Dorfbewohner angerannt kam und sagte: „Der Stein! Der Stein! Gib mir den kostbaren Stein!"

„Welchen Stein?" fragte der Sannyasi.

„Letzte Nacht erschien mir Gott Shiwa im Traum", sagte der Dörfler, „und sagte mir, ich würde bei Einbruch der Dunkelheit am Dorfrand einen Sannyasi finden, der mir einen kostbaren Stein geben würde, so daß ich für immer reich wäre."

Der Sannyasi durchwühlte seinen Sack und zog einen Stein heraus. „Wahrscheinlich meinte er diesen hier", sagte er, als er dem Dörfler den Stein gab. „Ich fand ihn vor einigen Tagen auf einem Waldweg. Du kannst ihn natürlich haben."

Staunend betrachtete der Mann den Stein. Es war ein Diamant. Wahrscheinlich der größte Diamant der Welt, denn er war so groß wie ein menschlicher Kopf.

Er nahm den Diamanten und ging weg. Die ganze Nacht wälzte er sich im Bett und konnte nicht schlafen. Am nächsten Tag weckte er den Sannyasi bei Anbruch der Dämmerung und sagte: „Gib mir den Reichtum, der es dir ermöglicht, diesen Diamanten so leichten Herzens wegzugeben."

Zu der Frau, die klagte, Reichtum habe sie nicht glücklich gemacht, sagte der Meister: „Du redest, als ob Luxus und Bequemlichkeit unbedingt zum Glück gehörten. Um wirklich glücklich zu sein, meine Liebe, brauchst du statt dessen nur irgend etwas, wofür du dich begeistern kannst."

HABEN UND SEIN

Ein Geizhals versteckte sein Gold unter einem Baum in seinem Garten. Jede Woche grub er es aus und betrachtete es stundenlang. Eines Tages fand ein Dieb das Gold und verschwand damit. Als der Geizhals das nächste Mal seinen Schatz betrachten wollte, fand er nur noch ein leeres Loch.

Der Mann begann vor Kummer laut zu heulen, so daß seine Nachbarn zusammenliefen und sehen wollten, was los war. Als sie erfuhren, was passiert war, fragte einer von ihnen:

„Hast du das Gold zu etwas gebraucht?"

„Nein", sagte der Geizhals, „ich habe es nur jede Woche angesehen."

„In diesem Fall", sagte der Nachbar, „wenn du das Gold nicht direkt gebraucht hast, dann kannst du genausogut jede Woche herkommen und das Loch betrachten."

Ein reicher Muslim ging nach einem Fest in die Moschee, zog seine teuren Schuhe aus und ließ sie vor der Tür stehen. Als er nach dem Gebet wiederkam, waren die Schuhe weg.

„Wie gedankenlos von mir", sagte er sich vorwurfsvoll. „Indem ich dummerweise die Schuhe draußen stehenließ, habe ich jemand dazu verführt, sie zu stehlen. Ich hätte sie ihm gerne geschenkt. Nun bin ich schuld, daß er zum Dieb wurde."

WIRKLICH ZUFRIEDEN?

Ein Quäker stellte auf ein Stück unbebauten Landes neben seinem Haus folgendes Schild auf: Dieses Land soll dem gehören, der wirklich zufrieden ist.

Ein reicher Farmer ritt vorbei, hielt an, las das Schild und sagte sich: „Da unser Freund, der Quäker, offensichtlich bereit ist, sich von dem Stück Land zu trennen, könnte ich mich darum bemühen, ehe es jemand anderer tut. Ich bin ein reicher Mann und habe alles, was ich brauche, deshalb gehöre ich durchaus zu den in Frage kommenden Bewerbern."

Also ging er hin und erklärte, was er wollte.

„Und Ihr seid wirklich ganz zufrieden?" fragte der Quäker.

„Ja, denn ich habe, was ich brauche."

„Freund", erwiderte der Quäker, „wenn Ihr zufrieden seid, warum wollt Ihr dann das Land?"

Ein Reporter versuchte, von einem sehr alten Mann in einem staatlichen Altersheim eine menschlich anrührende Geschichte zu bekommen.

„Großvater", sagte der junge Reporter, „wie würden Sie sich fühlen, wenn Sie plötzlich einen Brief bekämen mit der Nachricht, ein entfernter Verwandter hätte Ihnen 10 Millionen Dollar hinterlassen?"

„Sohn", antwortete der alte Mann langsam, „ich wäre immer noch 95 Jahre alt, stimmt's?"

UNGLÜCK

Unglück kann Reifung und Erleuchtung bewirken", sagte der Meister.

Und er erklärte das so:

„Ein Vogel suchte jeden Tag Schutz in den dürren Zweigen eines Baumes mitten auf einer weiten, verlassenen Ebene. Eines Tages wurde der Baum von einem Sturm entwurzelt, so daß der arme Vogel gezwungen war, hunderte von Meilen zu fliegen, um Unterschlupf zu finden, bis er schließlich zu einem Wald früchteschwerer Bäume kam."

Und er schloß: „Wäre der verdorrte Baum stehen geblieben, hätte den Vogel nichts bewogen, seine Sicherheit aufzugeben und loszufliegen."

Ein junger Mann verschwendete all seinen ererbten Reichtum. Wie üblich in solchen Fällen war mit seinem letzten Pfennig auch der letzte Freund verschwunden.

Als er sich nicht mehr zu helfen wußte, suchte er den Meister auf und sagte: „Was soll aus mir werden? Ich habe weder Geld noch Freunde."

„Mach dir keine Sorgen, Sohn. Hör auf meine Worte: alles wird wieder ins reine kommen."

In des jungen Mannes Augen schien Hoffnung auf. „Werde ich wieder reich werden?"

„Nein. Du wirst dich daran gewöhnen, arm und allein zu sein."

WIE EIN SCHMETTERLING

Das Glück ist ein Schmetterling", sagte der Meister. „Jag ihm nach, und er entwischt dir. Setz dich hin, und er läßt sich auf deiner Schulter nieder."

„Was soll ich also tun, um das Glück zu erlangen?"

„Hör auf, hinter ihm her zu sein."

„Aber gibt es nichts, was ich tun kann?"

„Du könntest versuchen, dich ruhig hinzusetzen, wenn du es wagst."

Als eine Fabrik bis auf die Grundmauern niederbrannte, stand der alte Besitzer des Gebäudes davor und weinte laut über den Verlust.

„Dad, warum weinst du?" fragte sein Sohn. „Hast du vergessen, daß wir die Fabrik vor vier Tagen verkauft haben?"

Das brachte die Tränen des alten Mannes sofort zum Versiegen.

Jemand fragte den Meister: „Glauben Sie an Glück?"

„Durchaus", erwiderte er mit einem Aufblitzen in seinen Augen. „Wie sonst ließe sich der Erfolg von Leuten erklären, die man nicht mag."

JULI

Nimm dich vor Wörtern
in acht

VORSPIEGELUNG

Eines Nachts stolperte ein Betrunkener über eine Brücke und stieß mit einem Freund zusammen. Die beiden lehnten sich über das Geländer und schwatzten eine Weile.

„Was ist das da unten?" fragte plötzlich der Betrunkene.

„Das ist der Mond", sagte der Freund.

Der Betrunkene blickt noch einmal hin, schüttelte ungläubig den Kopf und sagte:

„Okay, okay! Aber wie zum Teufel bin ich hier hinaufgekommen?"

Wir sehen fast nie die Wirklichkeit.
Was wir sehen, ist ihre Spiegelung
in Form von Wörtern und Begriffen,
die wir uns dann als Wirklichkeit aneignen.
Die Welt, in der wir leben,
ist zum großen Teil ein Gedankengebäude.

Der Dichter Awhadi aus Kerman saß eines Nachts über ein Gefäß gebeugt vor seiner Tür. Der Sufi Shams aus Täbris kam zufällig vorbei. „Was tust du?" fragte er den Dichter.

„Ich betrachte den Mond in einer Schale voll Wasser", lautete die Antwort.

„Warum blickst du nicht direkt auf den Mond am Himmel, oder hast du dir etwa den Hals gebrochen?"

Wörter sind unzureichende Abbilder der Wirklichkeit. Ein Mann dachte, er kenne das Taj Mahal, weil man ihm ein Stück Marmor gezeigt und gesagt hatte, das Taj Mahal sei nichts weiter als eine Anhäufung solcher Steine. Ein anderer war überzeugt, er kenne die Niagara-Fälle, weil er Niagara-Wasser in einem Eimer gesehen hatte.

BEGRIFFE

Wollen Sie zum eigentlichen Kern einer Sache vorstoßen, müssen Sie zuerst verstehen, daß jeder Begriff, jede Vorstellung von der Wirklichkeit diese verzerrt und ein Hindernis darstellt, die Wirklichkeit zu sehen. Ein Begriff ist nicht die Wirklichkeit, der Begriff „Wein" ist nicht der Wein, der Begriff „Frau" ist nicht diese eine Frau. Wenn ich mit der Wirklichkeit dieser Frau wirklich in Berührung kommen möchte, muß ich meinen Begriff vom Frausein, vom Indersein vergessen und sie in ihrem Sosein, ihrer Konkretheit, ihrer Einzigartigkeit erfahren.

Leider machen sich die meisten Leute nicht die Mühe, die Dinge auf diese Weise, das heißt in ihrer Einzigartigkeit, zu sehen; sie halten sich lediglich an die Worte oder Begriffe, nie schauen sie mit den Augen des Kindes dieses konkrete, einzigartige, flauschige Etwas an, das da vor ihren Augen herumhüpft: Sie sehen nur einen Spatz. Nie sehen sie das Wunderbare an diesem einmaligen menschlichen Wesen, das ihnen gegenübersteht: Sie sehen nur eine indische Bäuerin. – So ist der Begriff ein Hindernis, die Wirklichkeit wahrzunehmen. Er ist Ihnen im Weg, wenn Sie nicht aufpassen.

Was sucht Ihr?" fragte der Meister einen Gelehrten, der sich von ihm Beratung erhoffte.

„Leben", lautete die Antwort.

Sagte der Meister: „Wenn Ihr leben wollt, müssen die Wörter sterben."

Als er später gefragt wurde, was er damit meinte, sagte er: „Ihr seid verraten und verkauft, weil Ihr in einer Welt von Wörtern lebt. Ihr nährt Euch von Wörtern, begnügt Euch mit Wörtern und hättet doch Substanz nötig. Eine Speisekarte wird Euren Hunger nicht stillen und eine Formel nicht Euren Durst."

IN ACHT NEHMEN

Selten gingen dem Meister die Worte so über die Lippen, als wenn er vor der betörenden Macht der Worte warnte:

„Nimm dich vor Wörtern in acht", sagte er.

„Sobald du wegschaust,
werden sie ihr eigenes Leben führen,
werden sie dich blenden, hypnotisieren, terrorisieren,
– dich von der Wirklichkeit, für die sie stehen,
fort in die Irre führen –,
dich dazu verleiten, sie für wahr zu halten.

Die Welt, die du siehst, ist nicht das Königreich, das Kinder schauen, sondern eine zerstückelte Welt, die durch Wörter in Tausende einzelner Teile zerlegt ist... Es ist, als sehe man jede Meereswelle einzeln und abgesondert vom Ozean.

Sobald Wörter und Gedanken
zum Schweigen gebracht sind,
erblüht das Universum fort
– wirklich, ganz und eins –,
und Wörter werden das, was sie immer bedeuten sollten:
die Partitur, nicht die Musik,
das Menü, nicht das Essen,
der Wegweiser, nicht das Reiseziel."

Die Schüler waren in eine Diskussion vertieft über den Ausspruch Lao-Tses:

„Der Wissende redet nicht, der Redende weiß nicht."

Als der Meister dazukam, fragten sie ihn, was die Worte genau bedeuteten.

Sagte der Meister: „Wer von euch kennt den Duft einer Rose?"

Alle kannten ihn. Dann sagte er: „Kleidet ihn in Worte."

Alle schwiegen.

NIE EXAKT

Ein Begriff paßt auf eine beliebige Menge von Individuen. Ich denke dabei nicht an Eigennamen wie Maria oder Hans, die ja keine begriffliche Bedeutung haben. Das Wort „Blatt" zum Beispiel kann man für jedes einzelne Blatt eines Baumes verwenden; dasselbe Wort steht also für alle seine individuellen Blätter. Überdies steht dasselbe Wort für alle Blätter an allen Bäumen, große, kleine, zarte, trockene, gelbe, grüne oder Bananenblätter. Wenn ich Ihnen also erzähle, daß ich heute morgen ein Blatt gesehen habe, haben Sie eigentlich keine Ahnung, was ich gesehen habe.

Ich will es Ihnen deutlich machen: Bestimmt haben Sie eine Ahnung, was ich nicht gesehen habe: Ich habe zum Beispiel kein Tier, keinen Hund gesehen. Auch habe ich keinen Menschen, keinen Schuh gesehen. Somit haben Sie eine leise Ahnung davon, was ich gesehen habe, wenn es auch nicht spezifiziert und nicht konkret ist. Die Bezeichnung „Mensch" meint keinen Urmenschen, keinen zivilisierten Menschen, keinen Erwachsenen, kein Kind, keine Frau und keinen Mann, kein bestimmtes Alter, keine bestimmte Kultur, sondern einen Begriff. Der Mensch, den Sie antreffen. Sie werden kein menschliches Wesen finden, das so universell ist wie Ihr Begriff. So weist also Ihr Begriff in eine bestimmte Richtung, ist aber nie völlig exakt; er trifft nie das Einzigartige, das Konkrete. Der Begriff ist allgemein.

Ein stattlicher Mann schickte sich an, das Lokal gegen zehn Uhr zu verlassen. „Warum so früh?" fragte der Wirt.

„Wegen meiner Frau."

„Du hast also Angst vor deiner Frau? Bist du ein Mann oder eine Maus?"

„Eines bin ich mir sicher: Ich bin keine Maus, denn meine Frau hat Angst vor Mäusen."

NAMENSGEBUNG

Als es an der Zeit war, ihrem Erstgeborenen einen Namen zu geben, begann ein Ehepaar zu streiten. Die Frau wollte ihn nach ihrem Vater nennen, der Mann bestand darauf, daß der Sohn den Namen seines Vaters trägt. Schließlich wandten sich beide an den Rabbi, der ihren Streit schlichten sollte.

„Wie hieß dein Vater?" fragte der Rabbi den Mann.

„Abijah."

„Und deiner?" fragte er die Frau.

„Abijah."

„Wo liegt dann das Problem?" fragte der Rabbi verwirrt.

„Das ist so, Rabbi", sagte die Frau. „Mein Vater war ein Gelehrter, und seiner ein Pferdedieb. Wie kann ich da zulassen, daß mein Sohn nach einem Schurken benannt wird?"

Der Rabbi dachte ernsthaft darüber nach, denn das Problem war in der Tat heikel. Er wollte nicht, daß die eine Partei das Gefühl hatte, gewonnen, oder die andere, verloren zu haben. Also sagte er schließlich:

„Ich schlage folgendes vor: Nennt den Jungen Abijah. Dann wartet ab und seht, ob er ein Gelehrter oder ein Pferdedieb wird. Dann wißt ihr, nach wem ihr ihn benannt habt."

NICHT ZU FASSEN

Wenn ich Ihnen einen Begriff nenne, gebe ich Ihnen *etwas*, wenn es auch wenig ist. Für wissenschaftliches Denken sind Begriffe jedoch wichtig und nützlich. Würde ich zum Beispiel sagen, daß Sie alle hier Lebewesen sind, wäre das aus wissenschaftlicher Sicht völlig korrekt. Aber wir sind mehr als Lebewesen. Wenn ich sage, daß Maria ein Lebewesen ist, ist das richtig; da ich aber etwas Wesentliches verschwiegen habe, ist es ebenso falsch; es wird ihr nicht gerecht. Wenn ich einen Menschen als Frau bezeichne, kann das wohl stimmen, wenngleich es noch so viele Dinge an ihr geben mag, die der Begriff „Frau" nicht einschließt. Sie ist immer diese eine, besondere, konkrete Frau, die nur erlebt und nicht in einen Begriff gefaßt werden kann. Die konkrete Person muß ich selbst sehen, erleben, intuitiv erfassen. Das Individuum kann nur intuitiv und nicht begrifflich erfaßt werden. Ein Mensch ist mehr als nur rationales Denken. Viele sind vielleicht stolz darauf, Amerikaner genannt zu werden, wie ebenso viele Inder wohl stolz darauf sind, Inder genannt zu werden. Aber was ist ein „Amerikaner", was ist ein „Inder"? Eine Konvention und kein Teil Ihres Wesens. Alles, was Sie haben, ist ein Etikett. Die Person selbst kennen Sie nicht. Ein Begriff übergeht oder läßt immer etwas äußerst Wichtiges aus, etwas Wertvolles, was sich nur in der Wirklichkeit findet, welche konkrete Einzigartigkeit ist.

Ein Engländer wanderte in die Vereinigten Staaten aus und wurde amerikanischer Staatsbürger. Als er zu Ferien nach England zurückkam, machte ihm eine Verwandte Vorwürfe, daß er seine Staatsbürgerschaft gewechselt habe. „Was hast du damit gewonnen, daß du amerikanischer Staatsbürger geworden bist?" fragte sie.

„Nun ja, zumindest bin ich im amerikanischen Unabhängigkeitskrieg auf der Gewinnerseite", lautete die Antwort.

ERFAHREN

Der große Krishnamurti sagte schön und treffend: „An dem Tag, da du deinem Kind den Namen des Vogels lehrst, wird es den Vogel nicht mehr sehen."

Wie wahr! Wenn Ihr Kind dieses flaumige, lebendige, munter umherhüpfende Etwas zum ersten Mal sieht, und Sie zu ihm sagen: „Spatz", dann wird es, sobald es ein anderes flaumiges, umherhüpfendes, ähnliches Etwas sieht, sagen: „Och, Spatzen, Spatzen kenne ich schon. Die sind ja so *langweilig.*"

Wenn Sie die Dinge nicht durch das Gitter Ihrer Begriffe betrachten, werden sie Sie nie langweilen; jedes einzelne ist einzigartig. Jeder Spatz ist anders als der andere – trotz aller Ähnlichkeiten. Ähnlichkeiten sind zwar eine große Hilfe, damit wir abstrahieren und überhaupt Begriffe bilden können, sie dienen der Kommunikation, der Bezeichnung, der Wissenschaft. Aber sie führen auch in die Irre, hindern uns daran, *dieses* konkrete Individuum zu sehen. Wenn Sie nur Begriffe erfahren, erfahren Sie nicht die Wirklichkeit, denn die Wirklichkeit ist konkret. Begriffe sind eine Hilfe, Sie an die Wirklichkeit zu *führen*, wenn Sie aber an sie herangekommen sind, müssen Sie sie unmittelbar erfahren und intuitiv erfassen.

Ein Mönch sagte einmal zu Fuketsu: „Ich hörte Euch einst Erstaunliches sagen, und zwar, daß Wahrheit mitgeteilt werden könne, ohne darüber zu reden, aber auch ohne zu schweigen. Könnt Ihr mir das bitte erklären?"

Fuketsu antwortete:

„Als ich ein kleiner Junge in Südchina war, wie sangen da im Frühling die Vögel in den blühenden Bäumen!"

UNBEWEGLICH UND TOT

Eine weitere Eigenschaft von Begriffen ist die, daß sie statisch sind, während die Wirklichkeit dynamisch ist. Wir bezeichnen die Niagara-Fälle immer gleich, dabei ist ihr Wasser in jedem Augenblick ein anderes. Wir haben das Wort „Fluß", aber das Wasser in ihm fließt ständig weiter. Wir haben ein festes Wort für unseren „Körper", aber die Zellen, aus denen er besteht, erneuern sich ständig.

Angenommen, draußen wehte ein heftiger Wind, und ich möchte meinen Landsleuten in Indien eine Vorstellung davon geben, wie ein amerikanischer Sturm oder Hurrikan aussehen kann. Deshalb fange ich ihn in eine Zigarrenkiste ein, nehme sie mit in meine Heimat und sage: „Seht mal her!" Natürlich ist das kein Sturm mehr, sobald er einmal *eingefangen* wurde.

Oder wenn ich Ihnen einen Eindruck davon verschaffen möchte, wie ein Fluß fließt, und ich Ihnen einen Eimer Wasser daraus bringe. In dem Moment, in dem ich es mit dem Eimer schöpfe, fließt es nicht mehr. In dem Moment, in dem wir Dinge in Begriffe fassen, hören sie auf zu fließen; sie werden unbeweglich, statisch und tot. Eine gefrorene Welle ist keine Welle mehr. Eine Welle besteht aus Bewegung und Dynamik; gefriert sie, ist sie keine Welle mehr. Begriffe sind immer starr und gefroren. Die Wirklichkeit ist dynamisch.

Ein Dirigent probte mit seinem Orchester und sagte zu dem Trompeter: „Ich glaube, an diese Stelle sollten Sie mit etwas mehr Wagnerscher Verve herangehen, wenn Sie wissen, was ich meine, ein bißchen nachdrücklicher, betonter, etwas mehr Volumen, mehr Tiefe, mehr..."

Der Trompeter unterbrach: „Soll ich lauter spielen, Sir?"

BRUCHTEILE DES GANZEN

Wenn wir schließlich den Mystikern glauben, dann ist die Wirklichkeit das *Ganze*, während Worte und Begriffe nur *Bruchteile* von ihr sind. Deswegen ist es auch so schwierig, etwas von einer Sprache in die andere zu übersetzen, denn jede Sprache beleuchtet die Wirklichkeit von einer anderen Seite. So läßt sich zum Beispiel das englische Wort „home" nicht ins Französische oder Spanische übersetzen. „Casa" trifft „home" nicht genau; mit „home" verbinden sich Assoziationen, die nur der englischen Sprache eigen sind. So hat jede Sprache unübersetzbare Wörter und Ausdrücke, denn wir packen die Wirklichkeit in kleine Wortpäckchen und fügen etwas hinzu oder ziehen etwas ab, wobei sich der Gebrauch dieser Wörter dauernd ändert.

Die Wirklichkeit ist ein *Ganzes*, während wir sie auf Begriffe reduzieren und Wörter benutzen, um verschiedene Teile von ihr zu bezeichnen. Wenn Sie zum Beispiel noch nie in Ihrem Leben ein Tier gesehen hätten und würden eines Tages einen Schwanz finden – nur einen Schwanz – und jemand sagte zu Ihnen: „Das ist ein Schwanz", könnten Sie sich dann etwas darunter vorstellen?

Ideen sind eigentlich Bruchteile des Anblicks, des Erfühlens oder des Erfahrens der Wirklichkeit als eines Ganzen. Nichts anderes sagen uns die Mystiker.

Ein Mann saß an seiner philosophischen Doktorarbeit. Wie ernst er seine Studien nahm, wurde seiner Frau erst klar, als sie ihn eines Tages fragte: „Warum liebst du mich so sehr?"

Wie aus der Pistole geschossen, erwiderte er: „Wenn du sagst, ‚so sehr', beziehst du dich dann auf die Intensität, Tiefe, Häufigkeit, Qualität oder Dauer?"

Die Schönheit einer Rose ist nicht zu vermitteln, indem man ihre Blütenblätter präpariert.

ENDE DER WIRKLICHKEIT

Der Meister warnte beharrlich vor dem Versuch, die Wirklichkeit in einen Begriff oder in einen Namen zu fassen.

Ein Student der Mystik stellte einmal die Frage: „Wenn Sie vom Sein sprechen, Sir, meinen Sie damit das ewige, transzendente Sein oder das transiente, kontingente Sein?"

Der Meister schloß seine Augen und dachte nach. Dann öffnete er sie, setzte seine entwaffnendste Miene auf und sagte: „Ja!"

Später sagte er: „Sobald du einen Namen für die Wirklichkeit nimmst, hört sie auf, die Wirklichkeit zu sein."

„Auch dann, wenn du es Wirklichkeit nennst?" fragte schelmisch ein Schüler.

„Selbst dann, wenn du es ‚es' nennst."

Der Meister hob hervor, daß die Welt, wie sie die meisten Leute sehen, nicht die Welt der Wirklichkeit ist, sondern eine Welt, die ihr Kopf hervorgebracht hat.

Als ein Schüler das in Frage stellen wollte, nahm der Meister zwei Stöcke und legte sie in Form eines T auf den Boden. Dann fragte er den Schüler: „Was siehst du hier?"

„Den Buchstaben T", antwortete er.

„Genauso habe ich es mir vorgestellt", sagte er Meister. „Es gibt von sich aus keinen Buchstaben T; das T ist die Bedeutung, die du ihm gibst. Was du vor dir siehst, sind zwei abgebrochene Äste in Form von Stöcken."

UNSAGBAR

Ein Hindupriester diskutierte einmal mit einem Philosophen, der behauptete, daß das letzte Hindernis zu Gott das Wort „Gott", sei, der Begriff von Gott.

Der Priester war darüber schockiert, aber der Philosoph sagte: „Der Esel, auf dem du sitzt und mit dem du zu einem Haus gelangst, ist nicht das Mittel, um in das Haus hineinzukommen. Du gebrauchst den Begriff, um dorthin zu gelangen; dann steigst du ab und läßt ihn zurück."

Sie müssen kein Mystiker sein, um zu verstehen, daß die Wirklichkeit nicht mit Worten und Begriffen einzufangen ist. Um die Wirklichkeit zu kennen, müssen Sie *wissen, über das Wissen hinaus*.

Wem das Buch „Die Wolke des Nichtwissens" vertraut ist, der wird diesen Ausdruck sicherlich wiedererkennen. Die Werke von Dichtern, Malern, Mystikern und den großen Philosophen rühren alle an die Wahrheit dieses Wortes.

Nehmen wir einmal an, ich betrachte eines Tages einen Baum. Wenn ich bisher einen Baum sah, habe ich immer gedacht: „Okay, das ist eben ein Baum." Schaue ich aber heute einen Baum an, sehe ich gar keinen Baum; zumindest sehe ich nicht das, was ich zu sehen gewohnt bin. Ich sehe etwas mit dem unverbrauchten Wahrnehmungsvermögen eines Kindes. Ich habe kein Wort dafür. Ich sehe etwas Einzigartiges, Ganzes, Fließendes, nichts Bruchstückhaftes und stehe ganz ehrfürchtig davor. Würden Sie mich fragen: „Was hast du gesehen?" Was meinen Sie, würde ich antworten? Ich habe kein Wort dafür. Für die Wirklichkeit gibt es keine Worte. Denn sobald ich ein Wort verwende, sind wir wieder bei den Begriffen.

VERSTELLT

Wenn du nach Gott suchst, suchst du nach Ideen – und übersiehst die Wirklichkeit", sagte der Meister.

Daraufhin erzählte er von dem Mönch, der sich über die Zelle beklagte, die man ihm zugewiesen hatte. „Ich wollte eine Zelle, von der aus ich den Sternenhimmel betrachten kann. In der Zelle, die ich jetzt habe, verstellt mir ein blöder Baum die Aussicht."

Nun war es aber so, daß dem vorhergehenden Bewohner dieser Zelle bei der Betrachtung eben dieses Baumes Erleuchtung widerfuhr.

Argwöhnisch, wie der Meister war, wenn es um Wissen und Lernen göttlicher Dinge ging, versäumte er doch nie eine Gelegenheit, Künste und Naturwissenschaften und jede andere Form des Lernens zu unterstützen. Es war also nicht überraschend, daß er bereitwillig eine Einladung annahm, bei der Universitätseröffnung eine Rede zu halten.

Er traf eine Stunde vor Beginn ein, um sich auf dem Campus umzusehen und staunte über die Studieneinrichtungen und -möglichkeiten, die zu seiner Zeit noch nicht vorhanden waren.

Bezeichnenderweise dauerte seine Eröffnungsansprache weniger als eine Minute. Er sagte:

„Laboratorien und Bibliotheken, Hallen, Portale und Bögen, wie auch gelehrte Vorlesungen werden zu nichts führen, wenn das weise Herz und das sehende Auge fehlen."

EIN FINGERZEIG

„Eine religiöse Überzeugung", sagte der Meister, „ist keine Aussage über die Wirklichkeit, sondern nur ein Hinweis, ein Fingerzeig auf etwas, das ein Geheimnis darstellt und jenseits des dem menschlichen Verstand Zugänglichen liegt. Kurz gesagt, eine religiöse Überzeugung ist nur ein Finger, der auf den Mond zeigt.

Manche Leute kommen über das Studium des Fingers nicht hinaus. Andere sind damit beschäftigt, an ihm zu lutschen. Wieder andere gebrauchen den Finger, um sich damit die Augen zuzudrücken. Das sind die frommen Eiferer, die die Religion blind gemacht hat.

Tatsächlich sind diejenigen selten, die den Finger weit genug von sich halten, um zu sehen, worauf er hinweist – es sind jene, die der Blasphemie bezichtigt werden, weil sie über Glaubensüberzeugungen hinausgegangen sind."

Beunruhigt über die Neigung des Meisters, jede Glaubensaussage über Gott zunichte zu machen, rief ein Schüler aus: „Mir bleibt nichts mehr, woran ich mich halten kann!"

„Das sagt der flügge gewordene Grünschnabel, wenn er aus seinem Nest gestoßen wird."

Später sagte der Meister noch: „Meinst du, du würdest fliegen, wenn du sicher im Nest deiner Glaubensüberzeugungen sitzt? Das ist kein Fliegen. Das ist nur ein Flügelschlagen!"

DER VORTEIL

Von Mark Twain stammt der schöne Satz: „Es war sehr kalt, und wäre das Thermometer noch ein paar Zentimeter länger gewesen, wären wir erfroren." – Wir erfrieren an Wörtern. Nicht die Kälte draußen spielt eine Rolle, sondern das Thermometer. Nicht die Realität fällt ins Gewicht, sondern was man sich selbst über sie sagt.

Ich hörte einmal eine schöne Geschichte von einem Bauern in Finnland. Als die russisch-finnische Grenze neu festgelegt wurde, erfuhr ein Bauer, daß die Grenze jetzt mitten durch sein Grundstück verlief. Er habe daher die Wahl, seinen Hof entweder nach Rußland oder nach Finnland zu verlegen. Der Bauer versprach, ernsthaft darüber nachzudenken; nach einigen Wochen erklärte er, er wolle in Finnland leben. Eine Schar erboster Russen fiel über ihn her, um ihm die Vorteile der Zugehörigkeit zu Rußland zu erklären.

Der Mann hörte geduldig zu und sagte schließlich:

„Ich stimme mit allem, was Sie sagen, völlig überein. Tatsächlich war es schon immer mein Wunsch, bei Mütterchen Rußland zu leben. Aber in meinem Alter bin ich einfach nicht mehr in der Lage, auch nur einen dieser russischen Winter durchzustehen."

Menschen ernähren sich von Worten,
leben durch Worte,
würden ohne Worte zerbrechen.

Ein Kind im Geographieunterricht: „Der Vorteil der Längen- und Breitengrade besteht darin, daß man beim Ertrinken die genaue Lage in Längen- und Breitengraden angeben und daher gefunden werden kann."

Wenn das Thermometer durch Anhauchen steigt,
wird das Zimmer dadurch nicht wärmer.

VERMEINTLICH

Wenn du über die Wirklichkeit sprichst", sagte der Meister, „bist du versucht, das Nichtsagbare in Worte zu fassen, die mit Sicherheit mißverstanden werden. Daher werden Leute, die diesen Ausdruck der Wirklichkeit, welche ,die Schriften' genannt werden, lesen, töricht und grausam, wenn sie nicht mehr ihrem gesunden Menschenverstand folgen, sondern sich an das halten, was ihnen ihre Schriften vermeintlich sagen."

Der Meister hatte ein perfektes Beispiel bei der Hand, mit dem er dies verdeutlichen konnte.

„Ein Dorfschmied fand einen Lehrling, der bereit war, hart zu arbeiten bei geringer Bezahlung. Ohne lange Umschweife ging der Schmied mit dem jungen Burschen an die Arbeit und erklärte ihm: ,Wenn ich das Eisen aus dem Feuer nehme, werde ich es auf den Amboß legen, und sobald ich mit dem Kopf nicke, schlägst du mit dem Hammer drauf.'

Der Lehrling tat genau, was *er meinte*, daß ihm gesagt worden sei. Und am nächsten Tag war er der Dorfschmied."

WORTWECHSEL

Als der Meister einmal, einer Gruppe von Leuten zu erklären versuchte, wie die Menschen auf Worte reagieren, sich von Worten ernähren, von ihnen leben, mehr als von der Wirklichkeit, rief jemand laut protestierend dazwischen:

„Sie erzählen Unsinn! Wenn ich Gott, Gott, Gott sage, wird mich das dann göttlich machen? Und wenn ich Sünde, Sünde, Sünde sage, wird es mich böse machen?"

„Setz dich hin, du Hundesohn", sagte der Meister.

Der Mann wurde kreidebleich vor Zorn und brachte eine Weile kein Wort heraus. Doch bald überschüttete er den Meister mit wüsten Beschimpfungen:

„Du nennst dich selbst einen Erleuchteten, nennst dich Guru, Meister, aber du solltest dich schämen!"

Mit zerknirschtem Gesicht sagte der Meister: „Entschuldigen Sie, mein Herr, ich ließ mich hinreißen. Ich bedauere meine unverzeihliche Entgleisung aufrichtig."

Der Mann beruhigte sich sofort.

Der Meister sagte: „Sehen Sie, da haben Sie Ihre Antwort: Alles, was es brauchte, waren ein paar Worte, um Sie zu einem Wutanfall zu bringen, und ein paar andere Worte genügten, um Sie zu beruhigen, war es nicht so?"

Eine Religionsgemeinschaft pflegte ihre Veranstaltungen in einem Hotel abzuhalten, dessen Devise in großen Lettern an den Wänden der Empfangshalle stand: „Es gibt keine Probleme, nur Chancen."

Ein Mann trat an die Rezeption und sagte: „Entschuldigung, ich habe ein Problem."

Der Empfangschef erwiderte lächelnd: „Wir kennen keine Probleme, Sir, nur Chancen."

„Nennen Sie es, wie Sie wollen", sagte der Mann ungeduldig, „in dem mir zugewiesenen Zimmer ist eine Frau."

DURCH EINE GEFÄRBTE BRILLE

In meiner Heimat Indien wuchsen viele Männer in dem Glauben auf, Frauen seien wie Kühe. „Ich habe sie geheiratet", sagen sie, „sie gehört mir." Kann man diesen Männern einen Vorwurf machen? Machen Sie sich auf einen Schock gefaßt: nein, kann man nicht. Ebensowenig wie vielen Amerikanern vorzuwerfen ist, wie sie über Russen denken. Ihre Brillen wurden einfach getönt, und in diesem Farbton sehen sie jetzt die Welt. Sobald Sie die Welt aus der Sicht einer Ideologie betrachten, sind Sie am Ende. Keine Wirklichkeit paßt in eine Ideologie, das Leben ist mehr als das. Darum suchen die Menschen immer nach einem Sinn des Lebens. Aber das Leben kann keinen Sinn haben, denn Sinn ist eine Formel; Sinn ist etwas, was unserem Verstand vernünftig erscheint. Immer, wenn Sie meinen, in der Wirklichkeit einen Sinn zu sehen, stoßen Sie auf etwas, was den Sinn wieder zunichte macht. Sinn ist nur zu finden, wenn Sie über den Sinn hinausgehen. Das Leben hat nur Sinn, wenn Sie es als Mysterium verstehen.

Der Meister lehnte Ideologien aus dem einfachen Grund ab, da sich ihre Theorien zwar einsichtig anhören, aber mit der Wirklichkeit nie übereinstimmen.

Er erzählte von einem Ideologen, der einmal sagte: „Das ist doch eine verrückte Welt! Die Reichen kaufen auf Kredit, obwohl sie im Geld schwimmen, aber die Armen, die keinen Pfennig haben, müssen in bar zahlen."

„Was schlägst du also vor?" fragte jemand.

„Das Ganze umkehren. Laß die Reichen bar zahlen, und gib den Armen Kredit."

„Aber wenn ein Kaufmann den Armen Kredit gibt, wird er bald selbst arm enden."

„Großartig!" sagte der Ideologe, „dann kann er auch auf Kredit kaufen."

IDEOLOGIEN

Es ist niederschmetternd, zu lesen, wie grausam Menschen miteinander umgehen. Es folgt ein Zeitungsbericht, welche Foltermethoden in modernen Konzentrationslagern praktiziert werden: Das Opfer wird an einen Metallstuhl gebunden. Dann werden ihm allmählich stärker werdende Stromstöße verabreicht, bis er ein Geständnis ablegt. Mit der hohlen Hand schlägt der Folterknecht dem Opfer auf das Ohr, so lange, bis das Trommelfell platzt.

Ein Gefangener wird auf einem Zahnarztstuhl festgebunden. Der Zahnarzt bohrt, bis er einen Nerv trifft. Es wird so lange weitergebohrt, bis das Opfer zur Kooperation bereit ist.

Der Mensch ist nicht von Natur aus grausam. Er wird grausam, wenn er unglücklich ist oder sich einer Ideologie ausliefert. Eine Ideologie gegen die andere; ein System gegen ein anderes; eine Religion gegen eine andere. Und der Mensch wird zwischen ihnen zerrieben.

Die Männer, die Jesus kreuzigten, waren wahrscheinlich keine grausamen Menschen. Sie können durchaus gütige Ehemänner und liebevolle Väter gewesen sein, die zu solcher Grausamkeit fähig wurden, um ein System, eine Ideologie oder eine Religion zu stützen.

Wären religiöse Menschen eher dem Instinkt ihres Herzens gefolgt als der Logik ihrer Religion, wäre uns der Anblick von Ketzern auf Scheiterhaufen und Witwen bei der Leichenverbrennung erspart geblieben und der von Millionen unschuldiger Menschen, die in Kriegen dahingeschlachtet wurden.

Der Meister reagierte auf Ideologien allergisch. „In einem Krieg der Ideen", sagte er, „ist das Volk das Opfer."

Später legte er genauer dar: „Das Volk tötet für Geld oder für Macht. Doch die ruchlosesten Mörder sind diejenigen, die für ihre Ideen töten."

FROSCHPERSPEKTIVEN

Ein Frosch hatte sein Leben lang in einem Brunnen gewohnt. Eines Tages sah er zu seinem Erstaunen einen anderen Frosch.

„Woher kommst du?" fragte er.

„Aus dem Meer, dort lebe ich", sagte der andere.

„Wie ist das Meer? Ist es so groß wie mein Brunnen?"

Der Meeresfrosch lachte. „Das ist nicht zu vergleichen", sagte er.

Der Brunnenfrosch tat so, als sei er daran interessiert, was sein Besucher über das Meer zu berichten habe. Aber er dachte: „Unter all den Lügnern, die ich in meinem Leben kennengelernt habe, ist dieser hier zweifellos der größte und unverschämteste."

Wie soll man einem Frosch im Brunnen vom Ozean erzählen oder einem Ideologen von der Wirklichkeit?

Menschliche Probleme widerstehen hartnäckig ideologischen Lösungen, stellte der Fachmann für effektivere Arbeitsvorgänge aus eigener Erfahrung fest, als er dem Meister vorführte, wie man heute einen Graben nach modernen Methoden aushebt. „Diese Maschine", sagte er, „hat Scharen von Männern die Arbeit weggenommen. Man sollte sie eigentlich zerstören und dafür hundert Männer mit Hacke und Schaufel in diesen Graben stellen."

„Richtig", sagte der Meister, „oder noch besser tausend Männer mit Teelöffeln."

INTELLEKTUELL

Ein Mann trank mit einem Freund Tee in einem Restaurant. Lange und fest blickte er auf seine Tasse und sagte dann mit einem resignierten Seufzer: „Ach, mein Freund, das Leben ist wie eine Tasse Tee."

Der andere dachte eine Weile darüber nach, blickte ebenfalls lange und fest auf seine Tasse und fragte dann: „Warum? Warum ist das Leben wie eine Tasse Tee?"

Der Mann antwortete: „Wie soll ich das wissen? Bin ich ein Intellektueller?"

Wahrheit findet man nicht in Formeln...

Der Meister wurde nicht müde, diejenigen, die auf ihre Schriften schwören, daran zu erinnern, daß die Wahrheit vom begrifflichen Denken weder erfaßt noch ausgedrückt werden kann.

Er erzählte die Geschichte von einem Beamten, der sich bei seiner Sekretärin über eine Telefonnotiz beschwerte, die sie ihm vorgelegt hatte.

„Ich kann das nicht lesen", schimpfte er.

„Ich konnte den Anrufer am Telefon nicht gut verstehen", sagte die Sekretärin. „Deshalb schrieb ich nicht sehr deutlich."

WISSEN

Ein Wissenschaftler besuchte den Meister, um dagegen zu protestieren, daß seine Geringschätzung der begrifflichen Denkweise, die im Widerspruch zum „begriffsfreien Wissen" stünde, der Wissenschaft gegenüber unfair sei.

Der Meister bemühte sich, deutlich zu machen, daß er durchaus ein Freund der Wissenschaft sei. „Aber", bemerkte er, „das Wissen, das Sie über Ihre Frau haben, sollte doch besser über die begrifflichen Feststellungen der Wissenschaft hinausgehen!"

Als er später zu seinen Schülern sprach, wurde er noch deutlicher: „Begriffe definieren", sagte er, „definieren heißt zerstören. Begriffe zerlegen die Wirklichkeit. Und was man zerlegt, tötet man."

„Sind Begriffe dann ganz nutzlos?" wollten die Schüler wissen.

„Nein! Zerlege eine Rose, und du wirst wertvolle Informationen über sie erhalten, doch keinerlei *Wissen* von ihr besitzen. Werde ein Gelehrter, und du wirst von der Wirklichkeit viele Kenntnisse erwerben, doch keinerlei Wissen."

Der Meister erzählte einmal von zwei Damen, die gesellschaftliche Kontakte pflegten. Sagte die eine zur anderen: „Ich traf vor ein paar Tagen Ihren Gatten. Großartig, was er für ein glänzendes Wissen hat!"

„Seien Sie nicht albern", erwiderte die andere. „Er hat von nichts eine Ahnung."

Sagte der Meister: „Es ist wie beim Gelehrten: Er weiß alles, was es über die Wirklichkeit zu wissen gibt, und ahnt nicht einmal ihre Existenz."

STIMMIG

Du hörst zu", sagte der Meister, „nicht um zu entdecken, sondern um auf etwas zu stoßen, was dein eigenes Denken bestätigt. Du argumentierst, nicht um die Wahrheit zu finden, sondern um deine Ansichten zu verteidigen."

Dann erzählte er die Geschichte von einem König, der einmal durch eine kleine Stadt zog und überall Anzeichen einer verblüffenden Schießkunst feststellte. Bäume, Zäune und Wände waren mit Kreisen bemalt und hatten genau in der Mitte ein Einschußloch. Er fragte, wo dieser Meisterschütze sei, der sich bald als ein zehnjähriger Junge entpuppte.

„Das ist doch unglaublich!" sagte der König erstaunt. „Wie um alles in der Welt bringst du das fertig?"

„Kinderleicht", war die Antwort. „Ich schieße zuerst und male dann die Kreise."

„Ebenso ziehst du zuerst deine Folgerungen und baust dann deine Prämissen um sie herum auf", sagte der Meister. „Ist es nicht derselbe Weg, den du einschlägst, um an deiner Religion und deinen Theorien festzuhalten?"

Richter: „Wie alt sind Sie?"

Sträfling: „Zweiundzwanzig, Sir."

Richter: „Das erzählen Sie uns schon seit zehn Jahren."

Sträfling: „Das stimmt, Sir. Ich gehöre nicht zu denen, die heute so reden und morgen so."

FLIRT MIT WORTEN

Ein Bettler zupfte einen Passanten am Ärmel und bat um Geld, weil er sich eine Tasse Kaffee kaufen wollte. Und das war seine Geschichte: „Es gab eine Zeit, Sir, da war ich ein reicher Kaufmann, genau wie Ihr. Den ganzen Tag arbeitete ich hart. Auf meinem Schreibtisch stand der Leitspruch: *kreativ denken, entschlossen handeln, gefährlich leben.* Nach diesem Motto lebte ich – und das Geld strömte nur so herein. Und dann... und dann... (der Bettler zitterte vor Schluchzen) ...warf die Putzfrau mein Motto in den Mülleimer."

Wenn du den Tempelhof fegst,
halte nicht inne, um alte Zeitungen zu lesen.
Wenn du dein Herz reinigst,
halte nicht inne, um mit Worten zu flirten.

Das Schlimme bei Ihnen ist", sagte der Meister zum Prediger, „daß alles, was Sie sagen, absolut wahr ist – und hohl. Ihre Leute suchen die Wirklichkeit. Alles, was Sie ihnen bieten, sind Worte."

Als der Prediger wissen wollte, was der Meister damit meine, sagte er: „Sie sind wie der Mann, der von einer Firma einen Brief erhielt, in dem es hieß: ,Würden Sie uns bitte den vollen Betrag senden, den Sie uns schulden?'

Prompt und klar kam seine Antwort: ,Der volle Betrag, den ich Ihnen schulde, ist eintausendfünfhundert Dollar'."

DER PREIS DER WAHRHEIT

Nur ein Dummkopf wird zögern, das Letzte im Tausch für die Wahrheit herzugeben", sagte der Meister. Und er erzählte ihnen folgendes Gleichnis: Während eines Ölbooms in einer kleinen Stadt auf dem Lande gaben Grundbesitzer gierig jeden Quadratmeter Land an die Ölgesellschaften her und erhielten dafür ein Vermögen. Eine alte Dame war nicht zum Verkauf zum gebotenen Preis zu bewegen. Die Angebote stiegen ins Astronomische, bis eine Ölgesellschaft erklärte, sie wäre bereit, jeden geforderten Preis zu zahlen. Doch die alte Dame blieb fest, worauf ein Freund sie erregt nach dem Grund ihrer Weigerung fragte.

„Siehst du nicht, daß ich meine einzige Einkommensquelle verliere, wenn ich verkaufe?"

Angeklagter", sagte der Richter, „ich spreche Sie schuldig in dreiundzwanzig Punkten. Daher verurteile ich Sie zu einer Gesamtstrafe von 175 Jahren." Der Verurteilte war ein alter Mann. Er brach in Tränen aus.

Das Gesicht des Richters wurde milder. „Ich wollte nicht grausam sein", sagte er. „Ich weiß, die Strafe, die ich verhängt habe, ist sehr hart. Sie werden sie nicht ganz abzusitzen brauchen."–In den Augen des Angeklagten glomm Hoffnung auf.

„So ist es gut", sagte der Richter, „büßen Sie soviel ab, wie Sie können."

Ich habe gehört, Sie haben Ihr Fahrrad verkauft."

„Das stimmt."

„Wieviel haben Sie dafür bekommen?"

„Dreißig Dollar."

„Ein annehmbarer Preis!"

„Gewiß, wenn ich aber gewußt hätte, daß der Mann mir das Geld nicht bezahlen würde, hätte ich das Doppelte verlangt."

PROZENTUALE UND RISKANTE WAHRHEIT

Nasrudin wurde verhaftet und unter der Beschuldigung vor Gericht gestellt, er hätte in seinem Restaurant Pferdefleisch unter die panierten Hühnerschnitzel gemengt.

Ehe der Richter sein Urteil sprach, wollte er wissen, in welchem Verhältnis er Pferde- mit Hühnerfleisch vermischt habe. Unter Eid bekannte Nasrudin: „50:50, Euer Ehren."

Nach der Verhandlung fragte ihn ein Freund, was genau 50:50 bedeute.

Sagte Nasrudin: „Ein Pferd auf ein Huhn."

Eine Gruppe von hundert Holzfällern arbeitete sechs Monate im Wald. Zwei Frauen kochten für sie und besorgten die Wäsche.

Am Ende dieser Zeit heirateten zwei der Männer die beiden Frauen.

Die Lokalzeitung meldete: „Zwei Prozent der Männer haben hundert Prozent der Frauen geheiratet."

In einer kleinen Stadt ereignete sich ein Autounfall. Viele Menschen standen um das Opfer herum, und ein Zeitungsreporter konnte nicht nahe genug herankommen, um zu sehen, um wen es sich handelte.

Da kam ihm ein Gedanke. „Ich bin der Vater des Opfers!" rief er. „Bitte, laßt mich durch."

Die Menge machte ihm Platz, so daß er direkt zur Unglücksstelle gelangte. Dort entdeckte er zu seiner Verlegenheit, daß das Opfer ein Esel war.

SCHWARZ ODER WEISS?

Ein Schäfer weidete seine Schafe, als ihn ein Spaziergänger ansprach. „Sie haben aber eine schöne Schafherde. Darf ich Sie etwas in bezug auf die Schafe fragen?"

„Natürlich", sagte der Schäfer.

Sagte der Mann: „Wie weit laufen Ihre Schafe ungefähr am Tag?"

„Welche, die weißen oder die schwarzen?"

„Die weißen."

„Die weißen laufen ungefähr vier Meilen täglich."

„Und die schwarzen?"

„Die schwarzen genausoviel."

„Und wieviel Gras fressen sie täglich?"

„Welche, die weißen oder die schwarzen?"

„Die weißen."

„Die weißen fressen ungefähr vier Pfund Gras täglich."

„Und die schwarzen?"

„Die schwarzen auch."

„Und wieviel Wolle geben sie ungefähr jedes Jahr?"

„Welche, die weißen oder die schwarzen?"

„Die weißen."

„Nun ja, ich würde sagen, die weißen geben jedes Jahr ungefähr sechs Pfund Wolle zur Schurzeit."

„Und die schwarzen?"

„Die schwarzen genausoviel."

Der Spaziergänger war erstaunt. „Darf ich Sie fragen, warum Sie die eigenartige Gewohnheit haben, Ihre Schafe bei jeder Frage in schwarze und weiße aufzuteilen?"

„Das ist doch ganz natürlich", erwiderte der Schäfer, „die weißen gehören mir, müssen Sie wissen."

„Ach so! Und die schwarzen?"

„Die schwarzen auch", sagte der Schäfer.

Der menschliche Verstand schafft törichte Kategorien, wo Liebe nur eine sieht.

IN SCHUBLADEN EINGESPERRT

Schubladen und Etiketten sind sehr wichtig für uns. „Ich bin Sozialdemokrat", sagen wir. Doch sind Sie es wirklich? Sie wollen doch nicht sagen, daß Sie, wenn Sie die Partei wechseln, ein neues „Ich" besitzen. Ist es nicht dasselbe „Ich" mit neuen politischen Überzeugungen?

Wir verschwenden viel Zeit in unserem Leben mit Schubladen, in denen wir selbst oder in denen andere stecken. Wir identifizieren das „Ich" mit der Schublade, mit dem Etikett. Auch Katholik und Protestant sind beliebte Schubladen oder Etiketten.

Es war einmal ein Mann, der zu einem Priester ging und bat: „Herr Pfarrer, ich möchte, daß Sie eine Messe für meinen Hund lesen."

Der Priester war empört: „Was soll das heißen, eine Messe für Ihren Hund lesen?"

„Es war mein Schoßhund", sagte der Mann. „Ich habe diesen Hund geliebt und möchte, daß Sie für ihn eine Messe lesen."

Der Priester wehrte ab: „Wir feiern keine Messen für Hunde. Versuchen Sie es doch bei der Konfession um die Ecke. Fragen Sie dort, ob Sie eine Messe haben können."

Schon in der Tür, drehte sich der Mann noch einmal um und sagte: „Zu schade, ich habe diesen Hund wirklich geliebt. Ich wollte für die Messe eine Spende von einer Million Dollar machen."

Darauf der Priester prompt: „Warten Sie doch! Warum haben Sie mir nicht gleich gesagt, daß der Hund katholisch war?"

BESCHILDERUNG

Das Leben ist wie eine Flasche voll berauschenden Weines. Einige begnügen sich damit, die Schilder auf der Flasche zu lesen. Einige probieren den Inhalt.

Buddha zeigte seinen Schülern einst eine Blume und forderte jeden auf, etwas über sie zu sagen.

Eine Weile betrachteten sie sie schweigend.

Einer hielt eine philosophische Abhandlung über die Blume. Ein anderer verfaßte ein Gedicht, wieder ein anderer ein Gleichnis. Alle waren bemüht, einander an Tiefsinn auszustechen.

Sie stellten Etiketten her!

Mahakashyap blickte auf die Blume, lächelte und sagte nichts. Nur er hatte sie gesehen.

Wenn ich nur einen Vogel genießen könnte, eine Blume, einen Baum, ein Menschengesicht!

Aber leider! Ich habe keine Zeit!

Ich bin zu sehr damit beschäftigt, die Aufschriften zu lesen und selbst welche zu verfassen. Nie war ich auch nur einmal trunken von dem Wein.

Warum seid Ihr so mißtrauisch gegenüber dem Denken?" sagte der Philosoph. „Denken ist das einzige Werkzeug, das wir besitzen, um die Welt zu organisieren."

„Richtig. Aber Denken kann die Welt so gut organisieren, daß man nicht mehr in der Lage ist, sie zu sehen."

Seinen Schülern sagte er später: „Ein Gedanke ist ein Schleier, kein Spiegel; deswegen lebt ihr in einer Gedankenhülle, unberührt von der Wirklichkeit."

NICHT DAS WASSER, SONDERN DEN FLUSS

An jenem Tag bestand des Meisters Predigt aus einem einzigen, rätselhaften Satz.

Er lächelte bitter und begann: „Ich sitze hier bloß am Flußufer und verkaufe Flußwasser."

Und damit beendete er seine Predigt.

Er hatte seinen Verkaufsstand am Ufer aufgebaut, und es kamen Tausende, um Wasser von ihm zu kaufen. Der ganze Erfolg seines Geschäftes beruhte darauf, daß sie den Fluß nicht sahen. Als sie ihn schließlich bemerkten, machte er kein Geschäft mehr.

Der Prediger war ein großer Erfolg. Tausende kamen, um von ihm Weisheit zu lernen. Als sie die Weisheit bekommen hatten, kamen sie nicht mehr zu seinen Predigten. Und der Priester lächelte zufrieden, denn er hatte sein Ziel erreicht, nämlich sich so schnell wie möglich davonzumachen, weil er genau wußte, er bot den Leuten nur an, was sie schon besaßen, wenn sie nur die Augen aufmachten, um zu sehen. „Wenn ich nicht gehe", sagte Jesus zu seinen Jüngern, „wird der Heilige Geist nicht kommen."

Wenn man aufhörte, Wasser zu verkaufen, hätten die Menschen vielleicht eine größere Chance, den Fluß zu sehen.

DAS WORT WARD FLEISCH

Im Evangelium des heiligen Johannes lesen wir: Das Wort ward Fleisch und wohnte unter uns… durch das Wort entstanden alle Dinge; nichts wurde ohne Es geschaffen. Alles Entstandene war lebendig durch sein Leben, und dieses Leben war das Licht der Menschen. Das Licht scheint weiter in der Dunkelheit, und die Dunkelheit hat es nie ausgelöscht.

Blicke unverwandt in die Dunkelheit. Es wird nicht lange dauern, bis du das Licht siehst. Betrachte alle Dinge schweigend. Es wird nicht lange dauern, bis du das Wort siehst.

Das Wort ward Fleisch; es wohnte unter uns…

Es ist bitter, sehen zu müssen, wie krampfhaft versucht wird, das Fleisch wieder in Wort zurückzuverwandeln. Worte, Worte, Worte.

Der Mystiker war aus der Wüste zurückgekehrt. Begierig fragten sie: „Sag uns, wie ist Gott?"

Aber wie könnte er je in Worte kleiden, was er in den Tiefen seines Herzens erfahren hatte? Kann man Wahrheit in Worte fassen?

Schließlich gab er ihnen eine Formel – ungenau und unzulänglich – in der Hoffnung, einige dadurch zu veranlassen, selbst zu suchen, was er erfahren hatte.

Sie klammerten sich an die Formel. Sie machten einen heiligen Text daraus. Sie drängten es jedem als heiligen Glauben auf. Sie gaben sich große Mühe, ihn in fremden Landen zu verbreiten. Und einige opferten sogar ihr Leben dafür.

Und der Mystiker war traurig. Vielleicht hätte er besser geschwiegen.

SCHAUEN

Wozu ich Sie hier bringen möchte, ist dies: daß Sie sich der Wirklichkeit, die Sie umgibt, bewußt werden. Bewußtmachen heißt beobachten, betrachten, was in Ihnen und um Sie herum vorgeht. „Vorgeht" ist ziemlich exakt: Bäume, Gras, Blumen, Tiere, Fels, *alles*, was wirklich ist, bewegt sich. Man beobachtet es, man betrachtet es. Es ist für die Menschen wichtig, daß sie die ganze Wirklichkeit beobachten.

Sind Sie in Ihren Begriffen gefangen, möchten Sie aus Ihrem Gefängnis ausbrechen? Dann *schauen* Sie, beobachten Sie – stundenlang. Was? *Alles*. Die Gesichter der Menschen, die Form der Bäume, einen Vogel im Flug, einen Haufen Steine oder das Gras. Kommen Sie in Kontakt mit den Dingen, schauen Sie sie an. Dann werden Sie hoffentlich aus diesen starren Mustern, aus alldem, was unser Denken und unsere Worte uns aufgezwungen haben, ausbrechen. Hoffentlich werden wir dann sehen. Doch was werden wir sehen? Dieses eine, was wir Wirklichkeit nennen – was auch immer hinter Worten und Begriffen stecken mag.

Es ist traurig, wenn wir durchs Leben gehen und es niemals mit den Augen eines Kindes sehen. Das heißt nicht, daß Sie jetzt auf alle Ihre Begriffe verzichten sollten; sie haben durchaus ihren Wert. Dank ihrer entwickeln wir unsere Intelligenz. Wir sind eingeladen, nicht Kinder zu werden, sondern *wie* die Kinder zu werden. Wir müssen den alten Menschen in uns ablegen, unser altes Wesen, das beeinflußte Selbst, und in den Stand des Kindes zurückkehren, ohne ein Kind zu *sein*.

Zu Beginn unseres Lebens betrachten wir die Wirklichkeit als Wunder, aber nicht mit dem intelligenten Staunen der Mystiker, sondern mit dem gestaltlosen Staunen des Kindes. Danach vergeht das Wunder und macht der Langeweile Platz, weil wir die Sprache entwickeln mit ihren Wörtern und Begriffen. Danach, hoffentlich, können wir, wenn wir Glück haben, wieder zum Wunder zurückkehren.

AUGUST

Der jetzige Augenblick

HIER UND JETZT

Der Uhrmacher war gerade dabei, das Pendel einer Uhr zu befestigen, als dieses zu seinem Erstaunen zu sprechen begann.

„Bitte, Sir, lassen Sie mich in Ruhe", bat das Pendel, „Sie täten mir einen großen Gefallen. Bedenken Sie, wie oft ich Tag und Nacht werde ticken müssen. So oft in jeder Minute, sechzig Minuten in der Stunde, vierundzwanzig Stunden am Tag, dreihundertfünfundsechzig Tage im Jahr. Und das Jahr um Jahr... millionenmal ticken. Das schaffe ich nicht."

Aber der Uhrmacher erwiderte weise: „Denke nicht an die Zukunft. Ticke einfach ein um das andere Mal, und du wirst jedes Tick-Tack für den Rest deines Lebens genießen."

Und genau das beschloß das Pendel zu tun. Und so tickt es fröhlich weiter und weiter.

Hier und jetzt leben, macht den Augenblick erträglich. Unerträglich wird er, wenn der Geist dem Körper um Stunden voraus eilt, sich schon in San Francisco befindet, wenn der Körper noch in Bombay ist.

„Mein Leiden ist unerträglich."

Sagte der Meister: „Der gegenwärtige Augenblick ist niemals unerträglich, vielmehr, was du in den nächsten fünf Minuten oder den nächsten fünf Tagen auf dich hereinbrechen siehst, ist es, was dich verzweifeln läßt. Hör auf, in die Zukunft zu leben."

LEBEN IM GEGENWÄRTIGEN

Gott sagt: „Gib mir dein Herz"... Und dann, als er meine Verlegenheit sieht, höre ich seine Antwort: „Wo dein Schatz ist, da ist auch dein Herz."

Meine Schätze – das sind: Menschen... Orte... Tätigkeiten... Dinge... Erfahrungen von früher... Zukunftshoffnungen und -träume...

In dem Maß, wie mein Herz in diesen vergangenen Schätzen ist, bin ich versteinert und tot, denn Leben ist nur im Gegenwärtigen. So sage ich denn all diesen vergangenen Schätzen, diesen goldenen Gestern, lebt wohl.

Jedem einzelnen erkläre ich, daß ich ihm zwar dankbar bin, daß er in mein Leben getreten ist, aber daß er nun gehen müsse, weil mein Herz sonst nie lernen würde, die Gegenwart zu lieben...

Mein Herz ist auch in der Zukunft. Seine ängstliche Sorge um das, was morgen sein wird, läßt wenig Energie übrig, um ganz im Heute zu leben. Mein Herz ist in meinen Träumen, Wünschen, Hoffnungen, die mich in Zukunftsvorstellungen leben lassen. Ich sage zu jeder einzelnen: „Laß Gottes Willen geschehen, laß ihn mit dir machen, was er für richtig hält."

Nun überschaue ich meine augenblicklichen Schätze: Jedem geliebten Menschen sage ich voll Zärtlichkeit: „Du bist mir so kostbar, aber du bist nicht mein Leben. Ich muß ein Leben leben, einem Schicksal begegnen, das anders ist als du"...

Ich sage zu den Dingen, die scheinbar mein eigenstes Sein ausmachen: meine Gesundheit, meine Vorstellungen, mein guter Name, mein Ruf... ja, ich sage es sogar zu meinem Leben, das eines Tages dem Tod unterliegen muß: „Ihr seid begehrenswert und kostbar, aber ihr seid nicht mein Leben. Mein Leben und mein Geschick sind anderswo."

Zuletzt stehe ich allein vor dem Herrn. Ich gebe ihm mein Herz. Ich sage: „Du, Herr, bist mein Leben. Du bist mein Geschick."

EWIGKEIT IM AUGENBLICK

Wissen Sie, was ewiges Leben ist? Sie meinen, es sei Leben ohne Ende. Doch die Theologen werden Ihnen sagen, daß das eine verrückte Vorstellung ist, denn ,ohne Ende' ist immer noch ein Zeitbegriff – Zeit, die für immer fortdauert. Ewig heißt zeitlos – ohne Zeit. Für den menschlichen Verstand ist das etwas Unfaßbares. Der menschliche Verstand kann Zeit verstehen und sie leugnen. Was zeitlos ist, übersteigt unsere Vorstellungskraft. Die Mystiker jedoch lehren uns, daß die Ewigkeit jetzt geschieht. Ist das keine gute Botschaft?

Ewigkeit geschieht jetzt. Die meisten Menschen sind sehr beunruhigt, wenn ich ihnen sage, sie sollten ihre Vergangenheit vergessen. Sie sind doch so stolz auf ihre Vergangenheit – oder sie schämen sich dafür. Vergessen Sie das alles! Wenn man Ihnen sagt: „Bereuen Sie Ihre Vergangenheit", so bedeutet das, wach zu werden, und nicht: „wegen seiner Sünden zu weinen". Werden Sie wach und hören Sie mit dem Weinen auf.

Wie lange dauert die Gegenwart, eine Minute oder eine Sekunde?"

„Viel kürzer und viel länger", sagte der Meister. „Kürzer, weil der Augenblick, den du angezielt hast, vorbei ist.

Länger, weil, wenn du je in sie eingedrungen bist, du auf die Zeitigkeit stoßen und erfahren wirst, was Ewigkeit ist."

OHNE BALLAST

Wie soll ich Ewiges Leben erlangen?"

„Ewiges Leben ist heute und jetzt. Lebe in der Gegenwart."

„Aber ich *bin* in der Gegenwart oder nicht?"

„Nein."

„Warum nicht?"

„Weil du deine Vergangenheit nicht abgeworfen hast."

„Warum sollte ich meine Vergangenheit abwerfen? Nicht alles an ihr ist schlecht."

„Die Vergangenheit muß abgeworfen werden, nicht weil sie schlecht ist, sondern wiel sie tot ist."

Vollziehe einen klaren Bruch mit deiner Vergangenheit und du wirst erleuchtet werden", sagte der Meister.

„Ich werde es nach und nach tun."

„Größe erreicht man allmählich. Erleuchtung vollzieht sich im Augenblick."

Später sagte er noch: „Spring! Man kann einen Abgrund nicht mit kleinen Hüpfern überwinden."

Ich habe keine Ahnung, was der morgige Tag bringen wird, also möchte ich mich darauf vorbereiten."

„Du fürchtest den morgigen Tag und erkennst nicht, daß der gestrige genauso gefährlich ist."

KEINE ZEIT ZU VERLIEREN

Das Wartezimmer des Arztes war gedrängt voll. Ein älterer Herr stand auf und ging zur Sprechstundenhilfe.

„Entschuldigen Sie", sagte er höflich, „ich war um zehn Uhr bestellt, und jetzt ist es fast elf. Ich kann nicht mehr länger warten. Würden Sie mir bitte einen Termin an einem anderen Tag geben?"

Eine der Wartenden beugte sich zu einer anderen Frau und sagte: „Er ist doch mindestens achtzig Jahre alt. Was mag er wohl so dringend vorhaben, daß er nicht länger warten kann?"

Der Herr hörte die geflüsterte Bemerkung. Er wandte sich der Dame zu, verbeugte sich und sagte: „Ich bin siebenundachtzig Jahre alt. Und genau deswegen kann ich mir nicht leisten, auch nur eine Minute der kostbaren Zeit, die ich noch habe, zu vergeuden."

Die Erleuchteten verschwenden nicht eine Minute, denn sie wissen um die relative Unwichtigkeit allen Tuns.

Als der Meister hörte, daß ein Wald in der Nachbarschaft durch Feuer vernichtet worden war, mobilisierte er alle seine Schüler.

„Wir müssen die Zedern wieder anpflanzen", sagte er.

„Die Zedern", rief ein Schüler ungläubig aus, „die brauchen doch 2000 Jahre zum Wachsen."

„In diesem Fall", sagte der Meister, „gilt es, keine Minute zu verlieren. Wir müssen sofort damit anfangen."

ZEITLOS

Der Meister muß gewußt haben, daß seine Worte oft über das Verständnis seiner Schüler hinausgingen. Er sagte sie trotzdem im Wissen darum, daß der Tag sicherlich einmal kommen würde, an dem seine Worte in den Herzen derer, die ihn hören, Wurzeln schlagen und erblühen würden.

Eines Tages sagte er:

„Die Zeit erscheint dir immer sehr lang, wenn du *wartest* – auf Ferien, auf eine Prüfung, auf etwas, wonach du sich sehnst

oder wovor du in der Zukunft Angst hast.

Doch denen, die es wagen, sich der Erfahrung des gegenwärtigen Augenblicks auszusetzen – mit keinem Gedanken an die Erfahrung, keinem Verlangen, daß sie wiederkehre oder dich verschone –, wird die Zeit zum Erstrahlen der Ewigkeit."

Im Kloster gab es keine Uhren. Als sich ein Geschäftsmann über mangelnde Pünktlichkeit beklagte, sagte der Meister: „Bei uns herrscht eine kosmische Pünktlichkeit und keine geschäftliche Pünktlichkeit."

Der Geschäftsmann sah darin keinen Sinn. Und so fügte der Meister hinzu: „Alles hängt vom Gesichtspunkt ab. Was bedeutet aus der Sicht des Waldes der Verlust eines Blattes? Was bedeutet aus der Sicht des Kosmos der Verlust deines Terminkalenders?"

WO BIN ICH?

In einer sternenklaren Nacht ließ der Meister die Schüler in den Genuß seiner astronomischen Kenntnisse kommen:

„Das ist das Sternensystem des Andromeda-Nebels", erklärte er. „Es ist so groß wie unsere Milchstraße und sendet Lichtstrahlen aus, die mit einer Geschwindigkeit von dreihunderttausend Kilometern in der Sekunde zweieinhalb Millionen Jahre zu uns auf die Erde brauchen. Der Andromeda-Nebel besteht aus hunderttausend Millionen Sonnen, die viel größer sind als unsere Sonne."

Nach einer Weile des Schweigens sagte er mit einem Lächeln: „Nachdem wir nun die richtige Perspektive haben, laßt uns zu Bett gehen."

Erleuchtung", sagte der Meister, „heißt, genau zu wissen, wo du dich in jedem Moment befindest – eine keineswegs leichte Aufgabe."

Und er erzählte von einem allseits geliebten Freund, der noch in seinen hohen achtziger Jahren Einladungen zu Dutzenden von Feiern erhielt. Einmal wurde er auf einer Party entdeckt und gefragt, wie vielen er an diesem Abend seine Aufwartung machte.

„Sechs", sagte der ältere Herr, ohne den Blick von seinem kleinen Notizbuch zu heben.

„Was machen Sie da? Sehen Sie nach, zu wem Sie als nächstem gehen müssen?" fragte ihn jemand.

„Nein", antwortete der dynamische Bursche. „Ich stelle fest, wo ich gerade bin."

DIE PERSPEKTIVE

Ich habe schon bei mancher Gelegenheit gesagt, daß der Weg zu wirklichem Leben Sterben ist. Eine Hinführung zum Leben ist, sich vorzustellen, man läge im eigenen Grab: Sie sehen sich darin liegen, in der Haltung, die Ihnen am besten erscheint. In Indien setzt man die Toten mit gekreuzten Beinen hin. Oft trägt man sie so zur Verbrennung, oft werden sie aber auch hingelegt. Stellen Sie sich also vor, Sie liegen ausgestreckt im Sarg und sind tot. Aus dieser Perspektive betrachten Sie nun Ihre Probleme. Alles sieht auf einmal ganz anders aus, oder?

Das ist eine schöne Meditation, die Sie jeden Tag, wenn Sie die Zeit haben, machen sollten. Es ist unglaublich, aber Sie werden lebendig werden. In meinem Buch „Daß ich sehe. Meditationen des Lebens" gibt es dazu eine eigene Meditation. Sie sehen Ihren Körper, wie er zerfällt, dann die Knochen, dann Staub. Sooft ich hierüber spreche, sagen die Leute: „Wie abstoßend!"

Doch was ist denn daran so abstoßend? Die Wirklichkeit, um Himmels willen! Viele wollen freilich die Wirklichkeit nicht sehen und nicht an den Tod denken. Die Menschen leben nicht, die meisten leben nicht, sondern erhalten nur ihren Körper am Leben. Das ist kein Leben. Sie fangen erst dann an zu leben, wenn es Ihnen einerlei ist, ob Sie leben oder sterben. Erst dann leben Sie. Wenn Sie dazu bereit sind, Ihr Leben zu verlieren, leben Sie. Wenn Sie Ihr Leben aber abschirmen, sind Sie tot. Wenn Sie da oben auf dem Dachboden sitzen und ich sage: „Kommen Sie doch herunter!" Und Sie antworten: „O nein, ich habe gelesen, daß Leute eine Treppe hinuntergegangen und ausgerutscht sind und sich das Genick gebrochen haben; das ist zu gefährlich."

FÜGUNG

Ich stelle mir vor, ich hätte noch sechs Wochen zu leben...
Ich sehe die Umstände lebhaft vor mir: wie alt ich bin... und
wo... woran ich sterben werde...

Ich erfahre den Schmerz, von meinem Leben und von
allem und jedem, was ich geliebt und gehaßt habe, Abschied
zu nehmen... Ich nehme zur Kenntnis, wie die Leute die
Nachricht von meinem bevorstehenden Tod aufnehmen...
Ich überlege, was jeder von ihnen wohl mit mir verliert...

Nach dem Tod stehe ich vor dem Herrn. Ich spreche mit
ihm über mein Leben: über das, was mir am liebsten war,
was ich am meisten bereue...

Nun höre ich Gott sagen, daß er gedenkt, mich auf die
Erde zurückzuschicken. Er stellt mir frei, die Form meiner
Reinkarnation zu wählen: Welches Land wähle ich? Welches Geschlecht? Was für ein Mensch möchte ich sein?

Ich wähle meinen Charakter... meine Talente... meine
Stärken und Schwächen... die Erfahrungen, die ich in meinem neuen Leben machen möchte...

In welcher Gesellschaftsschicht möchte ich geboren werden? Warum?...

Was für Eltern möchte ich haben? Ich wähle die Vorzüge
und Fehler aus, die ich Vater und Mutter wünsche... Ich
stelle mir vor, ich sagte das meinen jetzigen Eltern und sehe,
wie sie reagieren...

Was für eine Kindheit möchte ich haben? Was für eine
Erziehung? Was für einen Beruf wähle ich mir?...

Nun höre ich, wie Gott mir erklärt, warum er mir genau
das Leben in all seinen Einzelheiten gegeben hat, das ich
jetzt habe...

DIE GUTE NACHRICHT

Ich stelle mir vor, ich hätte nur noch ein paar Tage zu leben... Ich darf mir einen oder zwei Menschen wählen, mit denen ich diese letzten Tage verbringe. Ich treffe die schwierige Wahl... dann spreche ich mit diesem Menschen und erkläre ihm, warum ich ihn gewählt habe...

Zum letzten Male habe ich Gelegenheit, auf Menschen zuzugehen, die mir unsympathisch oder gleichgültig waren. Wenn ich das fertigbringe: was sage ich einem jeden jetzt, da ich fühle, daß ich an der Schwelle der Ewigkeit stehe?...

Eines Tages bin ich allein in meinem Zimmer und denke an all das in meinem Leben, wofür ich besonders dankbar bin... und worauf ich stolz bin... Dann wende ich mich den Dingen zu, die ich bereue und am liebsten ungeschehen machte... besonders meine Sünden...

Während ich mich damit befasse, kommt Jesus herein. Seine Nähe bringt mir selige Freude und Frieden... Ich erzähle ihm einiges aus meinem Leben, was mir leid tut... Er unterbricht mich mit den Worten: „All das ist vergeben und vergessen. Weißt du nicht, daß die Liebe das Böse nicht nachträgt?" (1 Kor 13,5). Dann fährt er fort: „Deine Sünden sind tatsächlich nicht nur vergeben, sie sind sogar in Gnade verwandelt worden. Hast du denn nie gehört, daß da, wo die Sünde groß, die Gnade übergroß ist?" (Röm 5,21).

Das klingt für mein armes, furchtsames Herz zu wunderbar, um wahr zu sein. Da höre ich ihn sagen: „Ich bin so zufrieden mit dir, ich bin dir so dankbar..." Ich fange an zu protestieren, daß in meinem Leben nichts ist, was ihn so zufrieden und dankbar machen könnte. Er sagt: „Du wärest sicher einem Menschen, der für dich nur ein wenig von dem getan hätte, was du für mich getan hast, unaussprechlich dankbar. Meinst du, ich hätte weniger Herz als du?"

So lehne ich mich zurück und lasse mich von seinen Worten treffen... und mein Herz jubelt vor Freude, daß ich einen solchen Gott habe!

MEDITATION DES LEBENS

Wenn ich Sie nicht dazu bewegen kann, über Ihren Teller-
rand von Ansichten und Überzeugungen hinaus in eine
andere Welt zu blicken, sind Sie tot, unweigerlich tot; das
Leben ist an Ihnen vorbeigegangen...

Das Leben ist eines für Spieler. Genau das sagte Jesus.
Sind Sie bereit, das Risiko einzugehen? Wissen Sie, wann
Sie bereit dazu sind? Wenn Sie das herausgefunden haben,
wenn Sie wissen, daß das, was man Leben nennt, nicht
wirkliches Leben ist. Die Menschen meinen fälschlicherweise, Leben bedeute, seinen Körper am Leben zu erhalten.
Lieben Sie also den Gedanken an den Tod. Kommen Sie
immer und immer wieder auf ihn zurück. Denken Sie an die
Schönheit dieser Leiche, dieses Skeletts, bis es zu einer
Handvoll Staub zerfällt. Dann werden Sie sehr erleichtert
sein. Mag sein, daß manche dies alles von sich weisen. Sie
fürchten jeden Gedanken daran. Dabei ist es sehr erleich-
ternd, aus dieser Perspektive auf sein Leben zu blicken.

Oder besuchen Sie einen Friedhof. Es ist eine überaus
läuternde und tiefe Erfahrung. Sie entdecken einen Namen
und sagen sich: „Ach, vor so langer Zeit hat er gelebt, vor
zwei Jahrhunderten! Ihn müssen dieselben Probleme geplagt haben wie mich, er muß manch schlaflose Nacht gehabt haben. Es ist seltsam, wir leben nur so kurze Zeit."

Ein italienischer Dichter sagte: „Wir leben in einem kurzen Aufblitzen von Licht; der Abend kommt, und es ist für
immer Nacht." Es ist nur ein Aufblitzen, und wir nutzen es
nicht. Wir vertun es mit unserer Furcht, unseren Sorgen,
unseren Bedenken, unseren Belastungen.

Versuchen Sie es mit dieser Meditation, können Sie am
Ende Informationen gewonnen haben – oder Bewußtheit.
Und in diesem Moment des Bewußtwerdens sind Sie *neu*.
Zumindest solange es anhält.

MEIN LEBEN

Um das Leben zu sehen, wie es wirklich ist, hilft nichts so sehr wie die Tatsache des Todes.

Ich stelle mir vor, hundert Jahre sind nach meinem Tod vorübergegangen und ich komme noch einmal wieder. Außer ein bis zwei vergilbten Fotografien in einem Album oder an einer Wand und der Inschrift auf meinem Grabstein ist kaum etwas von mir übriggeblieben, nicht einmal die Erinnerung meiner Freunde, weil keiner mehr lebt... Trotzdem forsche ich nach irgendwelchen Spuren, die von meiner Existenz vielleicht noch auf der Erde vorhanden sind...

Ich schaue in mein Grab hinein und finde eine Handvoll Staub und zerbröckelte Knochen im Sarg. Meine Augen bleiben an diesem Staub hängen, und ich denke an mein Leben zurück: Erfolge und Tragödien... Ängste und Freuden... Mühen, Konflikte... Bestrebungen und Wunschträume... Liebe und Abneigung... all das, was mein Leben ausgemacht hat. Und all das ist nun vom Wind verweht, vom Universum verschlungen... Nur noch ein wenig Staub ist übriggeblieben als Zeichen, daß es einmal etwas gegeben hat: mein Leben.

Wie ich so diesen Staub betrachte, kommt es mir vor, als fiele eine schwere Last von meinen Schultern – die Last meiner Einbildung, etwas zu bedeuten...

Dann blicke ich auf und betrachte die Welt um mich her – die Bäume, die Vögel, die Erde, die Sterne, den Sonnenschein, den Schrei eines Säuglings, einen vorüberfahrenden Zug, die eilenden Wolken, den Tanz des Lebens und des Universums... und ich weiß, daß in allem irgendwo die Überreste jenes Menschen sind, den ich „Ich" genannt habe, und jenes Lebens, welches das meine war.

EINE ANDERE SICHT

Ein befreundeter Astronom erzählte mir neulich ein paar grundlegende Dinge aus der Astronomie. Ich hatte zum Beispiel nicht gewußt, daß man die Sonne dort sieht, wo sie vor achteinhalb Minuten stand, und nicht an der Stelle, an der sie jetzt steht. Denn ein Sonnenstrahl braucht achteinhalb Minuten, um zu uns zu kommen. Man sieht die Sonne also nicht, wo sie steht; sie ist jetzt schon woanders. Auch die Sterne sandten ihr Licht vor Hunderten und Tausenden von Jahren zu uns. Sie können also ganz woanders sein als dort, wo wir sie sehen.

Mein Freund sagte: Wenn wir uns eine Galaxie vorstellen, ein ganzes Universum, wäre unsere Erde ein verlorener Punkt am hinteren Ende der Milchstraße; noch nicht einmal in der Mitte. Und jeder der Sterne ist eine Sonne, und einige dieser Sonnen sind so groß, daß unsere Sonne und unsere Erde samt dem Raum zwischen ihnen in sie hineinpassen würden. Nach vorsichtiger Schätzung gibt es hundert Millionen Galaxien! Soweit man weiß, dehnt sich das Universum mit einer Geschwindigkeit von zwei Millionen Meilen in der Sekunde aus.

Ich hatte meinem Freund fasziniert zugehört, und als wir das Restaurant verließen, in dem wir gesessen hatten, blickte ich nach oben und hatte ein anderes Gefühl, eine andere Sicht des Lebens.

Das ist Bewußtwerden. Entweder Sie nehmen das alles als nüchterne Fakten hin (das ist dann Information), oder Sie haben auf einmal eine andere Sicht des Lebens – was sind wir, was ist dieses Universum, was ist das menschliche Leben? Haben Sie dieses Gefühl, so ist es das, was ich mit Bewußtheit meine.

IM HIMMEL

Einem Schüler, den der Gedanke vom Leben nach dem Tode nicht losließ, sagte der Meister: „Warum auch nur einen Augenblick mit dem Gedanken an das Danach verschwenden?"

„Aber ist es denn möglich, das nicht zu tun?"

„Ja."

„Wie?"

„Indem man hier und jetzt im Himmel lebt."

„Und wo ist dieser Himmel?"

„Im Hier und Jetzt."

Was ist das Geheimnis deiner Ruhe und Gelassenheit?" fragten die Schüler.

Sagte der Meister: „Aus dem Herzen kommendes, uneingeschränktes Kooperieren mit dem Unvermeidlichen."

Der Meister sprach über das Leben.

Eines Tages erzählte er, er habe einen Piloten getroffen, der während des Zweiten Weltkriegs Arbeiter aus China nach Burma flog, die dort im Dschungel Straßen bauten. Der Flug war lang und langweilig, und daher begannen die Arbeiter zu spielen. Da sie kein Geld hatten, um das sie spielen konnten, setzten sie ihr Leben. Der Verlierer sprang ohne Fallschirm aus der Maschine.

„Wie schrecklich!" riefen die entsetzten Schüler.

„Das stimmt", sagte der Meister, „aber dadurch wurde das Spiel aufregend."

Später am Tag sagte er: „Man lebt nie so aus dem vollen, als wenn man mit seinem Leben spielt."

WARUM NICHT SCHON JETZT?

König Pyrrhus von Epirus wurde von seinem Freund Cyneas gefragt:

„Wenn Ihr Rom erobert, was werdet Ihr dann als nächstes unternehmen?"

Pyrrhus erwiderte: „Sizilien liegt ganz in der Nähe und wird leicht zu erobern sein."

„Und was werden wir tun, wenn Sizilien genommen ist?"

„Dann werden wir nach Afrika übersetzen und Karthago plündern."

„Und nach Karthago?"

„Dann kommt Griechenland an die Reihe."

„Und, wenn ich fragen darf, was wird am Ende all dieser Eroberungen stehen?"

„Dann", erwiderte Pyrrhus, „können wir uns in Ruhe des Lebens freuen."

„Könnten wir das nicht schon jetzt tun", sagte Cyneas.

Kurz nach dem Tod von Rabbi Mokshe fragte Rabbi Mendel einen seiner Schüler: „Was hielt dein Lehrer für das Wichtigste?"

Der Schüler dachte einen Augenblick nach und sagte dann: „Das, was er im Augenblick gerade tat."

Wie kann ich ein großer Mensch werden – wie Ihr?"

„Warum ein großer Mensch sein?" sagte der Meister.

„Mensch sein ist schon Leistung genug."

LEBEN VOR DEM TOD

An jenem Tag ging es während der öffentlichen Versammlung bei allen Fragen um das Leben jenseits des Grabes.

Der Meister lachte nur und gab keine einzige Antwort.

Seinen Schülern, die wissen wollten, warum er auswich, sagte er später: „Habt ihr nicht bemerkt, daß es ausgerechnet diejenigen sind, die nichts mit diesem Leben anzufangen wissen, die ein weiteres, ewig währendes wollen?"

„Aber gibt es nun Leben nach dem Tode oder nicht?" beharrte ein Schüler.

„Ist da Leben *vor* dem Tod – das ist die Frage!" sagte der Meister hintergründig.

Der Meister hatte wochenlang im Koma auf seinem Totenbett gelegen. Eines Tages öffnete er plötzlich die Augen und sein Blick fiel auf seinen Lieblingsschüler.

„Du verläßt nie den Platz neben meinem Bett, nicht wahr?" sagte er sanft.

„Nein, Meister, ich kann nicht."

„Warum?"

„Weil Ihr das Licht meines Lebens seid."

Der Meister seufzte. „Habe ich dich so geblendet, mein Sohn, daß du dich immer noch weigerst, das Licht in *dir* zu sehen?"

Sagte der Mönch: „Woher kommen dieser Berge und Flüsse und die Erde und die Sterne?"

Sagte der Meister: „Woher kommt deine Frage?"

Blicke in dich!

Der jetzige Augenblick   249

AUSKOSTEN

Ehe der Besucher eventuelle Schülerschaft diskutierte, verlangte er von dem Meister Zusicherungen.

„Könnt Ihr mich lehren, was das Ziel eines Menschenlebens ist?"

„Das kann ich nicht."

„Oder wenigstens seinen Sinn?"

„Das kann ich nicht."

„Könnt Ihr mir das Wesen des Todes erklären und eines Lebens jenseits des Grabes?"

„Das kann ich nicht."

Der Besucher ging zornig davon. Die Schüler waren betreten, daß ihr Meister eine so schlechte Figur gemacht hatte.

Sagte der Meister tröstend: „Was nützt es, die Essenz des Lebens zu verstehen und seinen Sinn zu begreifen, wenn ihr es nie gekostet habt? Mir ist es lieber, ihr eßt euren Pudding, als daß ihr darüber spekuliert."

Der Prediger war ein ungewöhnlicher Mann. Die Leute zitterten, wenn sie ihn sahen. Er lachte nie und war in seinen asketischen Übungen gegen sich unerbittlich, denn er glaubte an selbst zugefügten Schmerz. Man wußte, daß er oft fastete, und sah ihn im Winter nur dünn gekleidet.

Eines Tages vertraute er dem Meister eine geheime Sorge an: „Ich habe ein Leben der Entsagung geführt und alle Gebote meiner Religion befolgt. Doch da ist etwas, was mir fehlt, und ich kann nicht herausfinden, was. Können Sie es nicht sagen?"

Der Meister sah ihn sehr streng und nüchtern an und erwiderte: „Ja, die Seele."

ZEIT

Die Tiere hielten eine Versammlung ab und begannen, sich darüber zu beklagen, daß die Menschen ihnen immer wieder Dinge wegnahmen.

„Sie nehmen meine Milch", sagte die Kuh.

„Sie nehmen meine Eier", sagte die Henne.

„Sie nehmen mein Fleisch und machen Speck daraus", sagte das Schwein.

„Sie machen Jagd auf mich wegen meines Öls", sagte der Wal.

Und so ging es fort.

Schließlich sprach die Schnecke. „Ich habe etwas, was sie gerne hätten, und zwar mehr als alles andere. Etwas, was sie mir gerne wegnähmen, wenn sie könnten. Ich habe ZEIT."

Du hast alle Zeit der Welt, wenn du sie dir nur nimmst. Was hält dich davon ab?

Im vorigen Jahrhundert besuchte ein Tourist aus den Vereinigten Staaten den berühmten polnischen Rabbi Hofetz Chaim.

Erstaunt sah er, daß der Rabbi nur in einem einfachen Zimmer voller Bücher wohnte. Das einzigen Mobiliar waren ein Tisch und eine Bank.

„Rabbi, wo sind Ihre Möbel?" fragte der Tourist.

„Wo sind Ihre?" erwiderte Hofetz.

„Meine? Aber ich bin nur zu Besuch hier. Ich bin nur auf der Durchreise", sagte der Amerikaner.

„Genau wie ich", sagte der Rabbi.

Wenn ein Mensch beginnt, tiefer nach innen zu leben, lebt er einfacher nach außen.

Aber leider bringt einfaches Leben nicht zwangsläufig Tiefe mit sich.

ZU SCHNELL

Ein junger Manager rief eines Tages seinen Auslandsvertreter an und sagte kurz angebunden: „Ich rufe an, weil ich Anweisungen geben will. Der Anruf wird nur drei Minuten dauern. Ich werde sprechen und bitte Sie, nicht zu unterbrechen. Irgendwelche Anmerkungen dazu oder Fragen kabeln Sie bitte später."

Dann begann er, seine Anweisungen durchzugeben. Er tat das so schnell, daß er schon vor der Zeit fertig war.

„Wir haben noch zwanzig Sekunden übrig", sagte er dem Mann am anderen Ende der Leitung. „Haben Sie etwas dazu zu sagen?"

„Ja", kam die Antwort, „Sie haben so schnell gesprochen, daß ich nicht ein Wort verstehen konnte."

Von einer Reise zurückgekehrt, erzählte der Meister von einer Begebenheit, die er für ein Gleichnis des Lebens hielt.

Während eines kurzen Aufenthalts ging er an einen einladend aussehenden Essensstand, an dem köstliche Suppen, heißer Curry und alle möglichen verlockenden Gerichte angeboten wurden.

Er bestellte eine Suppe.

„Gehören Sie zu dem Bus?" fragte fürsorgend die Bedienung. Der Meister nickte.

„Es gibt keine Suppe."

„Heißen Curry mit gedämpftem Reis?" fragte der Meister irritiert.

„Nein, wenn Sie zum Bus gehören. Sie können belegte Brote haben. Ich habe den ganzen Morgen gebraucht, um diese Speisen zuzubereiten, und Sie haben kaum zehn Minuten Zeit zum Essen. Ich möchte Sie kein Gericht verzehren lassen, für das Sie nicht die Zeit haben, es zu genießen."

SORGT NICHT

Im Vergleich zu den Menschen sind Vögel und Blumen glücklich zu preisen, denn sie haben kein Konzept von der Zukunft, keine Worte in ihren Köpfen, keine Angst davor, was ihre Mitvögel oder Mitblumen von ihnen denken. Deshalb sind sie so perfekte Bilder des Himmelreichs. Sorgen Sie sich also nicht um morgen, das Morgen kümmert sich schon um sich selbst. Jeder Tag hat genug eigene Plage. Konzentrieren Sie sich vor allem auf Gottes Himmelreich, und alles andere wird von selbst zu Ihnen kommen.

Wie lernt man, auf die Vorsehung zu vertrauen?"

„Auf die Vorsehung vertrauen", sagte der Meister, „ist, wie in ein teures Restaurant zu gehen ohne einen Cent in der Tasche und dutzendweise Austern zu essen in der Hoffnung, eine Perle zu finden, um damit die Rechnung zu bezahlen."

Sagte der Tourist: „Die Leute in Ihrem Land sind arm. Doch sie scheinen sich nie Sorgen im voraus zu machen."

Sagte der Meister: „Das liegt daran, daß sie nie auf die Uhr schauen."

IN DIE GEGENWART VERSUNKEN

Unser Hund Brownie saß in perfekter Habachtstellung mit gespitzten Ohren, nervös mit dem Schwanz wedelnd, und blickte aufmerksam hinauf in einen Baum. Er hatte es auf einen Affen abgesehen. Nur eine Sache beschäftigte ihn: der Affe. Und da er nicht denken kann, störte kein einziger Gedanke seine völlige Versenkung: kein Gedanke daran etwa, was er abends fressen würde, ob es überhaupt etwas zum Fressen geben oder wo er schlafen würde. Ich habe noch kein Wesen gesehen, das dem Inbegriff von Kontemplation so nahe kam wie Brownie.

Vielleicht hast du selbst schon einmal Ähnliches erfahren, zum Beispiel bei der Beobachtung eines spielenden Kätzchens, das dich völlig in Anspruch nahm. Das ist ein Weg, um einen Zustand der Versenkung zu erreichen, der auch nicht schlechter ist als andere, die ich kenne: sich völlig der Gegenwart hingeben.

Ein bißchen viel verlangt, in der Tat: jeden Gedanken an die Zukunft fallenlassen, desgleichen jeden Gedanken an die Vergangenheit – im Grunde jeden Gedanken überhaupt –, auch jede Zeitrechnung und völlig in der Gegenwart leben. Dann wird man Versenkung erleben!

Nach Jahren der Schulung bat der Schüler seinen Lehrer, ihm Erleuchtung zu geben. Der Meister führte ihn zu einem Bambushain und sagte:

„Betrachte diesen Bambus hier, wie hoch er ist, und sieh den anderen dort, wie niedrig er ist."

Und in diesem Augenblick wurde der Schüler erleuchtet.

MENSCHLICHER FORTSCHRITT

Der Meister begrüßte die technologischen Fortschritte, war sich aber durchaus ihrer Grenzen bewußt.

Als ihn ein Industrieller fragte, was er arbeite, antwortete er: „Ich bin in der Menschen-Industrie tätig."

„Und was bitte ist das?" fragte der Industrielle.

„Nehmt Euch selbst", sagte der Meister. „Ihr bemüht Euch um die Herstellung besserer Dinge, ich bemühe mich, bessere Menschen hervorzubringen."

Zu seinen Schülern sagte er später: „Ziel des Lebens ist es, Menschen zum Erblühen zu bringen. Heute scheint man mehr damit beschäftigt, Sachen zu perfektionieren."

Ein Wissenschaftler führte dem Meister einen Dokumentarfilm über die Errungenschaften der modernen Naturwissenschaften vor.

„Heute sind wir in der Lage, eine Wüste zu bewässern", triumphierte er, „die Kraft der Niagarafälle zu nutzen, die Zusammensetzung eines weit entfernten Sternes zu ermitteln und den Aufbau eines Atoms zu durchschauen. Unsere Eroberung der Natur wird bald keine weißen Flecken mehr kennen."

Der Meister war beeindruckt, aber nachdenklich. Später sagte er:

„Warum die Natur erobern? Die Natur ist unser Freund. Warum stecken wir diese Energie nicht in die Überwindung des einzigen Feindes des Menschengeschlechts – die Furcht?"

DASEIN FÜR...

Eine Fabel des arabischen Mystikers Sa'di: Unterwegs im Wald sah ein Mann einen Fuchs, der seine Beine verloren hatte. Er wunderte sich, wie das Tier wohl überleben konnte. Dann sah er einen Tiger mit einem gerissenen Wild. Der Tiger hatte sich satt gefressen und überließ dem Fuchs den Rest. Am nächsten Tag ernährte Gott den Fuchs wiederum mit Hilfe des gleichen Tigers. Der Mann war erstaunt über Gottes große Güte und sagte zu sich: „Auch ich werde mich in einer Ecke ausruhen und dem Herrn voll vertrauen, und er wird mich mit allem Nötigen versorgen."

Viele Tage brachte er so zu, aber nichts geschah, und der arme Kerl war dem Tode nahe, als er eine Stimme hörte: „Du da, auf dem falschen Weg, öffne die Augen vor der Wahrheit! Folge dem Beispiel des Tigers und nimm dir nicht länger den behinderten Fuchs zum Vorbild."

Auf der Straße traf ich ein kleines Mädchen, zitternd in einem dünnen Kleid, ohne Hoffnung, etwas Warmes zu essen zu bekommen. Ich wurde zornig und sagte zu Gott: „Wie kannst du das zulassen? Warum tust du nichts dagegen?"

Eine Zeitlang sagte Gott nichts. Aber in der Nacht antwortete er ganz plötzlich: „Ich habe wohl etwas dagegen getan. Ich habe dich geschaffen."

Die Aktivisten waren betroffen, daß der Meister glaube, sie würden weniger Aktion und mehr Licht brauchen.

„Licht wozu?" wollten sie wissen.

„Dazu, was das Leben rundherum ist", sagte der Meister.

„Wir wissen mit Sicherheit, daß das Leben für andere gelebt werden muß", sagten die Aktivisten. „Brauchen wir mehr Licht als das?"

„Ihr brauchtet nur zu begreifen, was das Verhältniswort ‚für' bedeutet", erwiderte der Meister.

UNSICHERHEIT

Jeder hat dann und wann Gefühle, die als Unsicherheit bekannt sind. Sie fühlen sich unsicher wegen der Summe des Geldes, das Sie bei der Bank haben, wegen der Summe der Zuneigung, die Ihnen Ihr Freund zukommen läßt oder wegen der Art Ihrer Ausbildung, die Sie genossen haben. Auch fühlen Sie sich unsicher wegen Ihrer Gesundheit, Ihres Alters, Ihres Aussehens.

Würde man Ihnen die Frage stellen: „Warum fühlen Sie sich denn unsicher?", würden Sie höchstwahrscheinlich die falsche Antwort geben. Sie werden vielleicht sagen: „Ich werde von einem Freund nicht genug geliebt" oder: „Ich habe nicht die akademische Ausbildung, die ich bräuchte", oder etwas Ähnliches. Mit anderen Worten: Sie werden die Aufmerksamkeit auf einen äußeren Umstand lenken und nicht merken, daß Gefühle der Unsicherheit nicht durch etwas verursacht werden, was nicht außerhalb von Ihnen liegt, sondern nur durch Ihre vorgegebenen schematischen Gefühlsabläufe, durch etwas, was Sie sich selbst einreden.

Wenn Sie Ihr Denkschema wechseln, sind Ihre Gefühle der Unsicherheit im Handumdrehen verschwunden, obwohl alles um Sie herum genauso ist wie vorher. Der eine fühlt sich auch ohne Geld auf der Bank ganz sicher, der andere fühlt sich unsicher, obwohl er Millionen besitzt. Nicht die Menge des Geldes, sondern Ihr Denkschema macht den Unterschied. Der eine hat praktisch keine Freunde, ist sich aber der Liebe der Menschen völlig sicher. Ein anderer fühlt sich selbst bei der besitzergreifendsten und ausschließlichsten Beziehung unsicher. Wieder bildet das Denkschema den Unterschied.

UMDENKEN – ABHILFE I / II

Wenn Sie Ihre Gefühle der Unsicherheit bekämpfen möchten, kann ich Sie hier mit vier Tatsachen vertraut machen, die Sie aufmerksam zur Kenntnis nehmen und bedenken sollten.

Erstens: Es ist zwecklos, Ihre Gefühle der Unsicherheit dadurch zu beruhigen, daß Sie die außerhalb von Ihnen liegenden Umstände zu ändern versuchen. Ihre Bemühungen können Erfolg haben, obwohl das meistens nicht der Fall ist. Die Bemühungen führen vielleicht zu einer gewissen Erleichterung, doch sie wird von kurzer Dauer sein. Es lohnt also nicht die Energie und Zeit, die Sie dafür verwenden, um zum Beispiel Ihr Aussehen zu verändern, mehr Geld zu verdienen oder von Ihren Freunden weitere Bestätigungen der Liebe zu erhalten.

Der zweite Punkt sollte Sie dazu führen, das Problem dort anzupacken, wo es in Wirklichkeit liegt: in Ihrem Kopf. Denken Sie an Menschen, die in genau derselben Lage sind wie Sie und dabei nicht die geringste Unsicherheit empfinden. Solche Menschen gibt es. Deshalb liegt das Problem nicht in der Wirklichkeit außerhalb von ihnen, sondern in Ihnen, bei Ihren Denkschemata.

Dem Meister schien es völlig gleichgültig zu sein, was die Menschen von ihm dachten. Als die Schüler fragten, wie er diese Stufe innerer Freiheit erreicht habe, lachte er laut und sagte: „Bis ich zwanzig war, kümmerte es mich nicht, was die Leute von mir dachten. Nach meinem zwanzigsten Lebensjahr fragte ich mich ständig, was wohl meine Nachbarn von mir hielten. Als ich dann einen Tag älter als fünfzig war, erkannte ich plötzlich, daß sie kaum je überhaupt an mich dachten."

ABSTAND – ABHILFE III

Als drittes müssen Sie begreifen, daß Sie Ihre Denkschemata aus der Unsicherheit anderer übernommen haben, als Sie noch sehr jung und leicht zu beeindrucken waren. Diese Menschen lehrten Sie durch ihr Verhalten und ihre panischen Reaktionen, daß Sie jedesmal in sich einen Gefühlssturm der Unsicherheit losbrechen lassen müssen, sobald die äußere Welt nicht mit bestimmten Mustern übereinstimmt. Und daß Sie alles in Ihrer Hand Stehende unternehmen müssen, um die Außenwelt zu ändern: mehr Geld verdienen, mehr Bestätigung erhalten, die Menschen, die Sie beleidigt haben, beschwichtigen und ihnen gefallen und so weiter und so fort, damit die Gefühle der Unsicherheit verscheucht werden.

Die bloße Einsicht, daß Sie das nicht nötig haben, daß es in Wirklichkeit nichts hilft und der Gefühlssturm nur durch Sie und Ihre Kultur hervorgerufen wird, schon diese bloße Einsicht schafft Abstand zu dem Problem und bringt spürbare Erleichterung.

Einem schüchternen Schüler, der selbstbewußt werden wollte, sagte der Meister:

„Du suchst Sicherheit in den Augen anderer und denkst, das sei Selbstbewußtsein."

„Soll ich der Meinung anderer also kein Gewicht beimessen?"

„Im Gegenteil: wäge alles, was sie sagen ab, aber laß dich nicht davon gängeln."

„Wie kann man dem entkommen?"

„Wie kann man einem Irrglauben entkommen?"

GANZ IN DER GEGENWART – ABHILFE IV

Immer wenn Sie darüber Unsicherheit befällt, was in der Zukunft passieren mag, denken Sie an folgendes: Im letzten Halbjahr oder Jahr waren Sie sehr unsicher wegen Ereignissen, die Sie dann, wenn sie schließlich eintraten, doch irgendwie bewältigen konnten. Und dies dank der Energie und den Möglichkeiten, die Ihnen die jeweilige Situation gab, und nicht wegen der vorausgegangenen Sorgen, durch die Sie nur nutzlos litten und in Ihren Gefühlen geschwächt wurden.

Sagen Sie sich deshalb: „Wenn es irgend etwas geben sollte, das ich gerade jetzt für die Zukunft tun kann, dann werde ich es auch tun. Dabei lasse ich es dann bewenden und erfreue mich an dem jetzigen Augenblick, denn meine Lebenserfahrung hat mir gezeigt, daß ich mich einer Situation nur stellen kann, wenn sie tatsächlich da ist, nicht bevor sie eintritt. Immer noch hat mir die Gegenwart die Möglichkeiten und die Energie gegeben, die ich brauche, um mit ihr fertig zu werden."

Die Gefühle der Unsicherheit werden nur dann endgültig verschwinden, wenn Sie die gepriesene Fähigkeit der Vögel des Himmels und der Lilien auf dem Feld erworben haben, ganz und gar in der Gegenwart zu leben, Augenblick für Augenblick. Der jetzige Augenblick, und sei er noch so schmerzlich, ist niemals unerträglich. Was nicht zu ertragen ist, ist das, worüber Sie sich Gedanken machen, was wohl in fünf Stunden oder in fünf Tagen passieren mag; auch solche Worte, die Ihnen ständig durch den Kopf gehen, wie: „Das ist schrecklich, das ist unerträglich, wie lange soll das denn noch dauern" und so weiter.

INS HEUTE KOMMEN

Warum haben Sie denn Angst? Können Sie mit all Ihren Ängsten Ihr Leben auch nur um den kürzesten Augenblick verlängern? Warum sich wegen des Morgen beunruhigen? Gibt es ein Leben nach dem Tod? Werde ich nach dem Tod weiterleben? Warum sich mit dem Morgen plagen? *Kommen sie ins Heute.*

Jemand sagte einmal: „Das Leben ist etwas, das uns widerfährt, während wir damit beschäftigt sind, andere Pläne zu schmieden." Das ist tragisch. Leben Sie den gegenwärtigen Augenblick. Es ist eine der Ansichten, zu der Sie gelangen werden, wenn Sie wach geworden sind. Sie werden erkennen, daß Sie in der Gegenwart leben und jeden Augenblick zu schätzen wissen.

Was nützt ein Meister?" fragte jemand.

Sagte der Schüler: „Dich zu lehren, was du immer gewußt hast, und dir zu zeigen, was du immer gesehen hast."

Als dies den Besucher verwirrte, rief der Schüler:

„Ein Künstler lehrte mich mit seinen Gemälden den Sonnenuntergang sehen. Der Meister lehrte mich durch seine Ausführungen, die Wirklichkeit jedes Augenblicks zu sehen."

DEN TON GEFUNDEN

Wenn Sie leben wollen, dürfen Sie keinen ständigen Aufenthalt haben. Sie dürfen keinen Ort haben, an dem Sie sich ausruhen können. Sie müssen mit dem Leben weiterfließen. Der große Konfuzius sagte: „Wer dauerhaftes Glück will, muß sich stets verändern." Fließen Sie. Aber wir schauen immer wieder zurück, nicht wahr? Wir klammern uns an Vergangenheit und Gegenwart. „Wer seine Hand an den Pflug legt, darf nicht zurückschauen."

Möchten Sie eine Melodie oder eine Sinfonie hören, dann geben Sie sich doch nicht mit ein paar Takten zufrieden! Machen Sie doch nicht nach ein paar Noten Schluß! Lassen Sie sie weiterklingen und weiterfließen. Der volle Genuß einer Sinfonie liegt in Ihrer Bereitschaft, alle Töne klingen und vorbeiströmen zu lassen. Wenn Sie jedoch eine bestimmte Stelle ganz besonders schön finden würden und das Orchester bäten: „Bitte, spielt nur diese Stelle!", dann wäre das keine Sinfonie mehr.

Kennen Sie die Sage von Nasrudin, dem alten Mullah, eine legendäre Gestalt, die die Griechen, Türken und Perser für sich beanspruchen. Er brachte seine geistlichen Lehren in die Form meist humorvoller Geschichten. Sie handeln immer von Nasrudin selbst.

Eines Tages zupfte Nasrudin auf einer Gitarre, spielte dabei aber immer denselben Ton. Nach einer Weile versammelte sich eine Menge Leute um ihn (das Ganze trug sich auf dem Markplatz zu).

Da fragte einer der Männer, die ihm zuhörten: „Du spielst ja einen schönen Ton, Mullah, aber warum nimmst du nicht ein paar andere dazu, wie die anderen Musiker?"

„Diese Narren", antwortete Nasrudin, „sie *suchen* den richtigen Ton, ich habe ihn *gefunden*."

ÖFFNE DIE AUGEN

Ist Erleuchtetsein einfach oder schwierig?"

„Es ist so einfach und so schwierig wie: zu sehen, was gerade vor deinen Augen ist."

„Wie kann es schwierig sein, zu sehen, was gerade vor meinen Augen steht?"

Der Meister antwortete mit der folgenden Anekdote:

Ein Mädchen empfing seinen Freund mit den Worten:

„Fällt dir etwas an mir auf?"

„Ein neues Kleid?"

„Nein!"

„Neue Schuhe?"

„Nein. Etwas anderes."

„Ich gebe auf."

„Ich trage eine Gasmaske."

Was ist der größte Feind der Erleuchtung?

„Angst."

„Und woher kommt Angst?"

„Aus der Einbildung."

„Und was ist Einbildung?"

„Zu denken, daß die Blumen neben dir giftige Schlangen seien."

„Wie soll ich Erleuchtung erreichen?"

„Öffne deine Augen und sieh!"

„Was?"

„Daß keine einzige Schlange in der Nähe ist."

Der Meister pflegte über jene Schüler zu lachen, die endlos überlegten, ehe sie sich zu etwas entschlossen.

Er charakterisierte sie so: „Leute, die *alles* bedenken, ehe sie einen Schritt tun, werden ihr Leben auf einem Bein verbringen."

DIE EINFACHEN DINGE DES LEBENS

Leider haben sich die Menschen irgendwie verrannt, sie werden immer abhängiger, da sie die schönen Dinge des Lebens nicht zu genießen verstehen.

In den siebziger Jahren appellierte Präsident Carter an die Amerikaner, den Gürtel enger zu schnallen. Dabei dachte ich mir: Er sollte nicht an sie appellieren, mehr zu sparen, sondern sie daran erinnern, das, was sie haben, mehr zu genießen. Ich glaube, die meisten Menschen in reichen Ländern haben das verlernt. Sie brauchen immer teurere technische Spielereien, sie können sich nicht an den einfachen Dingen des Lebens erfreuen. Wohin man geht, ob im Supermarkt oder in Wartesälen, ertönt die schönste Musik, aber ich habe noch keinen getroffen, der ihr je gelauscht hätte – keine Zeit, keine Zeit. Sie sind schuldig, sie haben keine Zeit, das Leben zu genießen. Sie sind überlastet: weiter, weiter.

Wenn Sie das Leben und die einfachen Sinnesfreuden wirklich genießen würden – Sie wären überrascht. Sie würden die außergewöhnliche Disziplin eines Tieres entwikkeln. Ein Tier ißt niemals zuviel, in seiner natürlichen Umgebung wird es nie zu dick. Es wird niemals etwas essen oder trinken, das seiner Gesundheit schaden könnte: Sie würden nie ein Tier Zigaretten rauchen sehen. Es bewegt sich soviel, wie es braucht – beobachten Sie einmal Ihre Katze nach ihrer Mahlzeit, sehen Sie, wie sie sich ausruht und wie sie mit einem Sprung wieder in Aktion ist, sehen Sie, wie geschmeidig ihre Glieder und wie lebendig ihr Körper ist. Das haben wir verloren. Wir sind nur noch kopfgesteuert, haben uns in unseren Ideen und Idealen verloren, und ständig heißt es: weiter, weiter. Auch stehen wir in einem inneren Konflikt, den Tiere nicht haben. Wir machen uns selbst immer wieder Vorwürfe und plagen uns mit Schuldgefühlen. Sie werden wissen, wovon ich spreche.

SEPTEMBER

Zu Bewußtsein kommen

EIN WORT DER WEISHEIT

Obgleich der Meister an diesem Tag Schweigen hielt, bat ihn ein Reisender um ein Wort der Weisheit, das ihn auf seiner Lebensreise begleiten sollte.

Der Meister nickte freundlich, ergriff ein Blatt Papier und schrieb darauf ein einziges Wort: „Bewußtheit."

Der Besucher war verblüfft. „Das ist zu kurz. Könntet Ihr es etwas näher ausführen?"

Der Meister nahm das Blatt zurück und schrieb: „Bewußtheit, Bewußtheit, Bewußtheit."

„Aber was *bedeuten* diese Worte?" fragte der Fremde ratlos.

Der Meister griff wieder nach dem Papier und schrieb: „Bewußtheit, Bewußtheit, Bewußtheit bedeutet BEWUSSTHEIT."

Ein Philosoph, dem nicht ganz klar war, was der Meister mit dem Wort „Bewußtheit" meinte, bat ihn um eine Begriffserklärung.

„Es läßt sich nicht definieren", sagte der Meister.

„Ist es Denken?"

„Keine Begriffe und Reflexionen", sagte der Meister, „sondern die Weise zu denken in Augenblicken großer Gefahr, wenn dein Gehirn wie gelähmt aussetzt – oder in Augenblicken großer Inspiration."

„Und was für eine Weise des Denkens ist das?"

„Denken mit deinem ganzen Sein, mit Körper, Verstand, deiner Existenz", erwiderte der Meister.

WAS IST DAS?

Was muß man tun, um erleuchtet zu werden?" fragten die Schüler.

Der Meister antwortete: „Ihr müßt herausfinden, was das ist:

Es fällt ins Wasser
und schlägt keine Wellen,
huscht durch die Zweige
und gibt keinen Laut,
betritt Wiese und Feld
und berührt keinen Halm."

Nach wochenlangem fruchtlosem Überlegen sagten die Schüler:

„Was ist das für ein Ding?"
„Ding", sagte der Meister, „es ist keineswegs ein Ding."
„Dann ist es nichts?"
„Man könnte so sagen."
„Wie sollen wir dann danach suchen?"
„Sagte ich, daß ihr danach suchen sollt? Es läßt sich finden, kann aber niemals gesucht werden. Sucht, und ihr werdet fehlgehen."

Eines Tages wirst du begreifen, daß du nach dem suchst, was du schon hast", sagte der Meister zu einem eifrigen Schüler.

„Warum sehe ich es dann nicht jetzt?"
„Weil du dich darum bemühst."
„Muß ich mich also nicht anstrengen?"
„Wenn du dich entspannst und ihm Zeit läßt, wird es sich selbst zu erkennen geben."

LEER SEIN

Einem Schüler, der sich derartig um Erleuchtung bemühte, daß er körperlich hinfällig wurde, sagte der Meister: „Ein Lichtstrahl kann ergriffen werden – aber nicht mit deinen Händen. Erleuchtung kann erreicht werden – aber nicht durch deine Anstrengungen."

Der erstaunte Schüler sagte: „Aber rietet Ihr mir nicht, ich sollte streben, leer zu werden? Das versuche ich doch."

„Du bist also jetzt *voller* Anstrengung, leer zu sein!" sagte der Meister lachend.

Warum sind viele Leute nicht erleuchtet?"

„Weil sie nicht die Wahrheit suchen, sondern das, was ihnen paßt", sagte der Meister.

Und er machte das an einer Sufi-Geschichte deutlich:

Ein Mann, der in Geldnot war, versuchte einen rauhen Teppich auf der Straße zu verkaufen. Der erste Passant, dem er ihn anbot, sagte: „Das ist ein grober Teppich und sehr abgenutzt." Und er kaufte ihn zu einem billigen Preis.

Eine Minute später sagte dieser Käufer zu einem anderen Mann, der gerade vorbeikam: „Hier ist ein Teppich, weich wie Seide, Herr; keiner kommt ihm gleich."

Sagte ein Sufi, der alles beobachtet hatte: „Bitte, lieber Teppichverkäufer, stecke mich in deinen Zauberkasten, der einen rauhen Teppich in einen glatten verwandeln kann und einen Kiesel in einen Edelstein."

„Der Zauberkasten", fügte der Meister hinzu, „heißt natürlich Eigennutz: das wirksamste Instrument der Welt, um die Wahrheit in einen Betrug umzukehren."

MECHANISCH

Es gibt nichts Schöneres, als bewußt zu leben. Oder würden Sie lieber in Dunkelheit leben? Würden Sie lieber handeln und sich Ihres Tuns nicht bewußt sein, sprechen und sich Ihrer Worte nicht bewußt sein? Würden Sie lieber Menschen zuhören und sich nicht bewußt sein, was Sie hören, Dinge sehen und sich nicht bewußt sein, was Sie betrachten?

Sokrates sagte: „Das unbewußte Leben ist es nicht wert, gelebt zu werden." Eine selbstverständliche Wahrheit. Die meisten Menschen leben nicht bewußt. Sie leben mechanisch, denken mechanisch – im allgemeinen die Gedanken anderer –, fühlen mechanisch, handeln mechanisch, reagieren mechanisch.

Wollen Sie sehen, wie mechanisch Sie wirklich sind? „Oh, tragen Sie aber ein hübsches Hemd." Es tut Ihnen gut, so etwas zu hören. Allein wegen einem Hemd, nicht zu glauben! Sie sind stolz auf sich, wenn Sie so etwas hören.

Es kommen Menschen in mein Zentrum in Indien und sagen: „Was für ein schöner Ort, diese schönen Bäume" (für die ich überhaupt nicht verantwortlich bin), „dieses herrliche Klima!" Und schon fühle ich mich gut, bis ich mich dabei erwische, daß mir das gut getan hat und ich mir sage: „Kannst du dir so etwas Dummes vorstellen?" Ich bin doch nicht für diese Bäume verantwortlich und habe auch nicht diesen Ort ausgesucht, sowenig wie ich das Wetter bestellt habe; es ist einfach so. Aber ich fühle mich angesprochen, also tut es mir gut. Ich bin stolz auf „meine" Kultur und „mein" Volk. Wie dumm kann man noch werden? Wirklich wahr!

WAS TUN?

Was muß ich tun, um Erleuchtung zu erlangen?"
„Nichts."
„Warum nicht?"
„Weil Erleuchtung nicht aus dem Tun kommt – sie geschieht."
„Dann kann sie nie erreicht werden?"
„O doch, das kann sie."
„Wie?"
„Durch Nichtstun."
„Und was soll man tun, um zum Nichtstun zu gelangen?"
„Was *tut* man, um einzuschlafen oder aufzuwachen?"

Denjenigen Schülern, die naiv darauf vertrauten, daß sich nichts erreichen läßt ohne den entschiedenen Willen dazu, konnte der Meister sagen: „Die besten Dinge im Leben können nicht durch Willenskraft Wirklichkeit werden."

„Du kannst mit Willenskraft Essen in deinen Mund stecken, aber nicht mit Willenskraft Appetit bekommen. Du kannst dich mit Willenskraft ins Bett legen, aber nicht mit Willenskraft einschlafen. Du kannst mit Willenskraft jemandem ein Kompliment machen, aber nicht mit Willenskraft Bewunderung wecken. Du kannst mit Willenskraft ein Geheimnis mitteilen, aber nicht mit Willenskraft Vertrauen schaffen. Du kannst mit Willenskraft einen Dienst erweisen, aber nicht mit Willenskraft Liebe schenken."

TÜREN

Neuankömmlingen pflegte der Meister zu sagen: „Klopft an, und die Tür wird euch aufgetan."

Einigen von ihnen sagte er später hinter vorgehaltener Hand: „Wie sollte eurer Meinung nach die Tür geöffnet werden, wenn sie nie geschlossen war?"

Was soll die Tür unter Ihrem Arm?"

„Es ist die Eingangstür meines Hauses. Ich habe den Schlüssel verloren und nehme sie mit, um mir einen neuen Schlüssel machen zu lassen."

„Passen Sie auf, daß Sie jetzt nicht noch die Tür verlieren, sonst kommen Sie nicht mehr in Ihr Haus hinein."

„Für alle Fälle habe ich ein Fenster offen gelassen."

Warum erlangen die meisten Menschen keine Erleuchtung?" fragte jemand den Meister.

„Weil sie als Verlust ansehen, was tatsächlich ein Gewinn ist."

Dann erzählte er von einem Bekannten, der ein Geschäft eröffnete, das bald florierte. Die Kundschaft strömte den ganzen Tag.

Als der Meister dem Kaufmann zu dem Erfolg gratulierte, erwiderte dieser besorgt: „Sehen Sie die Dinge doch ganz realistisch und schauen Sie sich nur einmal die Ladentüren an. Wenn sie so viele Leute ständig auf- und zumachen, muß ich die Türangeln bald erneuern lassen."

VERÄNDERT

Ein Maharadscha befand sich auf hoher See, als ein schwerer Sturm losbrach. Einer der Sklaven an Bord begann vor Angst zu schreien und zu jammern, denn er war noch nie zuvor auf einem Schiff gewesen. Er schrie so laut und ausdauernd, daß die Passagiere ärgerlich wurden und der Maharadscha den Mann ins Meer werfen wollte.

Aber sein Hauptratgeber war ein Weiser. Er sagte: „Nein. Laßt mich mit dem Mann verhandeln. Ich denke, ich kann ihn kurieren."

Er befahl einem Matrosen, den Mann ins Wasser zu werfen. Der arme Sklave begann in den hohen Wellen zu schreien und wild um sich zu schlagen. Einige Sekunden später ließ der Weise ihn wieder an Bord hieven.

Wieder im Trockenen, lag der Sklave in einer Ecke und gab keinen Laut mehr von sich. Als der Maharadscha seinen Ratgeber nach dem Grund fragte, antwortete dieser: „Wir merken erst, wie gut es uns geht, wenn sich die Lage verschlechtert."

Ein großer und törichter König beklagte sich, daß der unebene Boden seinen Füßen Schmerz bereite, also befahl er, das ganze Land mit Kuhhäuten auszulegen.

Der Hofnarr lachte, als der König ihm von seinem Befehl erzählte. „Was für eine total verrückte Idee, Euer Majestät!" rief er. „Warum diese unnütze Ausgabe? Laßt Euch einfach zwei kleine Flecken Kuhhaut zurechtschneiden, um Eure Füße zu schützen!"

Das tat der König, und damit waren die Schuhe erfunden.

Erleuchtete wissen, nicht die Welt muß verändert werden, um den Schmerz zu verbannen, sondern dein Herz.

WIRKLICH NICHTS?

Die Schüler fanden sich niemals mit der Lehre des Meisters vollständig ab, daß man nichts zu *tun* brauchte, um sich zu ändern oder erleuchtet zu sein.

„Was kannst du *tun*, um Dunkelheit zu zerstreuen?" konnte er sagen. „Dunkelheit ist die Abwesenheit von Licht; das Böse die Abwesenheit von Bewußtheit. Was ist gegen eine Abwesenheit zu *tun*?"

Gibt es wirklich nichts, womit Erleuchtung zu erlangen ist?"

„Schon", sagte der Meister scherzhaft, „du kannst es wie die alte Frau machen, die sich gegen die Waggonwand stemmte, um die Geschwindigkeit des Zuges zu beschleunigen."

Der Prediger bestritt leidenschafltich die Lehre des Meisters, daß es nichts gebe, was wir tun könnten, um erleuchtet zu werden.

Sagte der Meister: „Aber du bist es doch, oder nicht, der predigt, daß alles ein Geschenk Gottes ist, daß all unser Gutsein seine Gnade ist?"

„Ja, aber ich sage auch, daß Gott unsere Mitarbeit verlangt."

„Ach, wie der Mann, der Holz hackte und seinen kleinen Sohn bat, er möchte ihm helfen und ihm das Stöhnen abnehmen", sagte der Meister vergnügt.

WEGWEISUNG

Im Land der Erleuchtung ist dein erlerntes Können sowenig gefragt wie ein Unterhaltungsclub bei einer modernen Kriegsführung", sagte der Meister.

Und zur Erklärung dieser Feststellung schloß der Meister die Geschichte von einer Schülerin an, die eine aus Lettland geflohene junge Frau als Hausgehilfin angestellt hatte und bald zu ihrem Schrecken feststellen mußte, daß das Mädchen weder mit dem Staubsauger noch mit der Küchenmaschine noch mit der Waschmaschine umgehen konnte.

„Was kannst du denn?" fragte sie verzweifelt.

Die junge Frau strahlte voller Stolz und sagte: „Ich kann ein Rentier melken."

Was lehrt dein Meister?" fragte ein Besucher.

„Nichts", sagte der Schüler.

„Warum hält er dann Vorlesungen?"

„Er weist nur den Weg, er lehrt nichts."

Der Besucher konnte das nicht begreifen, deswegen erläuterte es der Schüler näher: „Wenn der Meister uns lehrte, würden wir aus seinen Lehren Glaubenssätze machen. Dem Meister geht es nicht darum, was wir glauben – nur darum, was wir sehen."

Der alte Rabbi war blind geworden und konnte weder lesen noch seine Besucher anblicken.

Ein Gesundbeter sagte zu ihm: „Vertrau dich mir an, und ich werde deine Blindheit heilen."

„Das ist nicht nötig", erwiderte der Rabbi. „Ich kann alles sehen, was ich sehen muß."

Nicht jeder, dessen Augen geschlossen sind, schläft.
Und nicht jeder kann sehen, dessen Augen offen sind.

DIE EIGENE SCHATZKAMMER

Der Meister fragte einen Schüler, der von weit her zu ihm kam: „Was suchst du?"

„Erleuchtung."

„Du hast deine eigene Schatzkammer. Warum suchst du draußen?"

„Wo ist meine Schatzkammer?"

„Es ist das Verlangen, das dich überkommen hat."

In diesem Augenblick wurde der Schüler erleuchtet. Jahre später pflegte er seinen Freunden zu sagen: „Öffnet eure eigene Schatzkammer und erfreut euch eurer Schätze."

Die Schüler suchten Erleuchtung, wußten aber nicht, was das war oder wie sie zu erlangen war.

Sagte der Meister: „Sie kann nicht erreicht werden, ihr könnt sie nicht erlangen."

Als er sah, wie niedergeschlagen die Schüler waren, sagte der Meister: „Seid nicht betrübt. Ihr könnt sie auch nicht verlieren."

Und bis zum heutigen Tage sind die Schüler auf der Suche nach etwas, das weder verloren noch gewonnen werden kann.

Die Schülerin hatte Geburtstag.

„Was möchtest du als Geburtstagsgeschenk?" fragte der Meister.

„Etwas, das mir Erleuchtung bringt", sagte sie.

Der Meister lächelte. „Sag mir, meine Liebe", sagte er, „als du geboren wurdest, kamst du *in* die Welt wie ein Stern vom Himmel oder *aus* ihr wie ein Blatt von einem Baum?"

Den ganzen Tag dachte sie über die seltsame Frage des Meisters nach. Dann sah sie plötzlich die Antwort und fiel in Erleuchtung.

VERLERNEN

Der Meister bestand darauf, was er lehre, sei nichts, und was er tue, gleichfalls nichts.

Seine Schüler entdeckten allmählich, daß Weisheit sich bei jenen einstellt, die nichts lernen, die alles verlernen.

Diese Umwandlung ist nicht die Folge von etwas, das man getan hat, sondern von etwas, das man aufgegeben hat.

Dem Meister gefiel es stets, wenn Menschen ihre Unwissenheit zugaben.

„Weisheit wächst gewöhnlich im Verhältnis zum Bewußtsein der eigenen Unwissenheit", behauptete er.

Als er um eine Erklärung gebeten wurde, sagte er: „Wenn ihr einseht, daß ihr heute nicht so weise seid, wie ihr gestern geglaubt habt zu sein, dann seid ihr heute weiser."

Warum bist du zum Meister gekommen?"

„Weil mein Leben nirgendwohin verlief und mir nichts gab."

„Und wohin verläuft es jetzt?"

„Nirgendwohin."

„Und was gibt es dir jetzt?"

„Nichts."

„Was ist dann der Unterschied?"

„Jetzt gehe ich nirgendwohin, weil nirgendwo hinzugehen ist. Ich erhalte nichts, weil nichts zu begehren ist."

DER GEHEIME AKT

Der Schüler war ein Buddhist. „Was ist der Geist des Buddha?" fragte er.

„Warum fragst du nicht nach deinem eigenen Geist oder eigenen Ich statt nach dem eines anderen?"

„Was ist denn mein Ich, o Meister?"

„Dazu mußt du lernen, was als ,der geheime Akt' bekannt ist."

„Was ist der geheime Akt?"

„Dies", sagte der Meister, während er seine Augen schloß und wieder öffnete.

Eines Tages bat ein Journalist den Meister, etwas zu nennen, was die moderne Welt charakterisiere.

Ohne Zögern antwortete der Meister: „Die Menschen wissen jeden Tag mehr und mehr über den Kosmos und immer weniger über sich selbst."

Und zu einem Astronomen, der ihn mit den Wundern der modernen Astronomie faszinierte, sagte der Meister plötzlich: „Das seltsamste aller der Millionen seltsamer Objekte im Universum – den schwarzen Löchern und Quasaren und Pulsaren – ist fraglos das Selbst."

Im Land brach eine große religiöse Verfolgung aus, und die drei Säulen der Religion: die Heilige Schrift, der Gottesdienst und die Nächstenliebe traten vor Gott, um ihrer Sorge Ausdruck zu geben, daß sie nicht länger bestehen würden, wenn die Religion vernichtet wäre.

„Keine Sorge", sagte der Herr, „ich plane, Einen auf die Erde zu schicken, der größer ist als ihr alle."

„Wie heißt dieses Große Wesen?"

„Selbsterkenntnis", sagte Gott. „Sie wird größere Dinge vollbringen, als je einer von euch vollbracht hat."

ERKENNUNGSZEICHEN

Woran ist Erleuchtetsein zu erkennen?"

„Daran, daß der Erleuchtete, sobald er das Böse erkannt hat, es nicht mehr tun kann", sagte der Meister. Und er fügte hinzu: „Und er kann auch nicht mehr in Versuchung geführt werden. Alle anderen sind Betrüger."

Daraufhin erzählte er die Geschichte von einem Schmuggler, der aus Furcht vor einer Polizeistreife zu einem heiligmäßigen Mönch ging und ihn bat, irgendwelche Schmuggelware in seinem Kloster zu verstecken, da ihn niemand wegen seiner allgemein bekannten Heiligkeit verdächtigen würde.

Der Mönch zeigte sich empört und verlangte, daß der Mann das Kloster sofort verlassen sollte.

„Ich werde dir hunderttausend Dollar für deine Freundlichkeit geben", sagte der Schmuggler.

Der Mönch zögerte ein wenig, bevor er nein sagte.

„Zweihunderttausend." Der Mönch weigerte sich beharrlich.

„Fünfhunderttausend." Der Mönch hielt sich an seinem Stab fest und schrie heraus: „Verschwinde sofort! Du bist zu nahe an meinen Preis gekommen."

EIN HINDERNIS

Einem Philosophen, der wissen wollte, warum Cleverneß ein Hindernis für Erleuchtung ist, erzählte der Meister diese Geschichte:

Nur drei Passagiere – Kluger Kopf, ein Pfadfinder und ein Bischof – waren im Flugzeug, als die Triebwerke aussetzten und der Pilot dazu aufforderte, auszusteigen. Doch nur drei Fallschirme waren vorhanden, von denen er einen für sich selbst beanspruchte. Die drei Fluggäste sollten selbst entscheiden, welche von ihnen sich mit den zwei anderen retten dürften. Der Kluge Kopf sagte: „Da ich für mein Land unentbehrlich bin, halte ich es für selbstverständlich, daß mir ein Fallschirm zusteht." Er griff zu und sprang aus dem Flugzeug.

Der Bischof sah den Pfadfinder an und sagte: „Mein Sohn, ich habe ein langes Leben hinter mir, so halte ich es für richtig, daß du den letzten Fallschirm bekommst. Ich bin bereit zu sterben."

„Das ist gar nicht nötig, Herr Bischof", sagte der Pfadfinder. „Hier sind doch zwei Fallschirme. Der Kluge Kopf ist mit meinem Rucksack abgesprungen."

Fügte der Meister hinzu: „Cleverneß läßt der Bewußtheit gewöhnlich keinen Platz."

Ein Elefant brach aus einer Herde aus und stürmte über eine kleine Holzbrücke, die einen Abgrund überspannte.

Die altersschwache Brücke zitterte und ächzte unter dem Gewicht des Elefanten.

Als er glücklich auf der anderen Seite war, rief ein Floh, der sich in einem Ohr des Elefanten niedergelassen hatte, hochzufrieden: „Junge, Junge, die Brücke haben wir ganz schön wackeln lassen!"

HINAUSTRAGEN ODER AUFWECKEN?

Es wird erzählt, daß in einem Haus Feuer ausbrach, während ein Bewohner fest schlief.

Man versuchte, ihn durch das Fenster hinauszutragen. Unmöglich. Man versuchte, ihn durch die Tür zu tragen. Unmöglich, er war einfach zu groß und zu schwer.

Man wußte sich keinen Rat mehr, bis jemand vorschlug: „Weckt ihn doch, dann wird er allein hinausgehen."

Nur um Schläfer und Kinder sollte man sich kümmern. – Wacht auf! Oder werdet erwachsen!

Auf einer Party in Japan wurde einem Besucher ein beliebtes japanisches Getränk angeboten. Nach dem ersten Glas merkte er, wie die Möbel im Zimmer schwankten.

„Das ist aber ein starkes Getränk", sagte er zu seinem Gastgeber.

„Gar nicht so besonders", erwiderte dieser, „wir haben bloß gerade ein Erdbeben."

Ein ängstlicher Tourist fürchtete, zu nahe an den Klippenrand zu kommen. „Was soll ich machen, wenn ich hinunterfalle?" fragte er den Führer.

Der sagte voller Begeisterung: „In diesem Falle, Sir, sollten sie unbedingt nach rechts blicken. Die Aussicht wird Ihnen gefallen."

Natürlich nur, wenn auch Sie erleuchtet sind!

UMDENKEN

Viele Menschen haben negative Gefühle und sind sich dessen nicht bewußt. Viele Leute sind frustriert und sind sich ihrer Frustration nicht bewußt. Erst wenn sie die Freude kennengelernt haben, geht ihnen auf, wie frustriert sie waren. Unentdeckten Krebs kann man nicht behandeln. Kornwürmer lassen sich nicht aus einer Scheune vertreiben, wenn nicht bekannt ist, daß es sie dort gibt.

Zuerst muß man sich also seiner negativen Gefühle bewußt werden. Was sind das für negative Gefühle? Schwermütigkeit, zum Beispiel. Sie sind verzweifelt und niedergeschlagen; Sie können sich selbst nicht mehr leiden oder fühlen sich schuldig. Sie meinen, das Leben sei witzlos, es habe einfach keinen Sinn; Ihre Gefühle wurden verletzt, Sie fühlen sich nervös und angespannt...

Diese negativen Gefühle gibt es nur in Ihnen, nicht in der Wirklichkeit. Hören Sie ruhig damit auf, die Wirklichkeit ändern zu wollen. Hören Sie damit auf, andere ändern zu wollen. Wir verwenden unsere ganze Zeit und Kraft auf den Versuch, äußere Umstände verändern zu wollen; unsere Ehefrauen, Chefs, Freunde, Feinde – eben die anderen – umzukrempeln. Wir müssen nichts ändern. Niemand und nichts auf der Welt hat die Macht, Sie unglücklich zu machen, Ihnen zu schaden oder Sie zu verletzen: kein Ereignis, keine Umstände, keine Situation, auch kein anderer Mensch. Aber niemand hat es Ihnen gesagt; vielmehr erzählte man Ihnen das Gegenteil. Vergessen Sie diesen Unsinn. Deswegen haben Sie jetzt diese Probleme; deswegen schlafen Sie. Man hat Sie über diese Selbstverständlichkeit im unklaren gelassen.

UMKEHR

Ein Gespräch zwischen einem kürzlich zu Christus bekehrten Mann und einem ungläubigen Freund:

„Du bist also zu Christus bekehrt worden?" – „Ja."

„Dann mußt du eigentlich gut über ihn Bescheid wissen. Sag mir: In welchem Land wurde er geboren?"

„Das weiß ich nicht."

„Wie alt war er, als er starb?"

„Das weiß ich nicht."

„Wie viele Predigten hat er gehalten?"

„Das weiß ich nicht."

„Du weißt aber wirklich sehr wenig für jemand, der behauptet, zu Christus bekehrt worden zu sein!"

„Du hast recht. Ich schäme mich, so wenig von ihm zu wissen. Aber soviel weiß ich: Noch vor drei Jahren war ich ein Trinker. Ich hatte Schulden. Meine Familie brach auseinander. Meine Frau und Kinder fürchteten sich jeden Abend vor meiner Heimkehr. Aber jetzt habe ich das Trinken aufgegeben; wir haben keine Schulden mehr; wir sind eine glückliche Familie. Meine Kinder erwarten mich ungeduldig jeden Abend. Das alles hat Christus für mich getan. Soviel weiß ich von Christus!"

Wirklich wissen heißt, von diesem Wissen verändert zu werden.

Warum predigst du niemals Reue?" fragte der Prediger.

„Es ist das einzige, was ich lehre", erwiderte der Meister.

„Ich habe dich aber noch nie über das Beklagen der Sünden sprechen hören."

„Reue ist kein Beklagen von Vergangenem. Das Vergangene ist tot und nicht wert, darüber eine Träne zu vergießen. Reue ist eine Umkehr des Geistes und des Herzens: eine radikal andere Sicht der Realität."

TODESBEWUSSTSEIN

Dieses Gleichnis erzählte Buddha seinen Schülern:

Ein Mann traf auf einem Feld einen Tiger. Dieser griff ihn an, und der Mann lief davon. Auf der Flucht kam er an einen Abgrund, stolperte und begann hinunterzurutschen. Er streckte die Hand aus und bekam einen kleinen Erdbeerbaum zu fassen, der an dem Steilhang wuchs.

Dort hing er einige Minuten zwischen dem hungrigen Tiger und dem gähnenden Abgrund, in dem er wohl bald den Tod finden würde.

Plötzlich erspähte er eine saftige Beere an dem Erdbeerbaum. Er hielt sich mit einer Hand an dem Strauch fest, pflückte mit der anderen die Erdbeere und steckte sie in den Mund. Noch nie im Leben hatte ihm eine Erdbeere so süß geschmeckt.

Das Wissen um den Tod gibt dem Leben des Erleuchteten Süße.

Die Schüler saßen am Ufer eines Flusses.

„Wenn ich jetzt den Hang hinunterfalle, muß ich dann ertrinken?" fragte einer der Schüler.

„Nein", sagte der Meister. „Nicht wenn du in den Fluß hineinfällst, mußt du ertrinken; wenn du drin bleibst."

Das war also Ihr erster Flug. Hatten Sie Angst?"

„Ehrlich gesagt, ich wagte nicht, mich mit meinem ganzen Gewicht hinzusetzen."

VERSTANDEN

Ein Schüler sagte zu seinem Guru, daß er einen fernen Ort aufsuchen wolle, um zu meditieren und, wie er hoffte, Erleuchtung zu erlangen. Alle sechs Monate schickte er dem Guru eine Nachricht, um ihn über seine Fortschritte zu unterrichten. So schrieb er im ersten Brief: „Nun verstehe ich, was es heißt, das Selbst aufzugeben." Der Guru zerriß den Brief und warf ihn in den Papierkorb.

Nach sechs Monaten erhielt er die nächste Nachricht, in der es hieß: „Nun besitze ich das Empfinden für alles Lebendige." Auch diesen Brief zerriß er.

Die dritte Nachricht lautete: „Jetzt kenne ich das Geheimnis des Einen und des Vielen." Der Brief wurde zerrissen. So ging es mehrere Jahre, bis schließlich keine Nachricht mehr kam. Nach einiger Zeit regte sich beim Guru die Neugier. Als eines Tages ein Reisender auf dem Weg zu dem fernen Ort war, an dem sich sein Schüler aufhielt, bat der Guru ihn: „Könntest du nicht herausfinden, was aus diesem Mann geworden ist?" Endlich erhielt er einen Brief von seinem Schüler, darin stand: *„Was macht das schon aus?"* Als der Guru das las, rief er laut: „Er hat es geschafft! Er hat es geschafft! Endlich hat er verstanden! Er hat es verstanden!"

Einem Schüler, der seine Grenzen beklagte, sagte der Meister: „Du hast in der Tat deine Grenzen. Aber hast du bemerkt, daß du heute Dinge tun kannst, die du vor fünfzehn Jahren für unmöglich gehalten hättest? Was hat sich geändert?"

„Meine Begabungen haben sich geändert."

„Nein, du hast dich geändert."

„Ist das nicht dasselbe?"

„Nein. Du bist das, wofür du dich hältst. Als sich dein Denken änderte, hast du dich geändert."

MANGEL

Es gibt zu selten Bewußtheit. An diesem Mangel leidet die Welt, nicht an einem Mangel an Religion. Religion soll Mangel an Bewußtheit und Erwachen beheben... Alle Offenbarungen, wie göttlich sie auch sein mögen, können nie mehr sein als ein Fingerzeig zum Mond. So wie wir im Orient sagen: „Wenn der Weise auf den Mond zeigt, sieht der Tor nur den Finger."

Jean Guitton, ein frommer und strenggläubiger französischer Schriftsteller, fügte dem noch einen erschreckenden Kommentar hinzu: „Wir gebrauchen unsere Finger oft, um Augen auszustechen." Ist das nicht schrecklich? Bewußtwerden, Bewußtwerden und noch einmal Bewußtwerden! Darin ist Heilung, Wahrheit, Rettung; im Bewußtwerden ist Spiritualität; Wachstum, Liebe, im Bewußtwerden geschieht das Erwachen.

Ich muß hier über Worte und Begriffe sprechen, denn ich muß Ihnen erklären, warum wir, wenn wir einen Baum betrachten, ihn noch lange nicht sehen. Wir *denken*, daß wir es tun, aber wir tun es nicht. Betrachten wir einen Menschen, sehen wir ihn in Wirklichkeit nicht, wir meinen nur, wir sehen ihn. Wir sehen nur das, was wir uns vorher eingeprägt haben. Wir haben einen Eindruck und betrachten diesen Menschen mit diesem Eindruck. So machen wir es mit beinahe allem.

Wenn Sie das verstehen, verstehen Sie auch, wie schön es ist, sich all dessen bewußt zu sein, was Sie umgibt. Denn dort ist die Wirklichkeit. „Gott", was auch immer das ist, ist dort. Alles ist *dort*.

Der kleine Fisch im Ozean sagt: „Entschuldigen Sie, ich suche den Ozean. Können Sie mir sagen, wo ich ihn finde?" Man kann Mitleid mit ihm haben, nicht wahr?

DER KLEINE FISCH

„Entschuldigung", sagte ein Fisch aus dem Ozean zu einem anderen. „Du bist älter und erfahrener als ich und kannst mir wahrscheinlich helfen. Sag mir, wo kann ich die Sache finden, die man Ozean nennt? Ich habe vergeblich überall danach gesucht."

„Der Ozean", sagte der ältere Fisch, „ist das, worin du jetzt schwimmst."

„Das? Aber das ist ja nur Wasser. Ich suche den Ozean", sagte der jüngere Fisch sehr enttäuscht und schwamm davon, um anderswo zu suchen.

Er kam zu dem Meister im Sannyasi-Gewand. Und er sprach in der Sprache der Sannyasi: „Jahrelang habe ich nun nach Gott gesucht. Ich bin von zu Hause weggegangen und habe überall nach Ihm Ausschau gehalten, wo Er angeblich sein soll: auf Bergesgipfeln, im Herzen der Wüste, in der Stille der Klöster und in den Behausungen der Armen."

„Hast du ihn gefunden?" fragte der Meister.

„Ich wäre ein eitler Lügner, sagte ich ja. Nein, ich habe Ihn nicht gefunden. Und Ihr?"

Was konnte ihm der Meister antworten? Die Abendsonne sandte goldene Strahlen in den Raum. Hunderte von Sperlingen tschilpten vergnügt auf einem nahen Feigenbaum. In der Ferne konnte man Straßenlärm hören. Ein Moskito summte warnend am Ohr, daß er gleich zustechen würde... und doch konnte dieser gute Mann dasitzen und sagen, er hätte Gott nicht gefunden, er würde immer noch nach ihm suchen.

Nach einer Weile verließ er enttäuscht das Zimmer des Meisters, um anderswo weiterzusuchen.

Kleiner Fisch, hör auf zu suchen, es gibt nichts zu suchen. Sei einfach still, öffne die Augen und sieh dich um. Du kannst es nicht übersehen.

DIE GROSSE OFFENBARUNG

Ein Guru versprach einem Gelehrten eine Offenbarung von größerer Bedeutung als alles, was in den Schriften stand. Als der Gelehrte ungeduldig darum bat, sie ihm mitzuteilen, sagte der Guru: „Geh hinaus in den Regen und recke Kopf und Arme himmelwärts. Das wird dir die erste Offenbarung bescheren."

Am nächsten Tag kam der Gelehrte und berichtete. „Ich folgte deinem Rat, und das Wasser floß mir den Nacken hinab. Und ich fühlte mich wie ein vollkommener Narr."

„Findest du nicht", sagte der Guru, „daß das für den ersten Tag schon eine ganz schöne Offenbarung ist?"

Der Dichter Kabir sagt: Was nützt es, wenn der Gelehrte über Worten und Sinn von diesem und jenem nachgrübelt, sein Herz aber nicht durchtränkt ist von Liebe?

Was nützt es, wenn sich der Asket in safrangelbe Kleidung hüllt, aber innerlich farblos ist?

Ein Fallschirmspringer sprang aus einem Flugzeug. Es war windig, so daß der Sturm ihn hundert Meilen von seiner Bahn abtrieb. Sein Schirm verfing sich in einem Baum, und dort hing er nun stundenlang in der Luft und rief um Hilfe.

Schließlich kam jemand vorbei. „Wie sind Sie auf diesen Baum gekommen?" fragte er.

Der Fallschirmspringer sagte es ihm und fragte dann: „Wo bin ich?"

„Auf einem Baum", lautete die Antwort.

„He! Sie müssen ein Philosoph sein!"

Der Fremde war verblüfft. „Ja, das bin ich. Wie kommen Sie darauf?"

„Weil das, was Sie sagten, durchaus richtig ist und dennoch völlig überflüssig."

ERFAHRUNGSERWEITERUNG

Drei weise Männer brachen zu einer Reise auf. In ihrem eigenen Land galten sie als Weise, doch waren sie bescheiden genug, sich von einer Reise weitere Einsicht zu erhoffen.

Gleich jenseits der Grenze zu ihrem Nachbarland sahen sie in der Ferne einen Wolkenkratzer. Sie fragten sich, was dieses riesige Gebilde wohl sein könnte? Die naheliegende Antwort wäre gewesen: hinaufsteigen und herausfinden. Aber nein, das könnte zu gefährlich sein. Angenommen, es wäre etwas, das beim Näherkommen explodierte. Es war weitaus klüger, sich zunächst zu einigen, was es war, ehe man es untersuchte. Verschiedene Theorien wurden erörtert und aufgrund früherer Erfahrungen verworfen. Schließlich wurde bestimmt, ebenfalls aufgrund früherer Erfahrungen, über die sie reichlich verfügten, daß das fragliche Objekt, was immer es sei, nur von Riesen aufgestellt worden sein konnte.

Das führte zu der Folgerung, es wäre besser, dieses Land ganz und gar zu meiden. Also kehrten sie nach Hause zurück und hatten ihren Erfahrungsschatz durchaus bereichert.

Im Sommer 1946 ging in einer Provinz eines südamerikanischen Landes das Gerücht um, eine Hungersnot stehe bevor. Tatsächlich stand das Getreide gut, und vom Wetter her war eher eine Rekordernte zu erwarten. Doch aufgrund dieses Gerüchtes verließen zwanzigtausend Kleinbauern ihre Höfe und flohen in die Städte. Dadurch wurden die Felder nicht abgeerntet, Tausende verhungerten, und das Gerücht über die Hungersnot erwies sich als wahr.

OHNE ZIEL

Manche Leute betrachten die Bewußtheit als einen hoch-
gelegenen Punkt, ein Plateau, jenseits der unmittelbaren
Erfahrung eines jeden Augenblicks. Das macht die Bewußtheit zu einem Ziel. Doch wahre Bewußtheit sucht nichts,
wohin man gehen, nichts, was man erreichen sollte. Wie
kommen wir zu dieser Bewußtheit? Durch Bewußtheit.

Wenn manche sagen, sie wollten wirklich jeden Moment
erfahren, meinen sie schon Bewußtheit, ausgenommen dieses „wollen". Man kann Bewußtheit nicht erfahren wollen;
sie tritt ein oder tritt nicht ein...

Es mag in einer Kultur seltsam klingen, die uns dazu erzogen hat, Ziele zu erreichen, weiterzukommen, wenn es auch
in Wirklichkeit gar nichts gibt, wohin man gehen könnte, da
wir bereits dort sind. Ein japanisches Sprichwort bringt das
schön zum Ausdruck: „An dem Tag, an dem du zu reisen
aufhörst, wirst du angekommen sein."

Sie sollten die Einstellung haben: „Ich möchte bewußt
leben, ich möchte mit allem in Verbindung sein, was geschieht, und es geschehen lassen, was immer es sei; bin ich
wach, ist es gut; schlafe ich, ist es auch gut." Sobald Sie es
sich zum Ziel setzen und versuchen, es zu *erreichen*, erwarten Sie ein Lob Ihres Egos, eine Bestätigung Ihres Egos. Sie
möchten das gute Gefühl, daß Sie es *geschafft* haben. Wann
Sie es „schaffen" werden, wissen Sie nicht.

Jemand fragte den Meister nach dem Sinn eines Satzes, den
er gehört hatte: „Der erleuchtete Mensch reist, ohne sich
fortzubewegen."

Sagte der Meister: „Setz dich jeden Tag an dein Fenster
und beobachte, wie die Szene im Garten hinter deinem
Haus ständig wechselt, während die Erde dich auf ihrer Jah-
resreise rund um die Sonne trägt."

SCHMECKEN UND FÜHLEN

Mit Menschen, die aufgrund von Selbsthaß und Unzufrie-
denheit mit sich selbst zum Glauben gefunden haben, kann
man unmöglich zusammenleben. Wie mir einmal jemand
sagte: „Um Märtyrerin zu werden, muß man nur einen Heiligen heiraten." In der Bewußtheit aber bewahren Sie Ihre
Weichheit, Ihre Sensibilität, Ihre Freundlichkeit, Ihre Offen-
heit, Ihre Nachgiebigkeit, Sie erzwingen nichts, die Veränderung geschieht einfach ...

Ein Freund von mir, der ein sehr starker Raucher war,
sagte einmal: „Über das Rauchen gibt es doch alle möglichen Witze. Man erzählt uns, daß Rauchen uns umbringt,
aber sieh dir doch die alten Ägypter an; sie sind samt und
sonders tot, und kein einziger hat geraucht."

Eines Tages bekam er Probleme mit seiner Lunge und
mußte sich im Krebsforschungszentrum in Bombay untersuchen lassen. Der Arzt sagte: „Pater, Sie haben zwei Schatten auf der Lunge, das könnte Krebs sein. In vier Wochen
möchte ich Sie wiedersehen."

Seitdem hat er keine einzige Zigarette mehr angerührt.
Vorher *wußte* er, daß Rauchen tödlich sein kann, nachher
war er sich dessen *bewußt*. Das ist der Unterschied.

Der Gründer des Jesuitenordens, der heilige Ignatius von
Loyola, verwendet einen schönen Ausdruck dafür. Er nennt
es, die Wahrheit schmecken und fühlen – nicht sie wissen,
sondern schmecken und fühlen, ein Gefühl für sie bekommen. Wenn Sie ein Gefühl für sie bekommen haben, ändern
Sie sich. Wenn Sie sie in Ihrem Kopf wissen, nicht.

GEDEUTET

Der Meister legte seinen Schülern dar, daß Erleuchtung dann eintritt, wenn sie das *nicht-deutende* Sehen erlangt hätten.

Die Schüler wollten nun wissen, was *deutendes* Sehen sei. Der Meister erklärte es ihnen so:

Mehrere katholische Straßenarbeiter waren an einer Baustelle nicht weit weg von einem Bordell beschäftigt, als sie einen Rabbi in dem nicht gerade angesehenen Haus verschwinden sahen.

„Na ja, was kann man schon erwarten?" tuschelten sie einander zu.

Nach einer Weile schlüpfte ein Pastor durch die Tür. Nichts Überraschendes. „Was kann man schon erwarten?"

Daraufhin kam der katholische Pfarrer, der sein Gesicht mit dem Mantel bedeckte, bevor er in dem Haus verschwand.

„Ist das nicht schrecklich? Eines dieser Mädchen muß ernsthaft erkrankt sein", sagten die Arbeiter betroffen.

Ein Schriftsteller kam ins Kloster, um ein Buch über den Meister zu schreiben.

„Die Leute sagen, Ihr seid ein Genie. Stimmt das?" fragte er.

„Das könnte man wohl sagen", antwortete der Meister nicht gerade bescheiden.

„Und was macht einen zum Genie?"

„Die Fähigkeit zu erkennen."

„Was erkennen?"

„Den Schmetterling in einer Raupe, den Adler in einem Ei, den Heiligen in einem selbstsüchtigen Menschenwesen."

UNGEWOHNT

Auf die Frage, mit welchem Gefühl Erleuchtung zu vergleichen sei, sagte der Meister: „Es ist, wie in eine Wildnis ein-
zudringen und plötzlich zu fühlen, daß du beobachtet
wirst."

„Von wem?"

„Von Felsen, Bäumen und Bergen."

„Ein unheimliches Gefühl!"

„Nein, ein durchaus wohltuendes. Weil es aber ein unge-
wohntes Gefühl ist, sieht man sich getrieben, Hals über
Kopf in die Alltagswelt der Menschen zurückzukehren – in
ihren Lärm, ihren Wortschwall, ihr Gelächter –, in eine
Welt, die uns von der Natur und Wirklichkeit abgeschnitten
hat."

Schüler: Was ist der Unterschied zwischen Wissen und Erleuchtung?

Meister: Wenn du Wissen besitzt, nimmst du ein Licht,
um den Weg zu erkennen. Wenn du erleuchtet bist, wirst du
selbst zum Licht.

Wie soll ich der Welt helfen?"

„Indem du sie verstehst", sagte der Meister.

„Und wie soll ich sie verstehen?"

„Indem du dich von ihr abwendest."

„Wie soll ich dann der Menschheit dienen?"

„Indem du dich selbst verstehst."

WACH

Der Pastor einer modernen Pfarrei überließ es seinen Gemeindedienern, die Besucher nach dem Gottesdienst zu begrüßen. Seine Frau redete ihm zu, diese Aufgabe selbst zu übernehmen. „Wäre es nicht schrecklich, wenn du nach einigen Jahren immer noch nicht die Mitglieder deiner eigenen Gemeinde kennen würdest?" sagte sie.

Also nahm der Pastor nach dem Gottesdienst seinen Platz an der Kirchentür ein. Die erste, die herauskam, war eine einfach gekleidete Frau, offensichtlich ein neues Gemeindemitglied.

„Wie geht es Ihnen? Ich freue mich sehr, Sie hier bei uns zu sehen", sagte er und gab ihr die Hand.

„Danke", sagte die Frau, etwas überrascht.

„Ich hoffe, wir werden Sie öfter in unseren Gottesdiensten sehen. Wir freuen uns immer über neue Gesichter."

„Ja, Herr Pastor."

„Wohnen Sie in dieser Gemeinde?" Die Frau wußte offensichtlich nicht, was sie sagen sollte.

„Wenn Sie mir Ihre Adresse geben, werden meine Frau und ich Sie einmal gegen Abend besuchen."

„Da müßten Sie nicht weit gehen, Herr Pastor, ich bin Ihre Köchin."

Des Meisters gesprächige Stimmung ermutigte seine Schüler zu der Frage: „Sagt uns, was habt Ihr durch Erleuchtung gewonnen? Wurdet Ihr göttlich?"

„Nein."

„Wurdet Ihr ein Heiliger?"

„Nein."

„Was wurdet Ihr also?"

„Wach."

ICH HACKE HOLZ!

Als der Zen-Meister Erleuchtung erlangte, schrieb er zur Feier der Stunde: „Welch außerordentliches Wunder: Ich hacke Holz! Ich schöpfe Wasser aus dem Brunnen!"

Für die meisten Menschen ist nichts Wunderbares an so prosaischen Tätigkeiten wie dem Schöpfen des Wassers aus einem Brunnen oder dem Holzhacken. Nach der Erleuchtung ändert sich im Grunde nichts. Alles bleibt dasselbe. Nur das eigene Herz ist jetzt voller Staunen. Der Baum ist derselbe Baum; und die Menschen sind die gleichen wie zuvor; und du selbst auch; und das Leben verläuft nicht anders als vorher. Du bist vielleicht genauso übellaunig oder gelassen, genauso weise oder töricht wie zuvor. Es gibt nur einen entscheidenden Unterschied: Du siehst nun alle Dinge mit anderen Augen an. Du stehst darüber. Und dein Herz ist voller Staunen.

Das ist die Essenz der Kontemplation: das Gefühl des Staunens.

Kontemplation unterscheidet sich von Ekstase insofern, als Ekstase zum Rückzug auf sich selbst führt. Der erleuchtete Kontemplative hackt weiter Holz und schöpft Wasser aus dem Brunnen. Kontemplation unterscheidet sich von der Wahrnehmung des Schönen dadurch, daß letzteres ästhetisches Entzücken hervorruft (bei der Betrachtung eines Gemäldes oder eines Sonnenunterganges), während Kontemplation Staunen bewirkt – gleichgültig, ob es sich um einen Sonnenuntergang oder die Betrachtung eines Steines handelt.

Das ist das Vorrecht des Kindes. Es ist immer wieder von neuem erstaunt. Also fühlt es sich wie selbstverständlich im himmlischen Königreich zu Hause.

ERLEUCHTET

Und so erklärte der Meister, wie Erleuchtung sich einstellt, nicht durch Anstrengung, sondern durch Verstehen:

„Stellt euch vor, ihr werdet hypnotisiert und sollt glauben, ein Tiger befinde sich in diesem Raum. In eurer Angst werdet ihr versuchen, ihm entgegenzutreten, euch vor ihm zu schützen, ihn zu besänftigen. Aber wenn dann der Bann gebrochen wird, muß nichts mehr getan werden. Und ihr seid alle von Grund auf verändert.

Also bricht Verstehen den Bann,
der gebrochene Bann führt zu Veränderung,
Veränderung zu Ruhe,
Ruhe ist Macht: ihr könnt tun, was immer ihr wollt,
denn ihr seid nicht mehr dieselben."

Wie ist der Mensch, der erleuchtet wurde?"
Sagte der Meister:
„Er hat Gemeinsinn und gehört zu keiner Partei,
er bewegt sich fort, ohne einem vorgeschriebenen Kurs zu folgen,
er nimmt die Dinge, wie sie kommen,
er bereut nicht die Vergangenheit, hat keine Furcht vor der Zukunft,
er folgt einem Anstoß und gibt dem Drängen nach,
er ist wie der Sturmwind
und wie eine Feder im Wind,
er läßt sich treiben wie Gräser im Fluß
und ist wie ein Mühlstein, der geduldig mahlt,
er liebt die Schöpfung ohne Unterschied,
da Himmel und Erde gleich sind für alle.
So ist der Mensch, der erleuchtet wurde."
Als er diese Worte vernahm, rief einer der jüngeren Schüler: „Eine solche Lehre ist nicht für die Lebenden, sondern für die Toten", und ging davon auf Nimmerwiedersehen.

OKTOBER

Gott erfahren

DIE FRAGE

Existiert Gott?" fragte der Meister eines Tages.

„Ja", sagten die Schüler im Chor.

„Falsch", sagte der Meister.

„Nein", sagten die Schüler.

„Wieder falsch", sagte der Meister.

„Wie lautet die Antwort?" fragten die Schüler.

„Es gibt keine Antwort."

„Warum denn nicht?"

„Weil es keine Frage gibt", sagte der Meister.

Später erklärte er: „Wenn man nichts über ihn *sagen* kann, über Ihn, der über Gedanken und Worte hinausgeht, wie kann man dann etwas *fragen* wollen?"

Der Meister behauptete, er habe ein Buch, das alles enthielte, was man überhaupt von Gott wissen könnte. Keiner hatte je das Buch gesehen, bis ein zu Besuch weilender Gelehrter mit seinen Bitten nicht nachließ und es dem Meister abrang. Er nahm es mit nach Hause und schlug es ungeduldig auf, um festzustellen, daß alle Seiten leer waren.

„Aber das Buch sagt ja gar nichts", jammerte der Gelehrte.

„Ich weiß", sagte der Meister befriedigt, „aber bedenkt, wieviel es andeutet!"

Wo kann ich Gott finden?"

„Er steht dir genau gegenüber."

„Warum sehe ich ihn dann nicht?"

„Warum sieht ein Betrunkener nicht sein Haus?"

Später sagte der Meister: „Findet heraus, was euch trunken macht. Um zu sehen, muß man nüchtern sein."

UNERKLÄRBAR

Wenn ich schon die Wirklichkeit, die meine Sinne wahrnehmen können, nicht hinreichend ausdrücken kann, wie
läßt sich dann etwas in Worte fassen, was mit den Augen
nicht zu sehen und mit den Ohren nicht zu hören ist? Wie
läßt sich ein Wort für die Wirklichkeit Gottes finden? Beginnen Sie nun zu verstehen, was Thomas von Aquin, Augustinus und viele andere Theologen gesagt haben und was die
Kirche ständig lehrt, nämlich, daß Gott ein für den Menschen unbegreifliches Geheimnis ist?

Einer der bedeutendsten Theologen unserer Zeit, der Je-
suitenpater Karl Rahner, schrieb kurz vor seinem Tod einen
Brief an einen jungen Studenten, der drogensüchtig war
und ihn um Hilfe gebeten hatte. Dieser hatte geschrieben:
„Ihr Theologen redet immer von Gott, aber wie kann dieser
Gott in meinem Leben Bedeutung haben? Wie kann dieser
Gott mich von meiner Sucht befreien?"

Pater Rahner antwortete ihm: „Ich muß Dir in aller Ehrlichkeit gestehen, daß Gott für mich das Geheimnis
schlechthin ist und immer war. Ich verstehe nicht, was Gott
ist, niemand kann das. Wir haben Ahnungen und Andeu-
tungen, wir machen stümperhafte und unzulängliche Versuche, das Geheimnis in Worte zu fassen. Aber es gibt kein
Wort und keinen Ausdruck dafür."

In einem Vortrag vor einer Gruppe Theologen in London
sagte Karl Rahner: „Die Aufgabe des Theologen besteht
darin, alles durch Gott zu erklären und Gott als den Uner-
klärbaren zu erklären."

Unerklärbares Geheimnis. Man weiß es nicht, man kann
es nicht sagen. Man stammelt nur: „Ah, ah,..."

NICHT DAS

Von Dag Hammaskjöld, dem 1961 ums Leben gekommenen Generalsekretär der Vereinten Nationen und Friedensnobelpreisträger, stammt der Satz: „Gott stirbt nicht an dem Tag, an dem wir nicht mehr an eine personale Gottheit glauben. Vielmehr sterben *wir* an dem Tag, an dem unser Leben nicht mehr vom beständigen Glanz der täglich erneuerten Wunder erhellt wird, deren Quelle jenseits aller Vernunft liegt."

Wir brauchen uns nicht um ein Wort zu streiten, nicht um den Begriff „Gott". Über die Realität läßt sich nicht streiten; streiten läßt sich um Ansichten, Begriffe, Urteile. Trennen Sie sich von Ihren Begriffen, Ihren Meinungen, Vorurteilen und Urteilen, und Sie werden das verstehen.

„Bei Gott können wir freilich nicht wissen, was er ist, sondern höchstens, was er nicht ist. Deshalb können wir auch bei Gott nicht untersuchen, wie er ist, sondern nur, wie er nicht ist." Dieser Satz aus der berühmten „Summa theologica" des heiligen Thomas von Aquin ist wie eine Einführung in sein ganzes, großangelegtes Werk. Und in seinem Kommentar zu dem Werk von Boethius „Über die Heiligste Dreifaltigkeit" sagt Thomas von Aquin, daß der höchste Grad der Erkenntnis Gottes darin besteht, ihn als den Unbekannten zu erkennen. In seiner „Quaestio disputata" „Über die Allmacht Gottes" schreibt der heilige Thomas: „Das letzte Wissen des Menschen von Gott ist, zu begreifen, daß Gott der Unbegreifliche ist." Das alles sind Aussagen eines großen und einflußreichen Theologen und Kirchenlehrers, eines Mystikers und Heiligen. Wir stehen also auf ziemlich festem Boden.

In Indien gibt es dafür einen Spruch in Sanskrit: *„Neti, neti."* Das bedeutet: „Nicht das, nicht das!" Diese Lehre des Thomas wird die „Via negativa", der „negative Weg" genannt.

NICHTWISSEN

Es war unmöglich, den Meister zu bewegen, von Gott oder dem Göttlichen zu sprechen. „Von Gott", sagte er, „können wir nur wissen, daß das, was wir wissen, nichts ist."

Eines Tages erzählte er von einem Mann, der lange und gründlich überlegte, ehe er sich entschloß, Schüler zu werden. „Er kam, um bei mir zu studieren, mit dem Ergebnis, daß er nichts lernte."

Nur einige der Schüler verstanden: Was der Meister zu lehren hatte, konnte weder gelernt noch gelehrt werden. Alles also, was man wirklich von ihm lernen konnte, war nichts.

Der Priester war fest entschlossen, dem Meister eine unzweideutige Glaubensaussage über Gott zu entlocken.

„Glaubst du, daß es einen Gott gibt?"

„Natürlich glaube ich das", antwortete der Meister.

„Und daß er alles geschaffen hat, glaubst du das?"

„Ja, ja", sagte der Meister, „bestimmt glaube ich das."

„Und wer hat Gott geschaffen?"

„Du", erwiderte der Meister.

Der Prediger schaute ihn entgeistert an.

„Willst du mir im Ernst erzählen, daß ich Gott geschaffen habe?"

„Den, über den du ständig *nachdenkst* und *sprichst* – ja!" sagte der Meister ruhig.

AUSSER REICHWEITE

Der Meister pflegte zu behaupten, Wort und Begriff ‚Gott' seien letzten Endes das Hindernis, daß wir Gott nicht erreichten.

Der örtliche Priester wurde darüber so wütend, daß er beleidigt zu dem Meister kam, um die Angelegenheit auszudiskutieren.

„Aber das Wort ‚Gott' kann uns doch wohl zu Gott hinführen?" sagte der Priester.

„Das kann es", sagte der Meister ruhig.

„Wie kann etwas helfen und doch Hindernis sein?"

Sagte der Meister: „Der Esel, der dich bis zur Tür bringt, taugt nicht, dich in das Innere des Hauses zu tragen."

Jedesmal, wenn das Thema Gott zur Sprache kam, bestand der Meister darauf, daß Gott im wesentlichen jenseits der Reichweite menschlichen Denkens – ein Geheimnis – ist und somit jede Aussage über Gott wahr ist, nicht ihn, sondern unseren Begriff von ihm betreffend.

Die Schüler zogen nie die Folgerungen daraus, bis der Meister sie ihnen eines Tages aufzeigte.

„Es ist nicht ganz richtig zu sagen, daß Gott die Welt erschuf oder daß Gott uns liebt oder Gott groß ist, denn von Gott läßt sich nichts aussagen. Deshalb sollte man um der Genauigkeit willen sagen: Unser Gottes-Begriff erschuf die Welt, unser Gottes-Begriff liebt uns, unser Gottes-Begriff ist groß."

„Wenn dies wahr ist, sollten wir dann nicht jeden Begriff, den wir vom Göttlichen haben, aufgeben?"

„Es bestünde keine Notwendigkeit, auf deine Götter zu verzichten, wenn du sie nicht an die erste Stelle setzen würdest."

WARUM?

Der englische Dichter C. S. Lewis schrieb in der Zeit der Todeskrankheit seiner Frau, die er zutiefst liebte, ein Tagebuch, das den Titel hat: „Über die menschliche Trauer". Er sagte seinen Freunden: „Gott gab mir mit sechzig, was er mir mit zwanzig versagte." Bald nach der Heirat erkrankte seine Frau an Krebs und starb einen qualvollen Tod. Lewis berichtet, daß sein ganzer Glaube wie ein Kartenhaus zusammenstürzte. Sosehr er sich auch als Verteidiger des christlichen Glaubens empfunden hatte, fragte er sich doch, als ihn dieser Schlag selbst traf: „Ist Gott ein liebender Vater, oder ist Gott der große Peiniger?"

Für beides lassen sich Belege finden. Ich erinnere mich, wie mich meine Schwester fragte, als meine Mutter an Krebs erkrankte: „Toni, warum läßt Gott unsere Mutter leiden?"

Ich antwortete ihr: „Meine Liebe, letztes Jahr mußten in China wegen einer Dürrekatastrophe eine Million Menschen verhungern, ohne daß du so eine Frage gestellt hättest."

Manchmal kann es für uns gut sein, durch einen Schicksalsschlag in die Wirklichkeit wachgerüttelt zu werden und dadurch zum Glauben zu finden, wie C. S. Lewis. Er sagt, daß er zuvor nicht den leisesten Zweifel an ein Leben nach dem Tod hatte, doch nach dem Tod seiner Frau sich darin gar nicht mehr so sicher war. Warum? Weil es für ihn so wichtig war, daß sie lebte. Lewis ist ein Meister der Vergleiche und Analogien, er schreibt: „Es ist wie bei einem Seil. Jemand fragt dich: ‚Wird dieses Seil einhundertzwanzig Pfund aushalten?' Worauf du ja sagst. ‚Gut', sagt derjenige, dann lassen wir jetzt deinen besten Freund an diesem Seil herunter.' Und du sagst sofort: ‚Einen Augenblick. Laßt mich das Seil noch einmal testen.' Plötzlich bist du dir nicht mehr sicher."

UNVORSTELLBAR

In seinem Buch „Über die menschliche Trauer" sagt C. S. Lewis auch, daß wir nichts von Gott wissen können und sogar unser Fragen nach Gott absurd ist.

Warum? Weil es so wäre, als würde ein von Geburt an Blinder Sie fragen: „Ist die Farbe grün eigentlich heiß oder kalt?" „Neti, neti" – nicht das, nicht das. „Ist sie kurz oder lang?" Nicht das! „Ist sie süß oder sauer?" Nicht das. „Ist sie rund, oval oder eckig?" Nicht das, nicht das. Der Blindgeborene hat keine Worte, keine Begriffe für eine Farbe, von der er keine Vorstellung hat, keine Intuition, keine Erfahrung. Man kann mit ihm darüber nur in Analogien sprechen. Egal, was er Sie fragt, Sie können nur antworten: „Nicht das, nicht das!" C. S. Lewis schreibt, es sei etwa so, als fragte man, wie viele Minuten in der Farbe gelb sind. Wir alle könnten diese Frage sehr ernst nehmen, darüber diskutieren und streiten. Der eine schätzt, daß fünfundzwanzig Karotten in der Farbe gelb sind, während die andere sagt: „Nein, siebzehn Kartoffeln", und sofort ist der Streit da. Nicht das, nicht das!

Unsere letzte Erkenntnis von Gott ist, zu wissen, daß wir nichts wissen. Und das Tragische ist, daß wir zuviel wissen. Doch wir *meinen* nur, daß wir wissen. Deshalb werden wir niemals etwas entdecken. Tatsächlich hat Thomas von Aquin (der nicht nur ein großer Theologe, sondern auch ein großer Philosoph war) wiederholt gesagt: „Alle Anstrengungen des menschlichen Verstandes können nicht das Wesen einer einzigen Fliege erschöpfend ergründen."

Gibt es einen Gott?" fragte der Marxist.

„Sicher nicht in der Form, wie ihn sich die Leute vorstellen", sagte der Meister.

„Wen meint Ihr, wenn Ihr ‚Leute' sagt?"

„Jedermann."

VERBORGEN

Der Meister wurde schon zu Lebzeiten eine Legende. Man erzählte, daß Gott selbst einmal seinen Rat einholte: „Ich möchte mit den Menschen Versteck spielen. Ich habe meine Engel gefragt, wo man mich am besten verstecken könnte. Einige sagten, in der Tiefe des Ozeans, andere auf dem höchsten Berggipfel, wieder andere, auf der erdabgewandten Seite des Mondes oder auf einem fernen Stern. Was schlägst du vor?"

„Sagte der Meister: „Verbirg dich im menschlichen Herzen, das ist der letzte Ort, an den sie denken werden."

Schaut euch nicht suchend um nach Gott", sagte der Meister. „Schaut einfach – und alles wird sich ziegen."

„Aber wie soll man schauen?"

„Jedes Mal, wenn du etwas ansiehst, sieh nur das, was da ist und nichts sonst."

Die Schüler waren verwundert, also sagte der Meister es einfacher: „Wenn ihr zum Beispiel den Mond betrachtet, seht ihr nur den Mond und nichts sonst."

„Was könnte man denn noch sehen außer dem Mond, wenn man den Mond betrachtet?"

„Jemand, der Hunger hat, könnte einen Käselaib sehen, ein Liebender das Gesicht seiner Geliebten."

Helft uns, Gott zu finden."

„Keiner kann euch dabei helfen."

„Warum nicht?"

„Aus dem gleichen Grund, aus dem einem Fisch nicht geholfen werden kann, den Ozean zu finden."

WARUM SPRECHEN?

Der Meister fand es ermüdend, mit Leuten zu sprechen, die ständig darauf erpicht waren, die Existenz Gottes zu verteidigen, über sein Wesen zu diskutieren, während sie die wichtige Aufgabe der eigenen Bewußtseinsfindung, die allein ihnen Liebe und Befreiung geben könnte, vernachlässigten.

Einer Gruppe von Leuten, die den Meister baten, zu ihnen von Gott zu sprechen, sagte er: „Worum es euch leider geht, ist, von Gott zu sprechen, lieber als ihn zu sehen. Und ihr seht ihn so, wie ihr *denkt*, daß er ist und nicht, wie er *wirklich* ist. Denn Gott tut sich kund, er ist nicht verborgen. Warum sprechen? Macht eure Augen auf und seht."

Später fügte er noch hinzu: „Sehen ist die einfachste Sache der Welt. Alles, was man dazu tun muß, ist, die Rolläden von den Gottesgedanken hochzuziehen."

Immer wenn der Prediger Gott erwähnte, konnte der Meister sagen: „Laß Gott hier beiseite." Es kam der Tag, da der Prediger es nicht länger hinnehmen konnte: „Ich habe immer den Verdacht gehabt, daß du ein Atheist bist", schrie er heraus. „Warum sollte ich Gott hier beiseite lassen? Warum?"

Darauf erzählte ihm der Meister die folgende Geschichte:

Ein Priester sprach einer Frau beim Tod ihres Mannes Trost zu. „Und das hat Ihr Gott getan", sagte sie und weinte.

„Gott liebt den Tod nicht, liebe Frau", erwiderte der Geistliche. „Er beklagt ihn genauso wie Sie."

„Warum läßt er ihn dann zu?" fragte sie zornig.

„Wir wissen es nicht, denn Gott ist ein Geheimnis."

„Wie können Sie dann wissen, daß er den Tod nicht liebt?" schrie sie ihn an.

„Ja gut, nicht wirklich... Wir dürfen es annehmen..."

„Seien Sie still", heulte die Witwe. „Lassen Sie Gott hier gefälligst beiseite!"

DIE SUCHE

Es war Vorlesungszeit, als der Meister ausführte: „Der Genius eines Komponisten findet sich in den Noten seiner Musik, doch eine Analyse der Noten wird seinen Genius nicht erkennbar machen. Die Größe eines Dichters liegt in seinen Worten, dennoch wird eine Untersuchung der einzelnen Worte seine Inspiration nicht hervortreten lassen. Gott offenbart sich in der Schöpfung, doch erforsche die Schöpfung so genau, wie du nur kannst, du wirst Gott nicht finden, ebensowenig wie du die Seele durch eine gründliche Untersuchung deines Körpers entdecken wirst."

Bei der anschließenden Diskussion war die erste Frage eines Schülers: „Wie können wir dann Gott finden?"

„Dadurch, daß wir die Schöpfung betrachten, und nicht, indem wir sie analysieren."

„Und wie betrachtet man sie?"

„Die Schönheit des Sonnenuntergangs begreift man nicht, solange man die Sonne und die Wolken, den Himmel und den Horizont begutachtet. Denn Schönheit ist kein ‚Ding', sondern eine besondere Weise des Sehens, ähnlich der kleiner Kinder, deren Sicht nicht von vorgefertigten Lehren und Überzeugungen verstellt ist."

Alle, die ihn sahen, erschraken, als Mullah Nasrudin auf seinem Esel durch das Dorf galoppierte.

„Wohin wollt Ihr, Mulla?" fragten sie.

„Ich suche meinen Esel", sagte der Mulla, als er vorbeiflitzte.

Der Zenmeister Rinzai wurde einst beobachtet, wie er seinen Körper suchte. Seine nicht erleuchteten Schüler amüsierten sich köstlich.

Man trifft sogar auf Menschen, die ernsthaft nach Gott suchen!

HAST DU DEN VOGEL SINGEN HÖREN?

Das hinduistische Indien schuf ein schönes Bild, um die Beziehung zwischen Gott und seiner Schöpfung zu beschreiben. Gott „tanzt" seine Schöpfung. Er ist der Tänzer, die Schöpfung der Tanz. Der Tanz ist etwas anders als der Tänzer, und doch gäbe es keinen Tanz ohne Ihn.

Auf seiner Suche nach Gott denkt der Mensch zuviel, redet zuviel. Selbst wenn er diesen Tanz betrachtet, den wir Schöpfung nennen, grübelt er die ganze Zeit, spricht, überlegt, analysiert und philosophiert: Worte, Lärm.

Sei still und sieh dem Tanz zu. Nur hinschauen: ein Stern, eine Blume, ein welkendes Blatt, ein Vogel, ein Stein. Jeder Teil des Tanzes ist geeignet. Schauen, lauschen, riechen, berühren, schmecken. Und sicher wird es nicht lange dauern, bis du Ihn siehst, den Tänzer selbst!

Der Schüler beklagte sich ständig gegenüber seinem Zen-Meister: „Ihr verbergt das letzte Geheimnis des Zen vor mir." Und er wollte es nicht glauben, als der Meister verneinte. Eines Tages machte der Meister mit ihm einen Spaziergang in der hügeligen Landschaaft. Unterwegs hörten sie einen Vogel singen. „Hast du den Vogel singen hören?" fragte der Meister. „Ja", sagte der Schüler.

„Also, nun weißt du, daß ich nichts vor dir verborgen habe." „Ja", sagte der Schüler.

Wenn du wirklich einen Vogel singen hörtest, wenn du wirklich einen Baum sähest – wüßtest du – jenseits aller Worte und Begriffe.

Du sagst, du hättest Dutzende von Vögeln singen hören und Hunderte von Bäumen gesehen? Nun, sahst du den Baum oder den Begriff? Wenn du einen Baum betrachtest und einen Baum siehst, hast du in Wirklichkeit nicht den Baum gesehen. Wenn du einen Baum betrachtest und ein Wunder siehst, dann hast du endlich einen Baum gesehen!

KEINE ANTWORT

Sag mir", wandte sich der Atheist an den Meister, „gibt es wirklich einen Gott?"

Sagte der Meister: „Wenn du willst, daß ich vollkommen ehrlich zu dir bin, möchte ich nicht antworten."

Daraufhin fragten die Schüler den Meister, warum er keine Antwort geben wollte.

„Weil seine Frage nicht zu beantworten ist", erwiderte er.

„Also bist du ein Atheist?"

„Ganz bestimmt nicht. Der Atheist macht den Fehler, das zu leugnen, wovon nichts gesagt werden kann."

Und nach einer Pause, in der seine Worte sich gleichsam setzen konnten, fuhr der Meister fort:

Und der Theist macht den Fehler, es zu behaupten."

Zu einem Schüler, der ständig am Beten war, sagte der Meister: „Wann wirst du aufhören, dich auf Gott zu stützen und lernen, auf eigenen Füßen zu stehen?"

Der Schüler war erstaunt: „Aber gerade Ihr habt uns gelehrt, Gott als unseren Vater anzusehen!"

„Wann wirst du lernen, daß ein Vater nicht jemand ist, auf den man sich stützen kann, sondern jemand, der dich von deinem Anlehnungsbedürfnis befreit?"

Der Prediger diskutierte mit dem Meister über die Frage, inwieweit der Mensch von Gott abhängig ist.

„Gott ist unser Vater", sagte er, „und immer werden wir auf seine Hilfe angewiesen sein."

Sagte der Meister: „Hilft der Vater seinem minderjährigen Kind, lächelt alle Welt. Hilft ein Vater seinem erwachsenen Kind, weint alle Welt."

DIE FORMEL

Der Mystiker war aus der Wüste zurückgekehrt. Begierig fragten die Leute: „Sag uns, wie ist Gott?"

Aber wie könnte er je in Worte kleiden, was er in den Tiefen seines Herzens erfahren hatte? Kann man Wahrheit in Worte fassen?

Schließlich gab er ihnen eine Formel – ungenau und unzulänglich – in der Hoffnung, einige dadurch zu veranlassen, selbst zu suchen, was er erfahren hatte.

Sie klammerten sich an die Formel. Sie machten einen heiligen Text daraus. Sie drängten es jedem als heiligen Glauben auf. Sie gaben sich große Mühe, ihn in fremden Landen zu verbreiten. Und einige opferten sogar ihr Leben dafür.

Und der Mystiker war traurig. Vielleicht hätte er besser geschwiegen.

Um die Tatsache anschaulich zu machen, daß es einfach keine befriedigenden Symbole für Gott gibt, erzählt der Meister, wie seine Frau ihn einmal im Auto durch eine sehr belebte Straße der Stadt fuhr.

Dabei stieß sie mit einem entgegenkommenden Auto zusammen. Der Fahrer drehte das Fenster herunter und brüllte: „Konnten Sie kein Zeichen geben für das, was Sie vorhatten?"

Darauf erwiderte die Frau trotzig: „Es gibt kein Zeichen für das, was ich vorhatte."

ZEIG MIR, WO?

Die Welt von heute sagt: Zeig mir, wo ist denn euer Gott? Kann ich ihm in meinem Leben begegnen? Wenn nicht, was habe ich dann von ihm? Wenn ja, wie? Wo? Die Welt von heute wird mehr und mehr gottlos. Wie läßt es sich beweisen, daß Gott existiert? In einem Hindu-Text heißt es sehr prägnant: „Der schönste Beweis für seine Existenz ist die Vereinigung mit ihm."

Was die moderne Welt, zumal die jüngere Generation, uns heute sagt – „Red nicht bloß daher – zeig mir" –, ist nichts anderes als das, was Indien uns schon seit Jahrhunderten sagt. Ich entsinne mich, wie Pater Abhishiktananda mir vor ein paar Jahren den Ausspruch eines Hindu-Heiligen wiederholte, den er in Südindien getroffen hatte: „Ihr Missionare werdet bei uns nie etwas ausrichten können, wenn Ihr nicht als Gurus zu uns kommt."

Ein Guru ist ein Mann, der nicht bloß über das redet, was er sich angelesen hat, sondern aus der Gewißheit seiner eigenen religiösen Erfahrung spricht. Er führt seine Jünger mit sicherer Hand, denn er führt sie Wege zu Gott, die er selbst gegangen ist und nicht nur aus Büchern kennt.

Wie sucht man Einheit mit Gott?"

„Je mehr du suchst, um so größer wird die Entfernung zwischen Ihm und dir."

„Wie überwindet man diese Entfernung?"

„Begreife, daß sie nicht wirklich vorhanden ist."

„Bedeutet das, Gott und ich sind eins?"

„Nicht eins, nicht zwei."

„Wie ist das möglich?"

„Die Sonne und ihr Licht, der Ozean und die Welle, der Sänger und sein Lied – nicht eins. Nicht zwei."

GEGENWART

Es ist typisch für die Hebräer der Bibel, Gottes Handeln in allen Dingen zu sehen. Wir halten uns fast ausschließlich mit sekundären Ursachen auf, während die Hebräer meist auf die Erste Ursache blickten. Sind ihre Armeen im Kampf geschlagen worden? Nein, Gott hat sie geschlagen; das Unvermögen der Generäle hat nichts damit zu tun! Wurde ihre Ernte von Heuschrecken zerstört? Gott hat sie geschickt.

Zugegeben, ihr Wirklichkeitssinn war einseitig. Sie haben anscheinend sekundäre Ursachen ganz ignoriert. Unser moderner Wirklichkeitssinn ist auf noch extremere Weise einseitig, denn wir ignorieren anscheinend vollständig die Erste Ursache. Sind deine Kopfschmerzen verschwunden? Die Hebräer würden gesagt haben: „Gott hat dich gesund gemacht!" Und wir: „Laß Gott aus dem Spiel. Die Aspirintablette hat dich gesund gemacht."

Uns hingegen ist ganz der Sinn für das Werk des Unendlichen in unserem Leben verlorengegangen. Wir spüren nicht mehr, daß Gott uns gesund macht durch unsere Ärzte, daß Gott jedes Ereignis unseres Lebens formt, daß Gott jeden Menschen, dem wir begegnen, schickt, daß er uns im leichten Wind umspielt und uns bei jeder Empfindung berührt. Er erschafft alle Laute um uns, damit wir sie hören und uns Gottes Gegenwart bewußt werden.

Gott beschloß, der Erde einen Besuch abzustatten, also schickte er zuvor einen Engel hinunter, um zu sehen, wie dort die Lage war.

Der Engel kehrte zurück und berichtete: „Die meisten haben nicht genug zu essen, und sehr viele sind arbeitslos."

Gott sagte: „Dann werde ich in der Form von Nahrung für die Hungernden erscheinen und als Arbeit für die Arbeitslosen."

NICHT-ERFAHRUNG

Einst besuchte ein Verwandter Nasrudin und brachte ihm eine Ente als Gastgeschenk. Nasrudin kochte den Vogel, und sie aßen ihn gemeinsam.

Bald folgte ein Gast dem anderen, und jeder behauptete, ein Freund des Freundes des 'Mannes, der Euch die Ente brachte', zu sein. Natürlich erwartete jeder, wegen dieser Ente beherbergt und beköstigt zu werden.

Schließlich hielt der Mullah es nicht länger aus, als eines Tages wieder ein Fremder zu seinem Haus kam und sagte: „Ich bin ein Freund des Freundes Eures Verwandten, der Euch die Ente brachte", und wie die anderen sich niederließ und wartete, daß ihm aufgetischt werde, stellte Nasrudin eine Schüssel voll dampfenden heißen Wassers vor ihn. „Was ist das?" fragte der Fremde.

„Das", sagte der Mullah, „ist die Suppe aus Entensuppe, die mir mein Freund gebracht hat."

Es wird von Männern erzählt, die Schüler der Schüler der Schüler eines Mannes wurden, der persönlich Gott erfahren hatte.

Es ist unmöglich, einen Kuß durch Boten zu überbringen.

Während einer Diskussion über Gotteserfahrung sagte der Meister: „Wenn Gott erfahren wird, verschwindet das Selbst. Wer also wird den Prozeß des Erfahrens durchführen?"

„Ist Gottes-Erfahrung also eine Nicht-Erfahrung?"

„Sie ist wie der Schlaf", sagte der Meister, „und der wird nur erfahren, wenn er zu Ende ist."

ZEIG MIR, WIE?

Gott kann einem Menschen, der brennend nach ihm verlangt, nicht widerstehen. Mich beeindruckt immer die
Hindu-Erzählung von einem Dorfbewohner, der einen
Sannyasi (einen heiligen Mann), während dieser meditie-
rend unter einem Baum saß, aufsuchte und mit den Worten
anredete: „Ich möchte Gott sehen. Zeig mir, wie ich Gott
erfahren kann!" Der Sannyasi sagte nichts und meditierte
weiter.

Der gute Mann aus dem Dorfe kam mit seiner Bitte am
nächsten Tag und an den Tagen darauf wieder, obgleich er
keine Antwort erhielt. Schließlich sagte der Sannyasi angesichts seiner Beharrlichkeit zu ihm: „Du scheinst wirklich
ein Gottsucher zu sein. Heute nachmittag gehe ich zum
Fluß hinunter, um mein Bad zu nehmen. Komm auch dahin."

Als die beiden im Wasser waren, packte der Sannyasi den
Kopf des Mannes mit festem Griff und drückte ihn eine
Zeitlang unter Wasser, bis der arme Mann strampelte, um
nach Luft zu schnappen. Nach einer Weile ließ der Sannyasi
ihn los und sagte: „Komm morgen wieder zu dem Banyan-
Baum."

Als er am nächsten Tag kam, war es der Sannyasi, der das
Gespräch begann. „Sag mir doch", sagte er, „warum hast
Du so gestrampelt, als ich Deinen Kopf unter Wasser hielt?"

„Weil ich nach Luft schnappen wollte", erwiderte der
Mann, „ohne Luft wäre ich doch gestorben."

Da lächelte der Sannyasi und sagte: „An dem Tag, an dem
Du so verzweifelt nach Gott verlangst, wie Du nach Luft
verlangt hast, wirst Du ihn sicher finden."

SEHNSUCHT

Als der große Mystiker Ramakrishna einmal darüber sprach, was es heißt, sich nach Gott zu sehnen, sagte er zu einem Freund:

„Wenn ein Dieb in einem Raum schliefe, der nur durch eine dünne Wand von einer Schatzkammer voller Gold getrennt wäre, würde er dann schlafen? Er würde die ganze Nacht wach liegen und überlegen, wie er an das Gold käme. Als ich noch jung war, verlangte es mich sogar noch glühender nach Gott als diesen Dieb nach Gold."

Der heilige Augustinus spricht von der großen Ruhelosigkeit des Menschenherzens, die es so lange drängt, bis es Ruhe findet in Gott. Ohne Gott, für den wir erschaffen wurden, sind wir wie Fische auf trockenem Land. Wenn wir nicht die Todesnot der Fische empfinden, so nur, weil wir den Schmerz mit einer Unzahl anderer Bedürfnisse und Vergnügen betäuben, sogar mit Problemen, denen wir in unseren Gedanken Spielraum lassen, und so die Sehnsucht nach Gott und den Schmerz, ihn noch nicht zu besitzen, unterdrücken.

Was soll ich tun, um Gott zu erreichen?"

„Wenn du Gott erreichen willst, mußt du zwei Dinge wissen. Erstens, daß alle Bemühungen, ihn zu erreichen, vergeblich sind."

„Und zweitens?"

„Du mußt handeln, als ob du das erste nicht wüßtest."

MIT UNS

Viele, die Gott erfahren wollen, fragen mich, was sie tun sollen. Gotteserfahrung braucht nichts Sensationelles oder Ungewöhnliches zu sein. Die Gotteserfahrung ist zweifellos verschieden von unseren alltäglichen Erfahrungen: Sie kann sich zum Beispiel in der tiefen inneren Stille mitteilen; in der Erfahrung leuchtender Dunkelheit oder der Leere, die Erfüllung bringt. Man kann plötzliche, unerklärliche Blitze der Ewigkeit oder der Unendlichkeit erfahren, die uns erreichen, wenn wir am wenigsten auf sie gefaßt sind, etwa mitten in der Arbeit oder beim Spiel.

Wir meinen, über uns hinausgehoben zu werden, wenn wir uns Schönheit oder Liebe gegenübersehen. Selten halten wir diese Erfahrungen für sensationell oder ungewöhnlich...

Wir vergessen allzu leicht eine der großen Lehren der Menschwerdung, nämlich daß Gott sich im Gewöhnlichen mitteilt. Willst du Gott sehen? Blicke das Gesicht deines Nachbarn an. Möchtest du ihn hören? Lausche auf das Weinen eines Kindes, das laute Gelächter einer Party, auf das Rascheln der Bäume im Wind. Möchtest du ihn berühren? Fasse jemanden bei der Hand. Oder berühre den Stuhl, auf dem du sitzt, oder das Buch, das du liest. Oder werde nur still, werde dir deiner Körperempfindungen bewußt, spüre, wie seine Allmacht in dir am Werk ist und wie nahe er dir ist. Er heißt Emmanuel – Gott mit uns.

Wie soll ich mein Einssein mit der Schöpfung erfahren?"

„Durch Lauschen", sagte der Meister.

„Und wie soll ich lauschen?"

„Werde zu einem Ohr, das jeder Äußerung des Universums Beachtung schenkt. In dem Augenblick, in dem du etwas hörst, was du selbst sagst, stop!"

PARTNER

Goldberg hatte den schönsten Garten in der Stadt, und jedesmal, wenn der Rabbi vorbeiging, rief er Goldberg zu: „Dein Garten ist ein Schmuckstück. Der Herr und du, ihr beide seid Partner!"

„Danke, Rabbi", pflegte Goldberg mit einer Verbeugung zu antworten.

So ging das Tage und Wochen und Monate. Mindestens zweimal täglich pflegte der Rabbi auf dem Hin- und Rückweg zur Synagoge hinüberzurufen: „Der Herr und du, ihr beide seid Partner", bis Goldberg sich über die als Kompliment gemeinten Worte des Rabbi zu ärgern begann.

Als dieser also wieder einmal sagte: „Der Herr und du, ihr beide seid Partner", erwiderte Goldberg: „Das mag schon stimmen, aber Ihr hättet den Garten sehen sollen, als ihn der Herr ganz allein besaß."

Ein Mann hatte sich in der Wüste verlaufen. Später, als er seinen Freunden berichtete, was er durchgemacht hatte, erzählte er auch, daß er verzweifelt niedergekniet sei und Gott um Hilfe angefleht habe.

„Antwortete Gott auf dein Gebet?" wurde er gefragt.

„Oh, nein! Ehe er das tun konnte, tauchte ein Forschungsreisender auf, und zeigte mir den Weg."

Es gibt etwas, das sogar Gott nicht kann", sagte der Meister zu einem Schüler, der fürchtete, jemanden zu kränken.

„Was?"

„Er kann nicht jeden zufriedenstellen", sagte der Meister.

WUNDER

Wenn wir im eigenen Leben Gottes wunderbares Eingreifen nie oder kaum je erfahren, liegt es entweder daran, daß wir nicht gefährlich genug leben, oder daran, daß unser Glaube sich getrübt hat und wir kaum erwarten, daß Wunder geschehen. Es ist wichtig, daß es in unserem Leben Wunder gibt, wenn wir uns ein waches Bewußtsein von Gottes Gegenwart und Macht bewahren wollen.

Religiös genommen, muß ein Wunder nicht unbedingt ein Geschehen sein, das die Naturgesetze durchbricht – das wäre eine Naturerscheinung, die religiös völlig belanglos sein könnte. Damit in meinem Leben ein Wunder geschieht, genügt bei mir die tiefe Überzeugung, daß das Geschehen von Gott herbeigeführt worden ist, daß es ein direkter Eingriff Gottes um meinetwillen war. Jede Religion, die einen persönlichen Gott postuliert, kann nicht umhin, auf zwei Dinge großen Wert zu legen: auf das Bittgebet und auf Wunder. Gott wird mein ganz persönlicher Gott, wenn ich zu ihm rufe, wenn ich auf keinen Menschen mehr hoffen kann, und wenn er persönlich eingreift, um mich zu befreien oder mir Kraft zu geben, mich zu erleuchten und zu leiten. Wenn er das nicht täte, wäre er nicht *mein* persönlicher Gott, da er in meinem Leben kein aktiver Faktor wäre.

Man erzählte von dem Haji, der am Rande der Stadt lebte, er vollbringe Wunder. Daher pilgerten viele kranke Menschen zu seinem Haus.

Von dem Meister wußte man, daß Wunderbares ihn nicht im geringsten interessierte, und er auch Fragen über den Haji nie zu beantworten pflegte.

Als er rundheraus gefragt wurde, was er gegen Wunder habe, antwortete er: „Wie kann man gegen etwas sein, das täglich und stündlich vor den eigenen Augen stattfindet?"

VORSTELLUNGEN

Der Meister bekämpfte immer wieder die Vorstellung, die sich die Menschen von Gott machten.

„Wenn euer Gott euch zur Hilfe kommt und euch aus mißlicher Lage befreit", pflegte er zu sagen, „dann ist es an der Zeit, sich auf die Suche nach dem wahren Gott zu machen."

Als man ihn bat, das näher zu erklären, erzählte er folgende Geschichte:

„Ein Mann ließ sein nagelneues Fahrrad unbeaufsichtigt auf dem Marktplatz stehen und ging einkaufen.

Erst am nächsten Tag erinnerte er sich an das Fahrrad und rannte auf den Marktplatz, überzeugt, daß es gestohlen worden sei. Das Rad befand sich noch genau dort, wo er es abgestellt hatte.

Überwältigt von Freude stürzte er in die nächste Kirche und dankte Gott, daß er sein Fahrrad sicher bewahrt hatte, nur um beim Herauskommen festzustellen, daß das Rad weg war!"

Der Meister hatte Aristoteles zitiert: „Bei der Suche nach Wahrheit wäre es besser, ja tatsächlich unumgänglich, das aufzugeben, was uns am liebsten ist." Und für das Wort „Wahrheit" setzte er „Gott".

Später sagte ein Schüler zu ihm: „Ich bin bereit, auf der Suche nach Gott, alles aufzugeben: Reichtum, Freunde, Familie, Land, ja das Leben selbst. Was kann ein Mensch sonst noch aufgeben?"

Der Meister erwiderte ruhig: „Die eigenen Glaubenssätze über Gott."

Der Schüler ging traurig fort, denn er hing an seinen Überzeugungen. Er fürchtete „Unwissenheit" mehr als den Tod.

UDDALAKAS LEKTION

Eine Geschichte aus den Upanischaden:

Der Weise Uddalaka lehrte seinen Sohn Svetaketu, das Eine hinter der Erscheinung des Vielen zu sehen. Er tat das mittels verschiedener Parabeln wie dieser:

Eines Tages sagte er zu seinem Sohn: „Tu dieses Salz in Wasser und komm morgen wieder zu mir zurück."

Der Junge tat wie ihm geheißen. Am nächsten Tag sagte der Vater: „Bitte bring mir das Salz, das du gestern ins Wasser getan hast."

„Ich kann es nicht finden", sagte der Junge. „Es hat sich aufgelöst."

„Koste das Wasser von dieser Seite des Tellers", sagte Uddalaka. „Wie schmeckt es?"

„Salzig."

„Nimm einen Schluck aus der Mitte. Wie schmeckt es?"

„Salzig."

„Koste es von der anderen Seite des Tellers. Wie schmeckt es?"

„Salzig."

„Gieß das Wasser aus", sagte der Vater.

Der Junge tat es und sah, daß das Salz wieder zum Vorschein kam, als das Wasser verdunstet war. Dann sagte Uddalaka: „Du kannst Gott hier nicht erkennen, mein Sohn, aber in Wirklichkeit ist er hier."

Wer nach Erleuchtung sucht, wird sie nicht finden, denn es entgeht ihm, daß der Gegenstand seiner Suche der Suchende selbst ist. Gott ist wie Schönheit in dem Ich des Betrachters.

GESETZ UND PFLICHT

Ich muß immer wieder über die vielen Christen staunen, die eine große Angst vor Gott haben. Sie sitzen noch immer in der Falle einer Gesetzesfrömmigkeit, und dies zwanzig Jahrhunderte, nachdem Jesus einen Gott verkündet hat, der die Liebe selbst ist und eine Befreiung von der Last des Gesetzes. Diese Christen voller Angst sind nicht unbedingt Skrupulanten, und oft sind sie sich dieser Angst, die ihr geistliches Leben beherrscht, gar nicht bewußt. Aber ihr Umgang mit Gott ist von einem einzigen, riesigen Pflichtenkatalog bestimmt...

Ein frommer Priester sagte mir einmal traurig: „Manchmal habe ich das unsinnige Gefühl, ich wäre, würde es keine Gebote geben, heilig. Ich würde mich so frei und erlöst fühlen – und ich weiß, ich würde all diese Gebote ohne Ausnahme spontan halten."

Es ist das Gesetz, insofern als es Furcht erzeugt, und insofern als es uns bindet und unfähig macht, Gott frei zu dienen. Deshalb brauchen wir ein neues Gesetzesverständnis und eine bessere Kenntnis der Liebe Gottes zu uns, einer Liebe, die keine Bedingungen stellt. Haben Sie schon einmal beobachtet, wie die Liebe beschaffen ist, die eine gute Mutter ihrem Kind entgegenbringt? Sie liebt es nicht, weil es gut ist, sondern weil es ihr Kind ist.

Der Meister erzählte von dem Astronauten, der von einer Weltraumfahrt mit fünfhundert Erdumkreisungen zurückgekehrt war. Als man ihn fragte, wie er sich fühle, sagte er: „Völlig erschöpft! Stellen Sie sich vor, wie oft ich das Morgen-, Mittags-, Abend- und Nachtgebet sprechen mußte, das meine Religion vorschreibt."

DAS WAGNIS

Die Bibelwissenschaftler sagen uns, es bestehe ein Unterschied zwischen den Botschaften des Alten und des Neuen Testaments. Pauschal ausgedrückt, hat Gott im Alten Testament gesagt: Wenn ihr brav und gehorsam seid, werde ich gut zu euch sein; wenn ihr aufsässig seid, werde ich euch zürnen und euch vernichten. Jesus zeigt uns sozusagen einen anderen Gott, einen Gott, der ohne Unterschied zu Heiligen und Sündern gut ist, der beiden seinen Regen, seinen Sonnenschein und seine Liebe schenkt. Gottes Liebe ist ebensowenig denen vorbehalten, die gewisse Bedingungen erfüllen, wie die Liebe einer Mutter nur den Kindern, die alle Vorschriften befolgen, die sie ihnen auferlegt.

Solch einen Gott zu predigen – und das hat Jesus getan –, ist ein sehr gefährliches Unterfangen. Die Menschen werden bald dazu neigen, seine Güte auszunutzen. Aber jede Liebe handelt so: sie wagt es, sie läßt sich wehrlos ausnutzen – wie will sie sonst die Liebe des anderen gewinnen? Das ist denn auch das Wagnis, das Jesus einzugehen bereit war und tatsächlich eingegangen ist, als er uns das wahre Wesen seines Vaters gezeigt hat.

Eine der beunruhigenden und wunderbaren Lehren des Meisters lautete: Gott ist Sündern näher als Heiligen.

Und so erklärt er es:

Gott im Himmel hält jeden Menschen an einer Schnur. Wenn man sündigt, zerschneidet man die Schnur. Dann knüpft Gott sie mit einem Knoten wieder zusammen und zieht einen dadurch etwas näher an sich heran. Immer wieder schneiden deine Sünden die Schnur durch und mit jedem weiteren Knoten zieht dich Gott näher und näher.

DIE SCHRIFTEN

Ein Schüler, der sich mit religiösen Fragestellungen beschäftigte, kam auf die Bemerkungen des Meisters über das Studium der Schriften zurück:

„Willst du sagen, daß die Schriften uns überhaupt keinen Begriff von Gott geben können?"

„Ein Gott, der in einen Begriff gefaßt ist, ist überhaupt kein Gott. Deshalb ist Gott ein Geheimnis, etwas, von dem es keinen Begriff gibt", erwiderte der Meister.

„Was können uns dann noch die Schriften bieten?"

Darauf erzählte der Meister, wie er einmal in einem chinesischen Restaurant beim Essen war, als einer der Musiker eine ihm bekannt vorkommende Melodie zu spielen begann, deren Titel niemandem in der Gruppe einfiel.

Der Meister rief einen smart gekleideten Kellner herbei und fragte ihn, ob er herausfinden könnte, was der Mann spiele. Der Kellner eilte durch den Saal und kam strahlend mit der Nachricht zurück: „Violine".

Im Laufe eines Vortrags berief sich der Meister einmal auf ein Wort eines antiken Dichters.

Als der Vortrag zu Ende war, nahm eine junge Frau daran Anstoß. Der Meister hätte doch besser aus den heiligen Schriften zitieren sollen, und sie fragte: „Hat denn dieser heidnische Autor, auf den du dich berufst, wirklich Gott gekannt?"

„Junge Frau", sagte der Meister ernst, „wenn du meinst, daß Gott der Autor des Buches ist, das du die Schriften nennst, möchte ich dir sagen, daß er ebenso der Autor eines viel früheren Werkes ist, das Schöpfung heißt."

SUCHE

Großvater und Großmutter hatten sich gezankt, und Großmutter war so wütend, daß sie nicht mehr mit ihrem Mann
sprach. Am nächsten Tag hatte Großvater den ganzen Streit
vergessen, aber Großmutter übersah ihn geflissentlich und
machte den Mund nicht auf. Großvater konnte tun, was er
wollte, nichts vermochte sie aus ihrem mißmutigen Schweigen zu reißen.

Schließlich begann er, in Schränken und Schubladen her-
umzuwühlen. Nach einigen Minuten konnte Großmutter es
nicht mehr aushalten. „Was um Himmels willen suchst du
denn?" fragte sie ärgerlich.

„Gelobt sei Gott, ich habe es gefunden", sagte der Großvater mit verschmitztem Lächeln: „Deine Stimme."

Solltet Ihr Gott suchen, dann sucht anderswo.

Eine Auster sah eine lose Perle, die in einen Felsspalt auf
den Meeresgrund gefallen war. Mit großer Anstrengung gelang es ihr, die Perle aufzufischen und sie neben sich auf ein
Blatt zu legen.

Sie wußte, daß Menschen nach Perlen suchen und
dachte: ,Diese Perle wird ihnen auffallen, sie werden sie
nehmen und mich in Ruhe lassen.'

Als ein Perlentaucher in die Nähe kam, waren seine
Augen jedoch darauf trainiert, nach Austern zu suchen und
nicht nach Perlen, die auf Blättern lagen.

Also griff er nach der Auster, die nun zufällig keine Perle
enthielt, und die echte Perle konnte in den Felsspalt zurück-
rollen.

Man weiß genau, wo man zu suchen hat, deswegen gelingt
es nicht, Gott zu finden.

DER SUCHENDE UND DER TEUFEL

Als der Teufel einen Suchenden in das Haus eines Meisters treten sah, beschloß er, alles in seiner Macht zu tun, um ihn von seiner Suche nach Wahrheit abzubringen.

Also unterwarf er den armen Mann jeder nur möglichen Anfechtung: Reichtum, Sinneslust, Ruhm, Macht, Prestige. Aber der Suchende war in geistlichen Dingen viel zu erfahren und konnte die Versuchung leicht abwehren, so groß war sein Verlangen nach geistlichem Leben.

Als er dann in die Gegenwart des Meisters gelangte, war er einigermaßen überrascht, ihn auf einem Polstersessel sitzen zu sehen und die Schüler zu seinen Füßen. „Diesem Mann fehlt gewiß die Haupttugend der Heiligen, Demut", dachte er bei sich.

Er stellte dann noch andere Dinge an dem Meister fest, die ihm nicht gefielen: erstens schenkte ihm dieser kaum Beachtung. (‚Wahrscheinlich, weil ich nicht wie die anderen vor ihm katzebuckele', sagte er sich.) Ihm mißfiel auch die Art der Kleidung des Meisters und die etwas gewählte Redeweise. All das brachte ihn zu der Überzeugung, er sei am falschen Ort und müßte seine Suche anderswo fortsetzen.

Als er den Raum verließ, sagte der Meister, der den Teufel in der Ecke hatte sitzen sehen: „Du hättest dir keine Sorgen zu machen brauchen, Versucher. Er war dein von Anfang an."

So geht es jenen, die in ihrer Suche nach Gott gewillt sind, alles aufzugeben, außer ihren eigenen Vorstellungen von Gott.

UNPARTEIISCH

Jesus Christus sagte, er sei noch nie bei einem Fußballmatch gewesen. Also nahmen meine Freunde und ich ihn zu einem Spiel mit. Es war eine wilde Schlacht zwischen den protestantischen Boxern und den katholischen Kreuzfahrern.

Die Kreuzritter erzielten das erste Tor. Jesus schrie laut Beifall und warf seinen Hut in die Luft. Dann waren die Boxer vorne. Und Jesus spendete wild Beifall und warf seinen Hut in die Luft.

Das schien den Mann hinter uns zu verwirren. Er klopfte Jesus auf die Schulter und fragte: „Für welche Partei brüllen Sie, guter Mann?"

„Ich", erwiderte Jesus, den mittlerweile das Spiel sichtlich aufregte, „oh, ich schreie für keine Partei. Ich bin bloß hier, um das Spiel zu genießen."

Der Frager wandte sich seinem Nachbarn zu und feixte: „Hm, ein Atheist!"

Auf dem Rückweg klärten wir Jesus über die Lage der Religionen in der heutigen Welt auf. „Fromme Leute sind ein komisches Volk, Herr", sagten wir, „sie scheinen immer zu denken, Gott sei auf ihrer Seite und gegen die Leute von der anderen Partei."

Jesus stimmte zu. „Deswegen setze ich nie auf Religionen, ich setze auf Menschen", sagte er. „Menschen sind wichtiger als Religionen. Der Mensch ist wichtiger als der Sabbat."

„Du solltest deine Worte wägen", sagte einer von uns etwas besorgt.

„Du bist schon einmal wegen einer solchen Sache gekreuzigt worden."

„Ja – und von religiösen Leuten", sagte Jesus mit gequältem Lächeln.

BEMÄNTELUNG

Der Meister richtete bei einer entsprechenden Gelegenheit eine Grußadresse an die Gesellschaft „Die Religionsgefahr" und wies dabei unter anderem darauf hin, daß religiöse Menschen Gott allzuleicht zur Bemäntelung ihrer eigenen Beschränktheit und Selbstsucht benutzen.

Es war der Anlaß zu einer scharfen Entgegnung in Form eines umfangreichen Buches, in dem über hundert führende Persönlichkeiten der Religionsgemeinschaften in eingehenden Beiträgen die Aussage des Meisters zurückwiesen.

Als der Meister den dicken Band sah, lächelte er: „Wenn das, was ich sagte, falsch ist, wäre doch ein Artikel genug gewesen", sagte er.

Zur großen Freude der Schüler wünschte sich der Meister ein neues Hemd zum Geburtstag. Der beste Stoff wurde gekauft. Der Dorfschneider kam, um dem Meister Maß zu nehmen und versprach, so Gott wolle, das Hemd innerhalb einer Woche anzufertigen.

Eine Woche verging, und ein Schüler wurde zum Schneider geschickt, während der Meister aufgeregt auf sein Hemd wartete. Der Schneider sagte: „Es ist eine kleine Verzögerung eingetreten, aber so Gott will, wird es morgen fertig sein."

Am nächsten Tag sagte der Schneider: „Es tut mir leid, es ist nicht fertig. Versucht es morgen noch einmal, und so Gott will, wird es bestimmt fertig sein."

Am folgenden Tag sagte der Meister: „Fragt ihn, wie lange es dauern wird, wenn er Gott aus dem Spiel läßt."

RELIGION

Jemand fragte den Meister, warum er der Religion gegenüber so argwöhnisch sei. „Ist denn die Religion nicht das Erhabenste, das die Menschen besitzen?"

Die Antwort des Meisters war schleierhaft: „Das Beste und das Schlechteste – das ist es, was dir die Religion gibt."

„Warum das Schlechteste?"

„Weil die Leute meistens gerade genug Religion annehmen, um zu hassen, aber nicht genug, um zu lieben."

Ein Grund, sich einer religiösen Organisation anzuschließen, liegt darin, die Chance zu haben, der Religion ohne Schuldgefühle aus dem Wege zu gehen", sagte der Meister und erzählte, wie er sich einmal mit einer Frau, die mit einem Reisevertreter frisch verlobt war, unterhalten hatte:

„Sieht er gut aus?" fragte der Meister.

„Ach ja, er sticht nicht gerade unter anderen hervor."

„Hat er Geld?"

„Wenn er welches hätte, würde er es nicht ausgeben."

„Hat er schlechte Angewohnheiten?"

„Er raucht jedenfalls und trinkt mehr, als ihm guttut."

„Ich verstehe dich nicht. Wenn du nichts Gutes über ihn zu sagen weißt, warum heiratest du ihn dann?"

„Ach, er ist meistens auf der Reise und von zu Hause fort. So habe ich die Beruhigung, verheiratet zu sein, ohne die Last, einen Ehemann zu haben."

Eine religiöse alte Dame hatte an allen Religionen etwas auszusetzen, also gründete sie eine eigene. Eines Tages sagte ein Reporter zu ihr, der sich bemühte, ihre Ansicht zu verstehen: „Glauben Sie wirklich, wie man behauptet, daß niemand in den Himmel kommen wird außer Ihnen und Ihrem Hausmädchen?" Die alte Dame dachte über die Frage nach und erwiderte: „Bei Mary bin ich nicht sicher."

NOVEMBER

In Stille und Gebet

STILLE ERFAHREN

Der Gouverneur unterbrach eine Reise, um dem Meister seine Ehrerbietung zu erweisen.

„Staatsgeschäfte lassen mir keine Zeit für lange gelehrte Abhandlungen", sagte er. „Könntet Ihr das Wesentliche der Religion für einen aktiven Menschen wie mich in einem oder zwei Absätzen zusammenfassen?"

„Ich werde es mit einem einzigen Wort zum Nutzen Eurer Hoheit ausdrücken."

„Unglaublich! Wie lautet dieses außergewöhnliche Wort?"

„Stille."

Ein nicht übertrieben eifriger Schüler klagte, er habe noch nie die Stille kennengelernt, die der Meister stets empfahl.

Sagte der Meister:

„Stille erfahren nur aktive Menschen."

Ein alter Mann konnte stundenlang still in der Kirche sitzen. Eines Tages fragte ihn ein Priester, worüber Gott mit ihm spräche.

„Gott spricht nicht. Er hört nur zu", war die Antwort.

„Was redest du dann mit ihm?"

„Ich spreche auch nicht. Ich höre nur zu."

Die vier Stufen des Gebetes:

Ich spreche, du hörst zu.

Du sprichst, ich höre zu.

Keiner spricht, beide hören zu.

Keiner spricht, keiner hört: Schweigen.

STILLE AUSHALTEN

Es ist für viele sehr schwer, inneres Schweigen zu verwirklichen: Schließen Sie einmal für einen Augenblick die Augen und achten Sie auf das, was in Ihnen vorgeht. Man darf wohl annehmen, daß Sie von Gedankenwogen überflutet werden, denen Sie sich nicht entgegenstemmen können – Sprechen, Sprechen, Sprechen (das ist es nämlich, was Denken gemeinhin ist: Selbstgespräch) –, Lärm, Lärm, Lärm: meine innere Stimme im Wettstreit mit den Stimmen und Bildern anderer. Welche Chancen hat die leise Stimme Gottes da noch in all diesem Krach und Betrieb?

Das äußere Schweigen ist eine große Hilfe zur Verwirklichung des inneren Schweigens. Wenn Sie es nicht fertigbringen, das äußere Schweigen zu wahren, d. h., wenn es Ihnen unerträglich ist, den Mund zu halten, wie wollen Sie dann das Schweigen im Innern aushalten? Wie wollen Sie Ihren inneren Mund halten?

Schweigen aushalten zu können, ist ein recht gutes Merkmal für geistliche (und sogar geistige und emotionale) Tiefe. Es ist möglich, daß der Lärm in Ihrem Innern noch lauter, daß Ihre Zerfahrenheit noch größer wird und Sie noch unfähiger werden, zu beten. Das liegt nicht am Schweigen. Der Lärm war schon immer da. Das Schweigen hebt ihn nur in Ihr Bewußtsein und gibt Ihnen die Chance, ihn zu dämpfen und seiner Herr zu werden …

Der Anfänger im Gebet braucht nicht weniger Konzentration als ein Anfänger in der Mathematik, der keine schwierige Aufgabe lösen kann, wenn großer Lärm um ihn herum ablenkt. Es kommt die Zeit, da der Gebetsschüler wie der Mathematikschüler so sehr von seiner Materie gepackt wird, daß kein noch so großer Lärm seinen Geist von dem ablenken kann, was ihn beschäftigt. Doch in den Anfangsstadien sollte er demütig sein und zugeben, daß er Ruhe und Stillschweigen braucht.

STILL WERDEN

Versuche still zu werden.
Dafür mußt du zu dir zurückfinden.
Komm in die Gegenwart.
Frage dich: Wo bin ich gerade jetzt?
Was tue ich?
Was denke ich?
Was spüre ich in meinem Körper?
Wie atme ich?
Stille kann nicht erzwungen
oder unmittelbar angestrebt werden.

Suche einfach innere Wachheit –
dann wird die Stille sich einstellen.
Wenn du dich nun in dieser Stille zu Gott wenden willst,
denke dir,
daß du dich bei jedem Ausatmen auslieferst und
hingibst...
– daß jeder Atemzug deine Weise ist,
zu Gott ja zu sagen...
Ja zu dem, was du heute bist,
– zu dem Menschen, als den Gott dich geschaffen hat,
zu dem Menschen, der du geworden bist...
Ja zu deiner ganzen Vergangenheit...
Ja zu dem, was die Zukunft dir bringen wird.

Laß jedesmal, wenn du ausatmest, alles fahren
in dem Wissen, daß alles gut wird...

Laß alle Ängste beiseite
und laß den Frieden herrschen,
denn in seinen Händen, in seinem Willen
liegt unser Friede.

LAUSCHEN

Als die Schüler baten, ihnen ein Modell von Spiritualität zu geben, das sie nachahmen könnten, sagte der Meister nur: „Still, lauscht!"

Und als sie auf die Laute der Nacht draußen lauschten, begann der Meister leise den berühmten Haiku zu sprechen:

„Von einem frühen Tod,
zeigt die Zikade sich unbeeindruckt.
Sie singt."

Einige Schüler hatten bei einem Ausflug den Gipfel eines schneebedeckten Berges erreicht. Weit und breit herrschte kosmische Stille. Es reizte sie zu wissen, ob vielleicht des Nachts irgendwelche Geräusche zu hören seien. So schalteten sie ein Tonbandgerät ein, stellten es vor den Eingang ihres Zeltes und legten sich zur Ruhe.

Nachdem die Schüler wieder in ihr Kloster zurückgekehrt waren, spielten sie das Tonband ab. Doch kein Ton, kein Laut, vollständige, makellose Stille.

Der Meister, der das Tonband mit abhörte, platzte heraus: „Hört ihr es nicht?"

„Was hören?"

„Den Klang der Galaxien in Bewegung", sagte der Meister.

Die Schüler schauten einander verwundert an.

DAS SCHWEIGEN LIEBEN

Viele Heilige priesen das Stillschweigen mit beredten Worten. In einem Buch von Thomas Merton stieß ich auf ein schönes Zitat von Isaak von Ninive, einem syrischen Mönch. Was er sagt, trifft ebenso auf den Einsiedler in der Wüste zu wie auf den Apostel im Herzen der modernen Großstadt.

„Viele sind dauernd auf der Suche", sagt er, „doch nur diejenigen finden, die dauernd im Schweigen verharren... Jeder, der im Wortgeklingel schwelgt, ist, mag er auch Wunderbares sagen, in seinem Inneren leer. Liebst du die Wahrheit, liebe das Schweigen. Das Schweigen wird dich wie das Sonnenlicht in Gott erleuchten und dich von den Trugbildern der Unwissenheit befreien. Das Schweigen wird dich mit Gott selbst vereinen... Liebe das Schweigen über alles: es bringt dir eine Frucht, die keine Zunge beschreiben kann. Anfangs müssen wir uns zum Stillschweigen zwingen. Dann aber wird etwas geboren, das uns zum Stillschweigen hinzieht. Möge Gott dich dieses ‚Etwas' verkosten lassen, das aus dem Schweigen geboren wird. Übe dich doch darin, so wird dir ein unsägliches Licht aufgehen... nach einiger Zeit wird im Herzen dieser Übung eine gewisse Wonne geboren, und der Leib wird geradezu mit Gewalt dahin geführt, im Stillschweigen auszuharren."

Jedes Wort dieser Zeilen verdient eigens meditiert zu werden: sie sprechen das Herz eines jeden an, der schon einmal praktisch erfahren hat, wie kostbar das Stillschweigen ist.

BEREDTES SCHWEIGEN

Jedes Wort, jedes Bild, das man für Gott gebraucht, dient eher der Verzerrung als einer Beschreibung."
„Wie spricht man also von Gott?"
„Durch Schweigen."
„Warum sprecht Ihr dann in Worten?"
Darüber lachte der Meister lauthals. Er sagte: „Wenn ich spreche, mein Lieber, darfst du nicht auf die Worte hören. Höre auf das Schweigen."

Jeden Tag wurde der Meister überhäuft mit Fragen, die er ernsthaft, scherzend, freundlich, bestimmt zu beantworten pflegte.
Eine Schülerin saß während dieser Gespräche stets schweigend da.
Als sie jemand deswegen fragte, sagte sie: „Ich höre kaum ein Wort von dem, was er sagt. „Ich werde von seinem Schweigen zu sehr abgelenkt."

Manchmal fiel eine Schar lärmender Besucher in das Kloster ein und die Stille wurde zunichte.
Das ärgerte die Schüler; nicht so den Meister, der gleichermaßen zufrieden schien, ob Lärm oder Stille herrschte.
Eines Tages sagte er seinen protestierenden Schülern: „Stille ist nicht das Fehlen von Geräusch, sondern das Fehlen des Selbst."

TIEFE DURCH SCHWEIGEN

Der heutige Mensch scheut das Schweigen ganz besonders. Es fällt ihm schwer, für sich allein innezuhalten. Immer drängt es ihn, in Bewegung zu sein, etwas zu unternehmen und etwas zu sagen. Und so ist denn sein Handeln meistens nicht frei, schöpferisch und dynamisch, wie er gern annimmt; es ist zwanghaft. Wenn man lernt, innezuhalten und zu schweigen, wird man *frei*, zu handeln oder nicht zu handeln, zu reden oder nicht zu reden, und menschliches Reden und Handeln erlangen dann neue Tiefe und neue Kraft.

Der heutige Mensch kann nicht mehr tief in sich gehen. Sobald er es versucht, wird er aus seinem Herzen gleichsam herausgeschwemmt, so wie die See eine Leiche ans Ufer spült. Der Mensch kann nur glücklich werden, wenn er zu den Quellen des Lebens in den Tiefen seiner Seele gelangt; doch wird er dauernd aus seinem Zuhause verbannt und aus der stillen Klause seines geistlichen Lebens ausgeschlossen. Somit hört er auf, Person zu sein.

Der Dichter Khalil Gibran sagt: „Man redet, wenn man nicht mehr mit sich selbst in Frieden lebt. Und wenn man nicht mehr in den Tiefen seines Herzens wohnen kann, lebt man auf seinen Lippen. Dann wird Getön zum Vergnügen und zum Zeitvertreib."

Der Prediger erntete für seine Beredsamkeit allgemeinen Beifall. Doch seinen Freunden gestand er, daß keine noch so wohlgesetzte Rede von ihm je ganz die Wirkung der einfachen, ungeschminkten Äußerungen des Meisters erzielen würde.

Nachdem er mit dem Meister eine Woche zusammen verbracht hatte, kannte er den genauen Grund dafür.

„Wenn er spricht", sagte der Prediger, „schließt seine Rede Schweigen mit ein, meine Rede leider Nachdenken."

UNTÄTIGKEIT

Was ist das Höchste, das ein Mensch vollbringen kann?"
„In Meditation versunken sein."
„Würde das nicht zur Untätigkeit führen?"
„Es *ist* Untätigkeit."
„Ist Tätigsein also weniger wert?"
„Untätigkeit belebt das Tätigsein. Sonst wäre es tot."

Was ist das Höchste, das ein Mensch vollbringen kann?"
„In Meditation versunken sein."
Aber der Meister selbst war selten in Meditation zu sehen.
Er war ständig mit Haus- und Feldarbeit beschäftigt, emp-
fing Besucher und schrieb Bücher. Er hatte sogar die Buch-
haltung des Klosters übernommen.
„Warum verbringt Ihr dann Eure ganze Zeit mit Arbeit?"
„Wenn man arbeitet, braucht man nicht aufhören zu me-
ditieren."

Es war eine Freude, den Meister die einfachsten Tätigkeiten
ausführen zu sehen: ob er saß oder ging, eine Tasse Tee
trank oder eine Fliege verscheuchte. Alles, was er tat, hatte
Anmut und ließ ihn in Harmonie mit der Natur erscheinen,
so als würden seine Handlungen nicht von ihm, sondern
vom Universum hervorgebracht.
Als er einmal ein Paket erhielt, beobachteten ihn die
Schüler gebannt und ehrfürchtig, wie er die Schnur löste,
das Papier entfernte und den Inhalt herausnahm, so als
wäre das Paket ein lebendiges Geschöpf.

DIE ZELLE

Der Schüler bat um ein Wort der Weisheit. Sagte der Meister: „Geh, setz dich in deine Zelle und deine Zelle wird dich Weisheit lehren."

„Aber ich habe keine Zelle. Ich bin kein Mönch."

„Natürlich hast du eine Zelle. Blick in dich."

Ein wohlhabender Industrieller sagte zu dem Meister: „Welchen Beruf übt Ihr aus?"

„Keinen", sagte der Meister.

Der Industrielle lachte verächtlich: „Ist das nicht Faulheit?"

„Du lieber Himmel, nein! Faulheit ist meistens ein Laster sehr aktiver Menschen."

Später sagte der Meister zu seinen Schülern: „Tut nichts und alle Dinge werden durch euch geschehen. Nichtstun bedeutet in Wirklichkeit sehr viel Tätigkeit – probiert es!"

Man wußte, der Meister zog tätiges Leben der Abgeschlossenheit vor. Aber er legte immer Wert auf „erleuchtetes" Tätigsein.

Die Schüler wollten wissen, was „erleuchtet" bedeutete. Hieß es „gut-gemeint"?

„Oh nein", sagte der Meister, „bedenkt nur, wie gut es der Affe meint, wenn er einen Fisch aus dem Fluß holt, um ihn vor einem nassen Tod zu retten."

DIE OFFENBARUNG DES SCHWEIGENS

Schweigen ist die große Offenbarung", hat Laotse gesagt...
Um die Offenbarung des Schweigens aufzunehmen, mußt
du zunächst das Schweigen erfahren. Das ist nicht leicht...

Das Schweigen wird dir dich selbst offenbaren. Das ist
seine erste Offenbarung: du selbst. In und durch diese
Offenbarung wirst du Dinge erlangen, die du mit keinem
Geld der Welt kaufen kannst – Dinge wie Weisheit, Heiter-
keit, Freude und Gott.

Um diese unbezahlbaren Dinge zu bekommen, genügt es
nicht, nachzudenken, zu reden, zu diskutieren. Du wirst
dich abmühen müssen...

Suche in den Offenbarungen des Schweigens nicht nach
aufregenden Dingen – nach Eingebungen, Inspirationen,
Einsichten. *Suche* überhaupt nicht. Beschränke dich darauf,
zu *beobachten*. Bemerke alles, was in dein Bewußtsein
kommt. Alles, und sei es noch so banal und gewöhnlich. Die
Offenbarungen bestehen vielleicht nur in dem Bewußtsein,
daß deine Hände feucht sind, daß du gern deine Sitzhaltung
ändern würdest oder daß du dir Sorgen um deine Gesundheit machst. Das aber ist ohne Bedeutung. Wichtig ist, daß
du dir dessen bewußt geworden bist. Der Inhalt dieser
Wahrnehmung ist wichtiger als ihre Intensität. Je intensiver
die Wahrnehmung wird, desto tiefer wird das innere
Schweigen. Und während das Schweigen tiefer wird, erlebst
du eine Wandlung. Und zu deiner Freude wirst du entdek-
ken, daß Offenbarung nicht in Wissen besteht, sondern in
Kraft; eine geheimnisvolle Kraft, die eine Umwandlung in
dir bewirkt.

RASTLOS

Als der Meister den Gouverneur zur Meditation einlud und die Antwort erhielt, er sei zu beschäftigt, sagte er ihm: „Ihr erinnert mich an einen Mann, der mit verbundenen Augen im Dschungel umhergeht – und zu beschäftigt ist, die Binde abzunehmen."

Als der Gouverneur vorgab, keine Zeit zu haben, sagte der Meister: „Es ist ein Irrtum, daß Meditation aus Zeitmangel nicht möglich ist. Der wahre Grund ist ein rastloser Verstand."

Es war einmal ein erschöpfter Holzfäller, der Zeit und Kraft verschwendete, weil er mit einer stumpfen Axt einschlug. Denn wie er sagte, habe er keine Zeit, die Schneide zu schärfen.

Als der Meister gefragt wurde, wie man Stille entdecken kann, erzählte er diese Geschichte:

Eine Faktorei war am Ankauf von Ochsenfroschhäuten interessiert. Ein Farmer telegrafierte der Firma, daß er jede Anzahl nach Bedarf liefern könnte, bis zu hunderttausend Häute und mehr. Die Firma drahtete zurück: „Bitten um erste Lieferung von fünfzigtausend."

Zwei Wochen später traf mit der Post eine einzige Brüllfroschhaut ein und dazu die Notiz: „Sehr geehrte Herren, ich bitte um Entschuldigung. Das ist alles, was es an Froschhäuten in der Nähe gab. Das Gequake hat mich sicher getäuscht."

Danach sagte der Meister: „Untersuche den Lärm, den die Leute machen. Dann durchschaue den Lärm, den du selbst machst, und du wirst nichts, nur Leere – und Stille finden."

ALLEINSEIN

Ich möchte im Gebet mit Gott sein."

„Was du willst, ist absurd."

„Warum?"

„Weil jedesmal, wenn du bist, Gott nicht ist; jedesmal wenn Gott ist, bist du nicht. Wie könntest *du* also *mit* Gott sein?"

Später sagte der Meister:

„Sucht das Alleinsein. Wenn ihr mit jemand zusammen seid, seid ihr nicht allein. Wenn ihr ‚mit Gott' seid, seid ihr nicht allein. Der einzige Weg, wirklich mit Gott zu sein, ist der, völlig allein zu sein. Dann, hoffentlich, wird Gott sein und nicht ihr."

Der Sufi Bayazid Bistami beschreibt seinen Fortschritt in der Kunst des Betens: „Als ich die Kaaba in Mekka zum erstenmal besuchte, sah ich die Kaaba. Das zweite Mal sah ich den Herrn der Kaaba. Das dritte Mal sah ich weder die Kaaba noch den Herrn der Kaaba."

Als der Meister mit wohlklingender Stimme Sanskritverse sang, hörte ihm ein Schüler wie gebannt zu und sagte: „Ich habe immer gewußt, daß es keine Sprache auf der Welt gibt, die göttliche Dinge so zum Ausdruck bringt wie das Sanskrit."

„Mach dich nicht lächerlich", sagte der Meister. „Die Sprache des Göttlichen ist nicht Sanskrit, sondern Schweigen."

DIE FACHLEUTE

Mein religiöses Leben wird ganz und gar von Fachleuten gemanagt. Wenn ich beten lernen will, gehe ich zu einem geistlichen Führer; um den Willen Gottes für mein Leben herauszufinden, wende ich mich an einen Exerzitienmeister; um meine Bibel zu verstehen, gehe ich zu einem Schriftgelehrten; um zu erfahren, ob ich gesündigt habe oder nicht, wende ich mich an einen Moraltheologen, und um mir meine Sünden vergeben zu lassen, gehe ich zu einem Priester.

Ein Eingeborenenkönig im Südpazifik gab einst ein Bankett zu Ehren eines vornehmen Gastes aus dem Westen.

Als es darum ging, den Gast zu würdigen, blieb Seine Majestät am Boden hocken, während ein zu diesem Zweck bestellter, berufsmäßiger Redner sich ins Zeug legte.

Nach der überschwenglichen Lobpreisung erhob sich der Gast, um dem König einige Dankesworte zu sagen. Seine Majestät hielt ihn freundlich zurück. „Bleib sitzen", sagte er, „ich habe auch für Euch einen Redner engagiert. Auf unserer Insel sind wir der Meinung, öffentliche Reden sollten nicht Amateuren überlassen werden."

Ich frage mich, ob Gott es vielleicht schätzte, wenn ich ihm gegenüber etwas mehr Amateur wäre?

Als jemand bekannt gab, daß er zum Doktor der Theologie promoviert wurde, sagte der Meister, dem der Schalk im Nacken saß, mit einer Unschuldsmiene: „Ein Doktor der *Theologie*? Was für eine Art von Krankheit ist das?"

DIE KATZE DES GURUS

Jeden Abend, wenn der Guru sich zur Andacht niederließ, pflegte die Ashram-Katze herumzustreunen und die Beter abzulenken. Also ließ er die Katze während des Abendgottesdienstes anbinden.

Lange nach dem Tode des Gurus wurde die Katze stets während des Abendgottesdienstes angebunden. Und als die Katze schließlich starb, wurde eine andere Katze in den Ashram gebracht, so daß man sie ordnungsgemäß während des Abendgottesdienstes anbinden konnte.

Jahrhunderte später schrieben die Schüler des Gurus gelehrte Abhandlungen darüber, welch wichtige Rolle eine Katze in jedem ordentlich gestalteten Gottesdienst spiele.

Was nützt euer Lernen und eure Hingabe? Wird ein Esel weise, weil er in einer Bibliothek wohnt oder eine Maus heilig, weil sie in einer Kirche lebt?"

„Was brauchen wir also?"

„Ein Herz."

„Wie bekommt man eines?"

Der Meister wollte es nicht sagen. Was er auch sagte, sie würden es sofort zu einer Schulaufgabe machen oder in einen Gegenstand der Verehrung verwandeln.

Du bist so stolz auf deine Intelligenz", sagte der Meister zu einem Jünger. „Du bist wie der Verurteilte, der stolz ist auf die Größe seiner Gefängniszelle."

VERLANGEN

Ein wirklich geistlicher Mensch verlangt sozusagen habituell danach zu beten. Er sehnt sich danach, von allem fern zu sein und im Schweigen Umgang mit Gott zu pflegen, in Verbindung zu treten mit dem Unendlichen, dem Ewigen, seinem Seinsgrund, der unser Vater ist, der Quell all unseres Lebens, unseres Heiles und unserer Kraft.

Ich kenne keinen einzigen Heiligen, der nicht dauernd diesen Drang verspürte, diesen unwiderstehlichen Impuls, das ständige Verlangen nach dem Gebet. Nicht, daß sie dem Verlangen nachgegeben hätten! Nein, viele von ihnen waren viel zu sehr damit beschäftigt, das Werk zu verrichten, das Gott ihnen übertragen hatte, als daß sie die Zeit gehabt hätten, diesen Drang ganz zu stillen. Aber der Drang war von Dauer und hat in ihnen eine Art heiliger Spannung geschaffen, so daß sie, wenn sie beteten, das Verlangen empfanden, aufzubrechen und für Christus zu wirken, und wenn sie für Christus wirkten, das Verlangen, von allem fern und mit ihm allein zu sein…

Dieses starke Verlangen, fern und mit Gott allein zu sein, macht das ganze Leben und Wirken eines Menschen zum Gebet, und er ist ständig von einer Atmosphäre des Gebets umgeben und von ihr durchtränkt.

Mahatma Gandhi pflegte es als seine Erfahrung hinzustellen, daß er tagelang leicht ohne einen einzigen Bissen Nahrung leben konnte, aber nicht für eine einzige Minute ohne Gebet. Wenn man ihm auch nur für eine Minute das Gebet nähme, so hat er gesagt, würde er bei dem Leben, das er führte, verrückt.

ORTE

Eine wichtige Gebetshilfe ist der Ort... Es gibt anscheinend Orte, die sich zum Beten besonders eignen. Die Stille eines Gartens, das schattige Ufer eines dahinströmenden Flusses, der Friede eines Berges, die unendliche Weite des Meeres, eine Terrasse unter dem nächtlichen Sternenhimmel oder im zarten Licht der Morgenröte, der Morgenstern, der Sonnenaufgang, das weihevolle Dunkel einer Kirche – all dies scheint in uns geradezu Gebet zu erzeugen, wenn wir uns ihm überlassen.

Wir werden freilich nicht immer den Luxus genießen, an solchen Orten zu wohnen – zumal diejenigen nicht, die in modernen Riesenstädten leben müssen –, aber wenn wir uns einmal an ihnen aufgehalten haben, können wir sie im Herzen mit uns tragen. Dann genügt es sogar, sie sich in der Erinnerung vorzustellen, und schon erweisen sie sich für unser Gebet so segensträchtig wie damals, als wir wirklich dort waren. Selbst Bilder von diesen Stätten können eine Gebetshilfe sein.

Zu meinem Bekanntenkreis gehört ein sehr frommer und heiligmäßiger Jesuit, der eine kleine Sammlung jener schönen Landschaftsbilder besitzt, die man heute in Kalendern findet. Er hat mir gesagt, er betrachte sich, wenn er müde sei, einfach eins dieser Bilder und stelle fest, daß er sich ins Gebet versenkt habe.

P. Teilhard de Chardin spricht einmal vom „geistlichen Potential der Materie". Die Materie ist tatsächlich geistgeladen, und das ist nirgendwo so offensichtlich wie an diesen „frommen Stätten", wenn wir nur lernen wollten, das Gebetspotential auszuschöpfen, mit dem sie aufgeladen sind.

DIE WALDKIRCHE

Es war einmal ein Wald, in dem die Vögel bei Tag und die Insekten bei Nacht sangen. Bäume gediehen, Blumen blühten und alle Art von Kreatur freute sich des Lebens in Freiheit.

Und jeder, der diesen Wald betrat, wurde hingeführt zur Einsamkeit, die die Heimat Gottes ist, der im Schweigen der Natur und ihrer Schönheit wohnt.

Doch dann begann das Zeitalter des bewußtlosen Handelns, als es den Menschen möglich wurde, dreihundert Meter hohe Gebäude zu errichten und innerhalb eines einzigen Monats Flüsse, Wälder und Berge zu zerstören. Man baute Häuser für den Gottesdienst aus dem Holz der Waldbäume und aus den Steinen im Waldboden. Kirchtürme und Minarette ragten in den Himmel, die Luft war erfüllt von Glockengeläut, Gebet, Gesang und Ermahnung.

Und plötzlich hatte Gott kein Haus mehr.

Gott verbirgt Dinge, indem er sie uns vor Augen legt!

Es war einmal eine gläubige und fromme Frau, die Gott liebte. Jeden Morgen ging sie in die Kirche. Unterwegs riefen ihr die Kinder zu, Bettler sprachen sie an, aber sie war so in sich versunken, daß sie nichts wahrnahm.

Eines Tages ging sie wie immer die Straße hinab und erreichte gerade rechtzeitig zum Gottesdienst die Kirche. Sie drückte an der Tür, doch sie ließ sich nicht öffnen. Sie versuchte es heftiger und fand die Tür verschlossen.

Der Gedanke, daß sie zum erstenmal in all den Jahren den Gottesdienst versäumen würde, bedrückte sie. Ratlos blickte sie auf und sah genau vor ihrem Gesicht einen Zettel an der Tür.

Darauf stand: „Ich bin hier draußen!"

DAS BUCH

Mein Tempelpriester sagt mir, daß der Tempel für mich der einzige Ort ist, um zu Gott zu beten. Was sagst du dazu?"

„Dein Tempelpriester ist nicht die richtige Person, die du hier um Rat fragen solltest", erwiderte der Meister.

„Aber er ist doch Experte, oder nicht?"

Darauf erzählte der Meister von einem Erlebnis, das er auf einer Reise im Ausland hatte: Als er in seinen zwei von zu Hause mitgebrachten Reiseführern blätterte, musterte sie sein Fremdenführer mit finsterer Miene und deutete dann auf das eine Buch: „Das da sehr schlechter Reiseführer, anderes Buch besser."

„Warum? Enthält dieses mehr Informationen?"

Der Fremdenführer schüttelte den Kopf: „Dieses Buch sagt, Fremdenführer fünf Dollar geben, anderes sagt fünfzig Cent."

Ein Redner führte aus, daß ein Bruchteil der enormen Summen, die in der modernen Welt für Waffen ausgegeben werden, alle wesentlichen Probleme der gesamten Menschheit lösen könnte. Die voraussehbare Reaktion der Schüler nach dem Vortrag war: „Warum sind die Menschen so dumm?"

„Deswegen", sagte der Meister ernst, „weil Menschen wohl gelernt haben, gedruckte Bücher zu lesen. Sie haben aber die Kunst vergessen, ungedruckte zu lesen."

„Gebt uns ein Beispiel eines ungedruckten Buches."

Aber der Meister wollte keines geben.

Eines Tages gab er ihrem Drängen nach und sagte: „Die Lieder der Vögel, das Summen der Insekten verkünden die Wahrheit wie ein Trompetenstoß. Gräser und Blumen weisen den Weg. Lauscht! Schaut! So liest man."

MÜNDLICHES GEBET

Erst im Mittelalter unterschied man in der Kirche zwischen mündlichem und innerem Gebet. Davor konnten sich die Leute kaum vorstellen, daß jemand betete, ohne Worte zu gebrauchen.

Johannes Klimakus, ein griechisch-asketischer Schriftsteller, der in der ersten Hälfte des 7. Jahrhunderts als Eremit auf dem Berg Sinai lebte, führte die Menschen in die Kunst des Gebets durch eine Methode ein, die so einfach ist, daß sie weitgehend übergangen wurde. Hier ist sie in ihren wesentlichen Zügen:

– Werde dir Gottes Gegenwart bewußt... Sprich dann einen Gebetstext, indem du dich vollkommen auf die Worte konzentrierst, die du spricht, und auf die Person, zu der du sprichst.

– Nehmen wir an, du wählst das Vaterunser. Sprich es vollkommen konzentriert von Anfang bis zum Ende. Laß die Worte in dein Herz und in deine Gedanken einsinken. Sie formen dich, sie nehmen die Färbung an, die du ihnen verleihst, und sie steigen auf zu Gott in dieser unverwechselbar persönlichen Gestalt, die du ihnen gegeben hast.

– Wenn du an einer Stelle zerstreut wirst, kehre zu dem Wort oder Satz zurück, bei dem du zerstreut wurdest und wiederhole Wort oder Satz, falls notwendig, immer wieder, bis du beim Sprechen vollkommen gesammelt bist.

– Nach dem ersten Sprechen wiederhole dasselbe Gebet immer wieder. Oder wähle ein anderes Gebet aus.

Das ist alles: auf diese Methode haben viele Heilige ihr Gebetsleben gegründet. Und sie machten beachtliche Fortschritte in der Kunst des Gebets und der Kontemplation allein aufgrund dieser Methode.

BITTEN

Was Jesus über das Beten gesagt hat, klingt sehr einfach: „Bittet, und ihr werdet empfangen!" Entwaffnend einfach. Aber hinter der einfachen Anweisung steht eine ganze Lebensform: ein Leben des Glaubens, der brüderlichen Vergebung, der Großherzigkeit den Armen gegenüber, der Abkehr von der Welt, des ausschließlichen Vertrauens auf Gott…

Das ist ja das Anstößige am christlichen Beten, der Gebetsart, die Christus uns gelehrt hat: es ist fast die einzige Gebetsart, die, rein anthropozentrisch gesehen, sinnlos ist. Meditation und Besinnung lassen sich noch verstehen; die Kontemplation, die zur Vereinigung mit dem Göttlichen und zur seelischen Entfaltung führt, ist erst recht sinnvoll; sogar die Anbetung, die tiefe Ehrfurcht, das Staunen und die Ehrerbietung angesichts der Gottheit. Doch das Bittgebet scheint so sinn- und zwecklos zu sein: da steht der winzige Mensch mit seinen Bitten den unabänderlichen Plänen des Unendlichen gegenüber! Da steht der Mensch vor Gott und bittet ihn um Dinge wie Brot, die er sehr wohl selbst erzeugen kann – und deren Erzeugung kraft seiner eigenen Leistung Gott sogar von ihm erwartet!

Doch wie sinnlos das Bittgebet auch für den Philosophen zu sein scheint, es wird für den Menschen sinnvoll, der es eifrig und mit kindlichem Glauben praktiziert. Sobald jemand die Kraft entdeckt hat, die im Gebet liegt, läßt er sich kaum von philosophischen Problemen, die das Warum und Wozu betreffen, beirren. Er hat es ausprobiert, und es funktioniert. Es beschert ihm den „Frieden, der", nach den Worten des Apostels Paulus, „alles Verstehen übersteigt", und die „vollkommene Freude", die Jesus denen verheißen hat, die das Bittgebet übten… Wer schon einmal erfahren hat, daß Beten Kraft ist, wird für den Rest seiner Tage das Beten nie mehr lassen.

WAS BETEN HEISST

Als Bruder Bruno eines Nachts betete, fühlte er sich durch das Quaken eines Ochsenfrosches gestört. Er versuchte, es nicht zu beachten, doch umsonst. Wütend schrie er aus dem Fenster: „Ruhe! Ich bete gerade."

Bruder Bruno war ein Heiliger, und so wurde sein Befehl sofort befolgt. Alle Kreatur verstummte, damit eine dem Gebet dienliche Stille einkehren konnte.

Aber nun drängte sich ein anderer Laut in Bruder Brunos Gebet – eine innere Stimme, die ihm sagte: „Vielleicht gefällt Gott das Quaken dieses Frosches genauso wie der Gesang deiner Psalmen."

„Was kann Gott am Quaken eines Frosches gefallen?" erwiderte Bruno spöttisch. Doch die Stimme gab nicht nach: „Warum glaubst du, hat Gott diesen Laut geschaffen?"

Bruno beschloß, eben dies herauszufinden. Er beugte sich aus dem Fenster und befahl: „Sing!" Das bedächtige Gequake des Frosches erfüllte wieder die Luft und wurde von allen Fröschen der Nachbarschaft vielstimmig aufgenommen. Und als Bruder Bruno die Laute auf sich wirken ließ, klangen die Stimmen, da er sich nicht länger gegen sie sträubte, durchaus nicht mehr schrill, sondern verschönerten tatsächlich die nächtliche Stille.

Diese Entdeckung brachte Bruder Brunos Herz in Einklang mit dem Universum, und er verstand zum erstenmal in seinem Leben, was Beten heißt.

Horch! Lauscht auf das Lied des Vogels,
    den Wind in den Bäumen, das Rauschen des Meeres;
    Schaut auf einen Baum, ein fallendes Blatt, eine Blume
    als sei es das erste Mal.
    Plötzlich begreift ihr die Wirklichkeit, jenes Paradies aus Kindertagen,
    das unser Wissen uns heute verschließt.

MAN KANN NIE WISSEN

Ein Dorfpriester wurde in seinen Gebeten durch spielende Kinder unter seinem Fenster abgelenkt. Um sie loszuwerden, rief er: „Unten am Fluß ist ein schreckliches Ungetüm. Lauft hin, dann werdet ihr sehen, wie es Feuer aus seinen Nasenlöchern bläst."

Bald hatte jeder im Dorf von dem gräßlichen Wesen gehört, und alles stürzte zum Fluß. Als der Priester das sah, schloß er sich der Menge an. Keuchend lief er hinunter zum Fluß, der vier Meilen entfernt war, und dachte: „Richtig, ich habe ja die Geschichte erfunden. Aber man kann nie wissen!"

Es ist einfach leichter, an die von uns geschaffenen Götter zu glauben, wenn wir andere von ihrer Existenz überzeugen können.

Die Loyalität der Theologen gegenüber ihren Glaubenssystemen, so behauptete der Meister, mache sie alle viel zu geneigt, sich der Wahrheit zu verschließen – und den Messias bei seinem Erscheinen abzuweisen.

Die Philosophen kamen bei ihm besser weg. Da sie nicht an Glaubenssätze gebunden seien, könnten sie in ihrem Suchen offener bleiben, so meinte er.

Doch sei leider auch die Philosophie eingeschränkt, denn sie verlasse sich auf Worte und Begriffe, um eine Wirklichkeit zu erfassen, die nur einem nichtbegrifflichen Denken zugänglich ist.

„Philosophie", bemerkte der Meister einmal, „ist eine Krankheit, die nur durch Erleuchtung geheilt werden kann. Dann gibt sie den Parabeln und der Stille Raum."

GEFÄHRLICHES BETEN

Hier ist eine Lieblingsgeschichte des Sufimeisters Sa'di aus Schiraz:

Einer meiner Freunde war hocherfreut, daß seine Frau schwanger war. Er wünschte sich glühend einen männlichen Sproß. Und er betete unaufhörlich zu Gott und machte entsprechende Gelübde.

Es geschah, daß seine Frau einen Sohn gebar. Mein Freund war glücklich und lud das ganze Dorf ein, um Dank zu sagen.

Jahre später, auf dem Rückweg aus Mekka, kam ich durch das Dorf meines Freundes. Man sagte mir, er sei im Gefängnis.

„Warum? Was hat er getan?" fragte ich.

Seine Nachbarn sagten: „Sein Sohn tötete im Rausch einen Mann und lief davon. Also wurde der Vater festgenommen und ins Gefängnis geworfen."

Gott beharrlich um etwas zu bitten, das wir haben möchten, ist in der Tat eine lobenswerte Übung.

Es kann freilich auch sehr gefährlich sein.

Wenn der Neurotiker bei dir Hilfe sucht, will er nur selten geheilt werden, denn jede Heilung tut weh. In Wirklichkeit will er in seiner Neurose bestätigt werden. Am liebsten aber hätte er ein Wunder, das ihn schmerzlos heilte.

Der alte Mann liebte seine Pfeife nach dem Essen. Eines Abends roch seine Frau Brandgeruch und rief: „Um Himmels willen, Pa! Du hast deinen Schnurrbart angezündet."

„Ich weiß", antwortete der alte Mann böse, „siehst du nicht, daß ich um Regen bete?"

SCHICKSALHAFTES GEBET

Der große japanische General Nobunaga beschloß anzugreifen, obgleich seine Männer nur im Verhältnis eins zu zehn denen des Feindes gegenüberstanden. Er war von seinem Sieg überzeugt, aber seine Soldaten waren voller Zweifel. Auf dem Weg in die Schlacht hielten sie an einem Shinto-Schrein. Nachdem Nobunaga dort gebetet hatte, kam er heraus und sagte: „Ich werde nun eine Münze werfen. Wenn es Kopf ist, werden wir gewinnen, wenn Zahl, verlieren wir. Das Schicksal wird sich uns zu erkennen geben."

Er warf die Münze. Es war Kopf. Die Soldaten waren so kampfbesessen, daß sie die Schlacht mit Leichtigkeit gewannen.

Am nächsten Tag sagte ein Adjutant zu Nobunaga: „Niemand kann den Weg des Schicksals ändern."

„Ganz richtig", erwiderte Nobunaga und zeigte ihm eine gefälschte Münze, die auf beiden Seiten einen Kopf trug.

Macht des Gebetes? Macht des Schicksals?

Oder die Macht eines Glaubens, der überzeugt ist, irgend etwas werde passieren?

Ein Mönch ging eines Tages im Klostergarten spazieren und hörte dabei das Lied eines Vogels.

Verzaubert lauschte er. Ihm war, als hätte er nie zuvor einen Vogel singen hören, wirklich gehört.

Als das Lied zu Ende war, ging er in das Kloster zurück und entdeckte zu seiner Bestürzung, daß er für seine Mitbrüder ein Fremder war und sie für ihn.

Nur langsam wurde ihm und ihnen klar, daß er nach Jahrhunderten zurückgekehrt war. So versunken hatte er gelauscht, daß die Zeit stehengeblieben und in die Ewigkeit hinübergeglitten war.

GELEGENHEITSGEBETE

Der Meister betete, als seine Schüler zu ihm kamen und sagten: „Herr, lehre uns beten." Und so lehrte er sie...

Zwei Männer gingen eines Tages über ein Feld, als sie einen wütenden Bullen sahen. Auf der Stelle stürzten sie zum nächsten Zaun, der Bulle ihnen auf den Fersen. Bald wurde ihnen klar, daß sie es nicht schaffen würden, und einer schrie dem anderen zu: „Es ist aus! Nichts kann uns retten. Sag ein Gebet. Schnell!"

Da schrie der andere zurück: „Ich habe nie in meinem Leben gebetet und kenne kein Gebet für diese Gelegenheit."

„Ganz egal! Der Bulle hat uns gleich eingeholt. Jedes Gebet ist recht."

„Dann will ich das einzige Gebet beten, an das ich mich erinnere und das mein Vater vor dem Essen betete: ‚Herr, mach uns wahrhaft dankbar für das, was du uns gegeben hast.'"

Nichts übersteigt die Heiligkeit jener, die gelernt haben, alles was ist, uneingeschränkt anzunehmen.

Die katholische Fußballmannschaft war unterwegs zu einem wichtigen Spiel. Ein Reporter stieg in den Zug und fragte nach dem Trainer.

„Wie ich gehört habe", sagte der Reporter, „haben Sie einen Kaplan dabei, der für den Erfolg der Mannschaft betet. Würden Sie mich ihm bitte vorstellen?"

„Es wäre mir ein Vergnügen", antwortete der Trainer, „welchen möchten Sie sprechen, den Angriffs- oder den Verteidigungskaplan?"

FLÜCHE

Der arabische Meister Jalal ud-Din Rumi erzählte gerne folgende Geschichte:

Eines Tages verrichtete der Prophet Mohammed sein Morgengebet in der Moschee. In der Menschenmenge, die mit dem Propheten zusammen betete, war ein arabischer Aspirant. Mohammed begann den Koran zu lesen und sagte den Vers, in dem der Pharao den Anspruch erhebt: „Ich bin euer wahrer Gott." Bei diesen Worten ergriff den guten Aspiranten so spontaner Zorn, daß er in die Stille hinein-schrie: „Dieser prahlerische Hurensohn!"

Der Prophet sagte nichts, aber nach dem Gebet begannen die anderen den Araber zu schelten: „Schämst du dich nicht? Dein Gebet wird Gott mißfallen, weil du nicht nur die heilige Stille des Gebetes unterbrochen hast, sondern auch in Gegenwart von Gottes Propeten unflätige Worte ge-brauchtest."

Der Araber wurde rot vor Scham und zitterte vor Angst, bis Gabriel dem Propheten erschien und sagte: „Gott grüßt dich und bittet dich, diesen Leuten Einhalt zu gebieten, daß sie diesen einfachen Araber nicht weiter schelten; seine ehr-lich gemeinten Flüche gingen mir mehr zu Herzen als die heiligen Gebete vieler anderer."

Gott sieht unser Herz an, wenn wir beten, nicht die äußeren Formeln.

Der Meister war der Ansicht, kein Wort sei anstößig, wenn es im entsprechenden Zusammenhang gebraucht würde.

Als man ihm sagte, daß einer seiner Schüler des öfteren fluche, bemerkte er: „Man weiß, daß Gotteslästerung gei-stige Erleichterung bringen kann, die dem Gebet versagt bleibt."

GETANZTES GEBET

Die Juden einer kleinen Stadt in Rußland erwarteten ungeduldig die Ankunft eines Rabbi. Das kam nicht oft vor, und
deshalb dachten sie lange über die Fragen nach, die sie dem
heiligen Mann stellen wollten.

Als er schließlich kam und sie mit ihm in der großen Halle
der Stadt zusammentrafen, konnte er die Spannung spüren,
mit der sie seine Antworten auf ihre Fragen erwarteten

Zuerst sagte er nichts; er blickte ihnen nur in die Augen
und summte eine schwermütige Melodie. Bald begannen
alle zu summen. Er fing an zu singen, und alle sangen mit
ihm. Er wiegte seinen Körper und tanzte mit feierlichen ab-
gemessenen Schritten. Die Gemeinde folgte seinem Beispiel. Bald waren sie so sehr von dem Tanz gefangen, so sehr
in die Bewegungen vertieft, daß sie auf nichts anderes mehr
achteten. Auf diese Weise wurde jeder in der Menge wieder
ganz, wurde von der inneren Zersplitterung geheilt, die uns
von der Wahrheit fernhält.

Fast eine Stunde verging, ehe der Tanz langsam aufhörte.
Die Spannung in ihrem Inneren war gewichen, und jeder
verharrte in dem schweigenden Frieden, der den Raum erfüllte. Dann sagte der Rabbi die einzigen Worte, die an jenem Abend über seine Lippen kamen: „Ich hoffe, ich habe
eure Fragen beantwortet."

Ein Derwisch wurde gefragt, warum er Gott im Tanz anbete.
Er erwiderte:

„Gott anzubeten heißt, gegenüber seinem Ich zu sterben;
tanzen tötet das eigene Ich. Wenn das Ich stirbt, sterben alle
Probleme mit ihm. Wo das eigene Ich nicht ist, ist Liebe, ist
Gott."

FÜRBITTEN

Eines Tages sah Mullah Nasrudin, wie der Dorfschulmeister eine Gruppe Kinder zur Moschee führte.

„Warum bringst du sie dorthin?" fragte er.

„Im Land herrscht Dürre", sagte der Lehrer, „und wir vertrauen darauf, daß die Rufe der Unschuldigen das Herz des Allmächtigen rühren."

„Nicht die Rufe, ob unschuldige oder sündige, zählen", sagte der Mulla, „sondern Weisheit und Bewußtheit."

„Wie könnt Ihr es wagen, in Gegenwart dieser Kinder so gotteslästerliche Reden zu führen", rief der Lehrer. „Beweist, was Ihr gesagt habt oder Ihr werdet als Häretiker verklagt."

„Ganz einfach", sagte Nasrudin. „Wenn Kindergebete etwas zählen würden, gäbe es im ganzen Land keinen Schulmeister, denn vor nichts haben sie eine größere Abneigung, als in die Schule zu gehen. Daß es dich trotz dieser Gebete noch gibt, verdankst du uns, die wir es besser wissen als die Kinder!"

Eine fromme alte Dame nach dem Krieg: „Gott meinte es sehr gut mit uns. Wir beteten unablässig, so fielen alle Bomben auf die andere Seite der Stadt."

Es war zur festen Gewohnheit geworden, jedes Jahr ihre fromme Tante einzuladen, wenn sie ein Gartenfest veranstalteten. In diesem Jahr vergaßen sie es. Als die Einladung doch noch in letzter Minute eintraf, sagte sie: „Jetzt ist es zu spät. Ich habe schon um Regen gebetet."

GEBETSERHÖRUNG

Im alten Indien wurde den Vedischen Riten große Bedeutung beigemessen, auch auf naturwissenschaftlichem Gebiet, so daß wenn die Weisen um Regen beteten, nie Dürre im Land herrschte. Nach diesen Riten begann ein Mann zu Lakshmi, der Göttin des Reichtums, zu beten, damit sie ihn reich mache.

Zehn lange Jahre betete er ohne Erfolg, und nach dieser Zeit erkannte er plötzlich, daß Reichtum trügerisch sei. Darauf begann er ein Leben der Entsagung im Himalaya.

Als er eines Tages während der Meditation die Augen aufschlug, sah er vor sich eine außergewöhnlich schöne Frau, so strahlend und so leuchtend, als wäre sie aus Gold.

„Wer bist du, und was tust du hier?" fragte er.

„Ich bin die Göttin Lakshmi, die du zwölf Jahre lang mit Lobgesängen verehrtest", sagte die Frau. „Ich bin gekommen, um dir deinen Wunsch zu erfüllen."

„Nun, meine liebe Göttin", erwiderte der Mann, „seither habe ich das Glück der Meditation erfahren und mein Verlangen nach Reichtum verloren. Du kommst zu spät. Sag mir, warum hast du dein Kommen so lange hinausgeschoben?"

„Um dir die Wahrheit zu sagen", antwortete die Göttin, „die Besonderheit dieser Riten, die du so treu befolgt hast, rechtfertigte durchaus, daß dir Reichtum zuteil geworden wäre. Weil ich dich aber liebe und dein Wohlergehen wünsche, hielt ich ihn zurück."

Es nützt nichts, daß unsere Gebete erhört werden, wenn es nicht zur rechten Zeit geschieht.

Wenn du die Wahl hättest, was würdest du wählen: Die Erfüllung deiner Bitte oder die Gnade, inneren Frieden zu haben, ob sie nun erfüllt wird oder nicht?

MORGEN- UND ABENDGEBET

Ein Schuster kam zu Rabbi Isaak von Ger und sprach: „Sag mir, wie soll ich es mit meinem Morgengebet halten? Meine Kunden sind arme Leute, die nur ein Paar Schuhe besitzen. Sie bringen sie spät abends, und ich arbeite fast die ganze Nacht daran; sogar wenn der Morgen anbricht, gibt es immer noch zu tun, wenn die Schuhe fertig sein sollen, ehe die Männer zur Arbeit gehen. Deshalb möchte ich wissen: Wie soll ich es mit meinem Morgengebet halten?"

„Wie hast du es denn bisher gemacht?" fragte der Rabbi.

„Manchmal bete ich es schnell und gehe dann gleich wieder an die Arbeit – doch fühle ich mich dabei nicht wohl. Ein andermal lasse ich die Stunde des Gebetes vorbeigehen. Dann habe ich aber auch das Gefühl, es fehle mir etwas, und hier und da, wenn ich den Hammer hebe, meine ich, mein Herz seufzen zu hören: ‚Was für ein unglücklicher Mensch bin ich doch, daß ich nicht mein Morgengebet verrichten kann.'"

Sagte der Rabbi: „Wenn ich Gott wäre, wäre mir dieser Seufzer mehr wert als das Gebet."

Großmutter: „Betest du jeden Abend deine Gebete?"
Enkel: „Oh ja!"
„Und jeden Morgen?"
„Nein. Am Tage habe ich keine Angst."

Eine chassidische Geschichte:

Eines Abends spät merkte ein armer Bauer auf dem Heimweg vom Markt, daß er sein Gebetbuch nicht bei sich hatte. Da ging mitten im Wald ein Rad seines Karrens entzwei und es betrübte ihn, daß dieser Tag vergehen sollte, ohne daß er seine Gebete verrichtet hatte.

Also betete er: „Ich habe etwas sehr Dummes getan, Herr. Ich bin heute früh ohne mein Gebetbuch von zu Hause fortgegangen und mein Gedächtnis ist so schlecht, daß ich kein einziges Gebet auswendig sprechen kann. Deshalb werde ich dies tun: Ich werde fünfmal langsam das ganze ABC aufsagen und du, der du alle Gebete kennst, kannst die Buchstaben zusammensetzen und daraus die Gebete machen, an die ich mich nicht erinnern kann."

Und der Herr sagte zu seinen Engeln: „Von allen Gebeten, die ich heute gehört habe, ist dieses ohne Zweifel das beste, weil es aus einem einfachen und ehrlichen Herzen kam."

DEZEMBER

Die besten Dinge des Lebens

DIE BESTEN DINGE

Die besten Dinge des Lebens sind uns geschenkt: Sehvermögen, Gesundheit, Liebe, Freiheit und das Leben selbst. Schade nur, daß wir uns an ihnen nicht recht erfreuen. Wir sind zu sehr von dem Gedanken belastet, daß wir nicht genug von sehr nebensächlichen Dingen besitzen: wie Geld, gute Kleider und Ruhm.

Als ich einmal zurück in meine Heimat flog, hatte das Flugzeug Verspätung, und ich war verärgert. Als es dann den Flughafen erreicht hatte, kreiste es fast eine halbe Stunde wegen „technischer Schwierigkeiten", wie es diskret hieß, über dem Flughafen, was uns noch mehr verspätete. Die halbe Stunde war voller Spannung und Sorgen. Schließlich landeten wir erleichtert. Verflogen war mein Ärger über die Verspätung. Alle waren sehr froh, sicher auf der Erde zu sein. Die Verspätung war nun eine dumme Kleinigkeit. Doch erst die Möglichkeit eines schweren Unfalls führte uns das vor Augen.

Ich las einmal von einem Mann, den die Nationalsozialisten gefangen hielten: der schrieb in einem Brief an seine Familie über seine große Freude, daß er von einer fensterlosen Zelle in eine andere verlegt worden war, die hoch oben ein Luftloch hatte, durch das er ein Stück blauen Himmel bei Tag und nachts ein paar Sterne erkennen konnte. Das betrachtete er als ein großes Glück.

Nachdem ich diesen Brief gelesen hatte, schaute ich aus meinem Fenster auf die ganze Weite des Himmels. Ich war tausendmal reicher als dieser Gefangene, und doch gab mir mein Reichtum nicht einmal einen Bruchteil der Freude, die jener von seinem Luftloch empfing.

WEDER TEUER NOCH SCHWER ZU FINDEN

Eine Gruppe älterer Herren in Japan traf sich regelmäßig, um Neuigkeiten auszutauschen und Tee zu trinken. Es machte ihnen Spaß, teure Teesorten ausfindig zu machen und neue Mischungen zu kreieren, die ihrem Gaumen schmeichelten. Als das älteste Mitglied der Gruppe an der Reihe war, die anderen zu bewirten, servierte er den Tee mit der ausgesuchtesten Zeremonie und verteilte die Teeblätter aus einem goldenen Gefäß. Jedermann war des höchsten Lobes voll und wollte wissen, wie er diese hervorragende Mischung zusammengestellt hatte.

Der alte Mann lächelte und sagte: „Meine Herren, den Tee, den Sie so köstlich finden, trinken die Bauern auf meiner Farm. Die besten Dinge im Leben sind weder teuer noch schwer zu finden."

Ein Gefangener lebte jahrelang in Einzelhaft. Er sah und sprach mit niemand, und seine Mahlzeiten wurden durch eine Maueröffnung gereicht.

Eines Tages kam eine Ameise in seine Zelle. Der Mann betrachtete sie fasziniert, als sie im Raum umherkroch. Er hielt sie auf seiner Handfläche, um sie besser beobachten zu können, gab ihr ab und zu ein Krümel und behielt sie während der Nacht unter seinem Blechgeschirr.

Schließlich wurde ihm klar, daß es zehn langer Jahre Einzelhaft bedurft hatte, um ihm die Augen für die Schönheit einer Ameise zu öffnen.

Der Tag, an dem du für jede Kleinigkeit in deinem Leben Dankbarkeit empfinden kannst, an diesem Tag wird dein Herz mit einer tiefen Zufriedenheit erfüllt sein und beinahe beständige Freude wird dein sein. Wer ständig froh sein will, der muß ständig dankbar sein; das ist das Geheimnis.

GLEICHNISSE UND GESCHICHTEN

Der Meister lehrte meistens in Gleichnissen und Geschichten. Jemand fragte einen seiner Schüler, woher er sie habe.

„Von Gott", erwiderte er. „Wenn Gott dich zum Heiler bestimmt, schickt er die Patienten; wenn er dich zum Lehrer macht, schickt er dir Schüler, wenn er dich zum Meister beruft, gibt er dir Geschichten."

Ein Schüler beklagte sich einst bei seinem Lehrer: „Ihr erzählt uns Geschichten, aber nie enthüllt Ihr ihre Bedeutung."

Sagt der Meister: „Wie würde es euch gefallen, wenn euch jemand vorgekaute Früchte anböte?"

Niemand kann es euch abnehmen, nach der Bedeutung zu suchen, die die Geschichte *für euch* hat. Nicht einmal der Meister.

Sagte ein Schüler zu einem Neuankömmling im Kloster: „Ich muß dich warnen: du wirst kein Wort verstehen, das der Meister sagt, wenn du nicht die richtige Disposition hast."

„Was ist die richtige Disposition?"

„Wer eine fremde Sprache lernt, nimmt vertraute Bedeutungen auf. Die Worte, die der Meister spricht, klingen vertraut, aber fall nicht drauf herein: sie haben eine völlig fremde Bedeutung."

LEBENSJAHRE

Nach einer Legende schickte Gott einen Engel mit folgender Botschaft zu dem Meister: „Bitte um eine Million Lebensjahre, und sie werden dir gegeben werden, ja auch abermillionen Jahre. Wie lange möchtest du leben?"

„Achtzig Jahre", erwiderte der Meister, ohne das geringste Zögern.

Die Schüler waren bestürzt. „Aber Meister, wenn Ihr eine Million Jahre leben könntet, bedenkt wie viele Generationen von Eurer Weisheit profitieren könnten."

„Wenn ich eine Million Jahre lebte, wären die Menschen mehr darauf bedacht, ihr Leben zu verlängern als Weisheit zu entwickeln."

Einmal bezog sich der Meister auf die hinduistische Auffassung, wonach die ganze Schöpfung „leela", ein Spiel Gottes sei und das Universum sein Spielplatz. Das Ziel der Spiritualität bestehe darin, so behauptete er, alles Leben zu einem Spiel zu machen.

Dies erschien einem strengen Besucher zu frivol. „Ist denn kein Raum zum Arbeiten da?" fragte er.

„Selbstverständlich ist einer da. Aber Arbeit wird nur dann spirituell, wenn sie sich in Spiel verwandelt."

Wie erklärt der Meister die Existenz des Bösen in der Welt?" fragte ein Besucher.

Ein Schüler erwiderte: „Er erklärt es nicht. Er ist zu beschäftigt, um sich damit aufzuhalten."

Und ein anderer sagte: „Die Menschen liegen ständig im Kampf mit der Welt oder langweilen sich mit ihr. Der Meister ist entzückt von dem, was er an Staunenswertem, Erhabenem und Unfaßbarem sieht."

TAG UM TAG

Uwais, der Sufi, wurde einmal gefragt: „Was hat Euch die Gnade gebracht?"

Er antwortete: „Wenn ich morgens erwache, fühle ich mich wie ein Mensch, der nicht sicher ist, ob er den Abend erleben wird."

Sagte der Fragende: „Aber geht es nicht allen Menschen so?"

Sagte Uwais: „Gewiß. Aber nicht alle fühlen es."

Noch nie wurde jemand davon betrunken, daß er das Wort WEIN mit dem Verstand erfaßt hat.

Ein Mann kam an einem hohen Turm, trat ein und befand sich in tiefer Dunkelheit. Als er sich vortastete, kam er an eine Wendeltreppe. Neugierig zu erfahren, wohin sie führte, begann er hinaufzusteigen und spürte dabei wachsendes Unbehagen in seinem Herzen. Er blickte sich um und sah entsetzt, daß jedesmal, wenn er eine Stufe erklommen hatte, die vorhergehende abbrach und verschwand. Vor ihm wand sich die Treppe empor, und er hatte keine Ahnung, wohin sie führte, hinter ihm gähnte eine riesige schwarze Leere.

Bedenkt man, was geistliche Suche bedeutet... so sind echte Suchende selten.

Als der König die Klöster des großen Zen-Meisters Lin Chi besuchte, erfuhr er zu seinem Erstaunen, daß dort mehr als zehntausend Mönche mit ihm lebten.

Da der König die genaue Anzahl der Mönche wissen wollte, fragte er: „Wie viele Schüler habt Ihr?"

Lin Chi erwiderte: „Höchstens vier oder fünf."

ABENTEUERLUST

In einer kleinen Grenzstadt lebte ein alter Mann schon fünfzig Jahre in dem gleichen Haus.

Eines Tages zog er zum großen Erstaunen seiner Umgebung in das Nachbarhaus um. Reporter der Lokalzeitung sprachen bei ihm vor, um ihn nach dem Grund zu fragen.

„Ich glaube, das ist der Zigeuner in mir", sagte er mit selbstzufriedenem Lächeln.

Habt ihr je von dem Mann gehört, der Christoph Columbus auf seiner Entdeckungsfahrt in die Neue Welt begleitete und sich die ganze Zeit grämte, vielleicht nicht rechtzeitig zurück zu sein, um die Nachfolge des alten Dorfschneiders anzutreten, und ein anderer ihm den Job wegschnappen könnte?

Um in dem Abenteuer, genannt Spiritualität, Erfolg zu haben, muß man fest entschlossen sein, aus dem Leben soviel wie möglich herauszuholen. Viele Menschen begnügen sich mit Nichtigkeiten wie Reichtum, Ruhm, Bequemlichkeit und menschlicher Geselligkeit.

Nach einer alten indischen Fabel lebte eine Maus in ständiger Sorge, weil sie Angst vor der Katze hatte. Ein Zauberer hatte Mitleid mit ihr und verwandelte sie in eine Katze. Aber dann hatte sie Angst vor dem Hund. Also verwandelte sie der Zauberer in einen Hund. Da begann sie den Panther zu fürchten, also verwandelte sie der Zauberer in einen Panther. Nun hatte sie große Angst vor dem Jäger.

Da gab der Zauberer auf. Er verwandelte sie wieder in eine Maus und sagte: „Nichts, was ich für dich tun kann, wird dir helfen, denn du hast das Herz einer Maus."

WÜSTENERFAHRUNG

Zwei Schmuckhändler kamen eines Nachts ungefähr gleichzeitig in einer Karawanserei in der Wüste an. Jeder war sich der Gegenwart des anderen durchaus bewußt, und als der eine sein Kamel ablud, konnte der andere der Versuchung nicht widerstehen, wie zufällig eine große Perle fallen zu lassen. Sie rollte auf den anderen zu, der sie mit gespielter Liebenswürdigkeit aufhob, sie ihrem Eigentümer zurückgab und sagte: „Ihr habt hier eine wunderschöne Perle, Sir. Groß und schimmernd wie wenige."

„Wie reizend Ihr das sagt", erwiderte der andere. „Tatsächlich ist sie eine der kleineren aus meiner Kollektion."

Ein Beduine, der am Feuer saß, hatte dieses Schauspiel beobachtet. Er erhob sich und lud die beiden ein, mit ihm zu essen. Als sie ihr Mahl begannen, erzählte er folgende Geschichte:

„Auch ich, meine Freunde, war einmal Schmuckhändler wie Ihr. Eines Tages geriet ich in der Wüste in einen großen Sturm. Meine Karawane und ich wurden hin und her getrieben, bis ich mein Gefolge verloren und mich verirrt hatte. Tage vergingen, und von panischer Angst ergriffen, merkte ich, daß ich im Kreis herumwanderte und kein Gefühl mehr hatte, wo ich war und welche Richtung ich einschlagen sollte.

Als ich fast verhungert war, lud ich alles Gepäck von meinem Kamel ab und durchwühlte es wohl zum hundertsten Mal. Stellt euch meine Aufregung vor, als ich einen Beutel fand, den ich zuvor übersehen hatte. Mit zitternden Fingern riß ich ihn auf in der Hoffnung, etwas Eßbares zu finden. Ihr werdet meine Enttäuschung verstehen, als ich sah, daß er nur Perlen enthielt."

DIE LIEBE TRÄGT DAS BÖSE NICHT NACH

Eine Frau dachte, sie habe Gottesvisionen und ging zum Bischof, um sich Rat zu holen. Der Bischof legte ihr nahe: „Sie mögen an Visionen glauben. Verstehen Sie jedoch, daß ich als Bischof der Diözese darüber entscheiden kann, ob Ihre Visionen echt oder falsch sind."

„Durchaus, Exellenz."

„Es gehört zu meinem Verantwortungsbereich, es ist meine Pflicht. Sie werden also tun, was ich von Ihnen verlange."

„Das werde ich, Exzellenz."

„Also hören Sie gut zu: wenn Ihnen Gott das nächste Mal erscheint, so wie er Ihnen normalerweise erscheint, werden Sie einen Test machen, durch den ich erfahren werde, ob es wirklich Gott ist."

„Einverstanden, Exzellenz. Aber wie geht der Test?"

„Sagen Sie Gott: ‚Bitte enthülle mir die persönlichen, die privaten Sünden des Bischofs.' Wenn es wirklich Gott ist, der Ihnen da erscheint, wird er Ihnen meine Sünden sagen. Danach kommen Sie wieder und erzählen mir alles – aber: sonst niemandem! In Ordnung?"

„Das werde ich tun, Exzellenz."

Einen Monat später bat die Frau erneut um einen Termin beim Bischof, der sie fragte: „Und, ist Gott Ihnen noch einmal erschienen?"

„Ich glaube schon, Exzellenz."

„Und Sie stellen ihm die Frage, wie ich es verlangt habe?"

„Sicher, Exzellenz."

„Was hat Gott gesagt?"

„Gott sagte mir: ‚Sag dem Bischof, daß ich alle seine Sünden vergessen habe!'"

Wie finden Sie das? Es gibt kein Buch, in dem die Sünden vermerkt werden. Und wissen Sie, Gott führt kein Sündenregister, keine Liste. Er sieht uns in diesem gegenwärtigen Augenblick und schenkt uns seine bedingungslose Liebe.

WUNDER

Ein frommer und religiöser Mann hatte schwere Zeiten durchzumachen. Er versuchte es nun mit folgendem Gebet:
„Herr, erinnere dich an all die Jahre, in denen ich dir diente, so gut ich konnte und nichts dafür verlangte. Nun, da ich alt und bankrott bin, möchte ich dich zum ersten Mal in meinem Leben um eine Gunst bitten, und ich bin sicher, du wirst sie nicht abschlagen: laß mich in der Lotterie gewinnen."

Tage vergingen, dann Wochen und Monate. Nichts geschah. Schließlich rief er eines Nachts voller Verzweiflung: „Warum gibst du mir keine Chance, Gott?"

Plötzlich hörte er die Stimme Gottes: „Gib mir auch eine Chance! Warum kaufst du dir kein Los?"

Eines Sonntagmorgens gingen Gott und Petrus Golf spielen. Gott spielte den Ball vom Anschlag. Er tat einen mächtigen Schlag und schlug den Ball ins Rauh neben den Fairway.

Der Ball hatte noch nicht den Boden berührt, als ein Kaninchen aus einem Busch heraussauste, den Ball mit dem Maul auffing und den Fairway hinunterrannte. Plötzlich stürzte ein Adler herab, packte das Kaninchen mit seinen Fängen und flog mit ihm über das Green. Ein Mann mit einem Gewehr nahm ihn ins Visier und schoß den Adler mitten im Flug ab. Der Adler ließ das Kaninchen fallen. Es fiel ins Green, und der Ball rollte aus seinem Maul in das Loch.

Wütend drehte sich Petrus zu Gott um und sagte: „Was soll das? Entweder du spielst Golf oder du alberst herum!"

Und wie steht's mit dir? Willst du das Spiel des Lebens verstehen und spielen oder mit Wundern Zeit verschwenden?

VOM GLÜCK VERFOLGT

Eine Ölquelle geriet in Brand, und die Gesellschaft rief Fachleute zur Hilfe, um das Feuer zu löschen. Aber die Hitze war so groß, daß die Feuerlöscher nicht näher als dreihundert Meter an den Förderturm herankamen. Die Unternehmensleitung bat die Freiwillige Feuerwehr des Ortes, bei der Brandbekämpfung so gut es ging zu helfen. Eine halbe Stunde später rollte ein klapprig aussehender Feuerwehrwagen die Straße hinunter und kam ungefähr zwanzig Meter vor den vernichtenden Flammen zu einem abrupten Halt. Die Männer sprangen aus dem Wagen, besprühten einander und machten sich dann daran, das Feuer zu löschen.

Die Unternehmensleitung veranstaltete aus Dankbarkeit einige Tage später eine Zeremonie, wobei der Mut der Feuerwehrmänner hervorgehoben, ihre Pflichterfüllung gerühmt wurde. Als Dank wurde dem Leiter des Feuerwehrdepots ein ansehnlicher Scheck überreicht. Als der Feuerwehrhauptmann von einem Reporter gefragt wurde, was er mit dem Scheck zu tun gedenke, erwiderte dieser: „Zuallererst werde ich den Löschwagen in eine Werkstatt bringen, damit die verdammten Bremsen repariert werden."

Einige werden als Heilige geboren, andere erlangen Heiligkeit, wieder anderen wird Heiligkeit aufgedrängt.

Lady Pumphamptons Freund war zum Tee erschienen. Sie gab ihrem Mädchen ein großes Trinkgeld und sagte: „Hier, das ist für Sie. Wenn Sie mich um Hilfe schreien hören, haben Sie Ausgang."

TUGENDEN

Ein alter Rabbi lag krank im Bett. Neben seinem Lager führten seine Schüler flüsternd eine Unterhaltung. Sie priesen seine beispiellosen Tugenden.

„Seit Salomos Zeiten gab es niemand, der weiser wäre als er", sagte einer von ihnen. „Und sein Glauben! Er gleicht dem unseres Vaters Abraham", sagte ein anderer. „Seine Geduld ähnelt der Hiobs", sagte ein dritter. „Nur in Moses finden wir jemand, der so vertraut mit Gott verkehrte wie er", sagte ein vierter.

Der Rabbi schien keine Ruhe zu finden. Als die Schüler gegangen waren, sagte seine Frau: „Hast du gehört, wie sie dein Lob gesungen haben?"

„In der Tat", erwiderte der Rabbi.

„Warum bist du dann so mürrisch?" fragte sie.

„Meine Bescheidenheit", klagte der Rabbi, „keiner erwähnte meine Bescheidenheit."

Der war wirklich ein Heiliger, der sagte: „Ich bin nur vier leere Wände um einen leeren Raum." Niemand könnte erfüllter sein.

Ein einflußreicher britischer Politiker drängte Disraeli immer wieder, ihm die Baronswürde zu verleihen. Der Premierminister sah keine Möglichkeit, den Wunsch des Mannes zu erfüllen, aber es gelang ihm, ihn abzuweisen, ohne seine Gefühle zu verletzen. Er sagte:

„Es tur mir leid, Ihnen die Baronswürde nicht verleihen zu können, aber ich kann Ihnen etwas besseres geben: Sie können Ihren Freunden berichten, ich hätte Ihnen diese Würde angeboten, aber Sie haben sie abgelehnt."

GRUNDSÄTZE

Ein guter Weg, Ihre eigenen Fehler und Unzulänglichkeiten zu erkennen", sagte der Meister, „besteht darin, zu beobachten, was Sie bei anderen stört."

Er erzählte einmal, wie seine Frau eine Dose mit Schokoladenbonbons in den Küchenschrank gestellt hatte, um schon nach einer Stunde, als sie die Dose wieder in die Hand nahm, festzustellen, daß sie bis auf den Boden leer war. Die Bonbons waren sorgfältig Stück für Stück in eine Papiertüte gepackt, die bei den persönlichen Sachen der neuen Köchin lag. Die gutmütige Frau wollte deswegen kein Aufhebens machen. Sie füllte die Bonbons wieder in die Dose um und stellte sie an einen Platz außer Reichweite.

Nach dem Essen teilte die Köchin dem Hausherrn mit, daß sie ihre Stelle noch am selben Abend verlassen werde.

„Warum denn? Was ist los?" fragte der Meister.

„Ich möchte nicht für Leute arbeiten, die zurückstehlen", antwortete sie erbost.

Während des Zweiten Weltkrieges trieb ein Mann einundzwanzig Tage auf einem Floß im Meer, ehe er gerettet wurde.

Auf die Frage, ob er aus dieser Erfahrung etwas gelernt habe, antwortete er: „Ja. Wenn ich nur immer reichlich zu essen und genug zu trinken habe, werde ich für den Rest meines Lebens wunschlos glücklich sein."

Ein alter Mann sagte, er hätte sich nur einmal im Leben beklagt, als er barfuß war und kein Geld hatte, Schuhe zu kaufen. Dann habe er einen glücklichen Mann gesehen, der keine Füße hatte. Und er habe nie wieder geklagt.

WAHRHEITSLIEBE

Ein zweiundneunzig Jahre alter Priester wurde von jedermann in der Stadt verehrt. Wenn er auf der Straße erschien, verneigte man sich tief, denn der Mann galt als heilig. Er war auch Mitglied des Rotary Klubs. Bei jeder Versammlung war er anwesend, immer pünktlich und saß stets auf seinem Lieblingsplatz in einer Ecke des Raumes.

Eines Tages war er verschwunden. Es war, als hätte er sich in Luft aufgelöst, denn trotz allen Suchens fand man keine Spur von ihm. Als sich jedoch im folgenden Monat der Rotary Klub wieder versammelte, saß er wie gewöhnlich in einer Ecke.

„Aber, Father", riefen sie, „wo wart Ihr?" – „Im Gefängnis", antwortete der Priester ruhig. „Im Gefängnis? Aber um Himmels willen, Ihr könnt doch keiner Fliege etwas zuleide tun. Was ist passiert?" – „Das ist eine lange Geschichte", sagte der Priester. „Kurz gesagt, folgendes ist passiert. Ich kaufte mir eine Fahrkarte, um in die Stadt zu fahren und wartete auf dem Bahnsteig auf den Zug, als ein Polizist mit einem sehr schönen Mädchen im Griff auftauchte. Sie musterte mich, drehte sich zu dem Polypen und sagte: ‚Der war's!' Und um die Wahrheit zu sagen, ich fühlte mich so geschmeichelt, daß ich mich schuldig bekannte."

Man sah den Ortspfarrer öfters im Gespräch mit einer schönen Frau von schlechtem Ruf – und das auch noch in der Öffentlichkeit, was seine Pfarrkinder als Skandal ansahen.

Er wurde zu einer Standpauke vor den Bischof zitiert. Als der Bischof fertig war, sagte der Pfarrer: „Euer Exzellenz, ich war immer der Meinung, es sei besser, mit einer schönen Frau zu reden und dabei an Gott zu denken, als zu Gott zu beten und an eine schöne Frau zu denken."

ABHÄRTUNG

Warum hebst du in deinen Predigten den Wert des Leidens so stark hervor?" fragte der Meister.

„Weil es uns gegenüber den Wechselfällen des Lebens abhärtet", antwortete der Prediger.

Darauf sagte der Meister nichts.

Später fragte ein Schüler: „Gegenüber was genau härtet uns das Leiden ab?"

„Vermutlich gegenüber mehr Leiden", entgegnete der Meister lächelnd.

Härtet Leiden einen Menschen nicht ab?"

„Was zählt, ist nicht das Leiden, sondern die Disposition des einzelnen, denn Leiden kann süß oder bitter machen, genauso wie das Feuer des Töpfers den Lehm verkohlen oder hart machen kann."

Warum bist du stänig in deine Gebete vertieft?" fragte der Meister.

„Weil Beten eine große Last von meinem Herzen nimmt."

„Das sollte es eben leider nicht tun."

„Was ist daran so schlimm?"

„Es hält dich davon ab zu erkennen, wer die Last an die erste Stelle gesetzt hat", sagte der Meister.

WENN GOTT LACHT

Der indische Mystiker Ramakrishna pflegte zu sagen: Gott lacht bei zwei Gelegenheiten. Er lacht, wenn er einen Arzt zu einer Mutter sagen hört: „Haben Sie keine Angst. Ich werde den Jungen gesund machen." Gott sagt sich dann: „Ich habe vor, dem Jungen das Leben zu nehmen, und dieser Mann denkt, er könne es retten!"

Er lacht auch, wenn er sieht, wie zwei Brüder ihr Land unter sich aufteilen, indem sie eine Grenzlinie ziehen und sagen: „Diese Seite gehört mir und die andere dir." Er sagt sich dann: „Das Universum gehört mir, und diese beiden behaupten, Teile davon gehörten ihnen!"

Als ein Mann erfuhr, sein Haus sei von der Flut weggerissen worden, lachte er und sagte:

„Unmöglich! Ich habe den Hausschlüssel hier in meiner Tasche."

Ein vom Äußeren her streng und unnachsichtig wirkender Sufi erschien vor den Toren des Palastes. Niemand wagte ihn aufzuhalten, als er geradewegs auf den Thron zuschritt, den der heiligmäßige Ibrahim ben Adam innehatte.

„Was wünscht du?" fragte der König.

„Einen Platz, um in dieser Karawanserei zu schlafen."

„Das ist keine Karawanserei. Das ist mein Palast."

„Darf ich fragen, wem dieser Ort vor Euch gehörte?"

„Meinem Vater. Er ist tot."

„Und wem gehörte er vor diesem?"

„Meinem Großvater. Er ist auch tot."

„Und dieser Ort, den Menschen eine kurze Weile bewohnen und dann weiterziehen – sagtet Ihr wirklich, er sei keine Karawanserei?"

FURCHTLOS

Tajima no Kami war der Fechtmeister des Schogun.

Eines Tages kam einer der Leibwächter des Schogun zu ihm und bat, ihn in der Kunst des Fechtens zu unterweisen.

„Ich habe dich sehr genau beobachtet", sagte Tajima no Kami, „du scheinst mir selbst ein Meister dieser Kunst zu sein. Ehe ich dich als Schüler annehme, möchte ich wissen, bei welchem Meister du gelernt hast."

Der Leibwächter erwiderte: „Niemand hat mich je diese Kunst gelehrt."

„Mich kannst du nicht täuschen", sagte der Lehrer, „ich habe ein kritisches Auge, das mich nicht trügt."

„Ich möchte Euer Exzellenz nicht widersprechen", sagte der Leibwächter, „aber ich verstehe wirklich nichts vom Fechten."

Der Lehrer focht einige Minuten mit dem Mann, hielt dann inne und sagte: „Da du gesagt hast, du hättest die Kunst nie gelernt, glaube ich dir. Aber du bist so etwas wie ein Meister. Erzähl mir von dir."

„Da ist eine Sache", erwiderte der Leibwächter. „Als Kind sagte mir ein Samurai, ein Mann dürfe nie den Tod fürchten. Ich rang also mit dem Problem des Todes, bis es mir keine Angst mehr verursachte."

„Genau das ist es", rief Tajimo no Kami. „Das letzte Geheimnis der Fechtkunst besteht darin, frei von Todesangst zu sein. Du brauchst keinen Unterricht. Du bist selbst ein Meister."

Es war einmal ein Mann, der fiel während eines Anfalls in einen Fluß. Als er später wieder zu sich kam, war er erstaunt, daß er am Ufer lag. Der Anfall, der ihn ins Wasser geworfen hatte, rettete sein Leben, weil er ihm die Angst vor dem Ertrinken genommen hatte... das ist Erleuchtung.

SCHLÄGER UND GESCHLAGENE

Muso, einer der berühmtesten Meister seiner Zeit, war unterwegs in der Gesellschaft eines Schülers. Sie kamen an einen Fluß und bestiegen eine Fähre. Gerade als sie ablegen wollten, kam ein betrunkener Samurei angerannt und sprang in das überladene Boot und brachte es beinahe zum Kentern. Dann torkelte er wild herum und gefährdete das nicht sehr robuste Schiff, so daß der Bootsführer ihn bat, sich ruhig zu verhalten.

„Wir sind hier wie in einem Schafstall zusammengepfercht", sagte der Samurai heiser. Plötzlich sah er Muso und schrie:

„Hier! Laßt uns den heiligen Mann über Bord werfen!"

„Habt bitte Geduld", sagte Muso, „wir werden bald drüben sein."

„Was? Ich soll Geduld haben?" brüllte der Samurai, „hört, wenn Ihr nicht springt, werfe ich Euch glatt über Bord."

Des Meisters ruhige Haltung angesichts dieser Drohungen machten den Samurai so wütend, daß er zu Muso hinging und ihn so in das Gesicht schlug, daß es blutete. Nun hatte der Schüler genug. Er war ein kräftiger Mann und sagte:

„Jetzt soll er sterben, nachdem er das getan hat."

„Warum sich über eine solche Kleinigkeit aufregen?" sagte Muso lächelnd. „Gerade solche Vorkommnisse stellen uns auf die Probe. Erinnere dich, daß Geduld mehr ist als nur ein Wort." Dann verfaßte er ein kleines Gedicht.

„Schläger und Geschlagene
sind nur Spieler eines Stückes,
das so schnell vorbeigeht wie ein Traum."

TOTSEIN

Jeder weiß, daß ich keine Angst kenne", sagte der Herrscher, „doch muß ich gestehen, etwas zu fürchen: den Tod. Was ist Totsein?"

„Wie soll ich das wissen?"

„Aber du bist doch ein erleuchteter Meister!"

„Mag sein, aber noch kein toter."

Ein Schüler mußte rasch wieder heim, als ihn die Nachricht erreichte, daß sein Haus abgebrannt war.

Er war ein alter Mann, und alle bedauerten ihn. Alles, was der Meister ihm sagte, war: „Es wird das Sterben leichter machen."

Die Schüler berichteten dem Meister von der Grabinschrift, die sie für ihn entworfen hatten:

Es war leichter,
keine Furcht zu haben,
wenn er bei uns war.

Sagte der Meister: „Wenn ihr mich braucht, um keine Furcht zu haben, dann diente meine Anwesenheit nur dazu, eure Feigheit zu verbergen, und nicht zu heilen."

VORSEHUNG

Ein Priester saß an seinem Schreibtisch am Fenster und bereitete eine Predigt über die Vorsehung vor, als er plötzlich eine Explosion zu hören glaubte. Bald sah er auch Menschen in Panik hin und her laufen und erfuhr, daß ein Damm gebrochen war, der Fluß Hochwasser führte, und die Bevölkerung evakuiert wurde.

Der Priester sah, wie das Wasser auf der Straße stieg. Es fiel ihm schwer, aufsteigende Panik zu unterdrücken, aber er sagte sich: „Ausgerechnet jetzt arbeite ich an einer Predigt über die Vorsehung, da erhalte ich Gelegenheit zu praktizieren, was ich predige. Ich werde nicht fliehen. Ich werde hier bleiben und auf Gottes Vorsehung, mich zu retten, vertrauen."

Als das Wasser bis zu seinem Fenster stand, fuhr ein Boot vorbei, und die Menschen darin riefen ihm zu: „Steigen Sie ein, Herr Pfarrer."

„Oh, nein, Kinder", sagte der Priester zuversichtlich, „ich vertraue auf die Vorsehung. Gott wird mich retten."

Er kletterte jedoch auf das Dach, und als das Wasser auch bis dorthin stieg, kam ein weiteres Boot voller Menschen vorbei, und sie drängten den Pfarrer, einzusteigen. Wiederum lehnte er ab.

Dieses Mal stieg er bis in die Glockenstube. Als ihm das Wasser bis zu den Knien reichte, schickte man einen Polizeioffizier mit einem Motorboot, um ihn zu retten. „Nein, danke, Herr Offizier", sagte der Priester ruhig lächelnd. „Sehen Sie, ich vertraue auf Gott. Er wird mich nicht im Stich lassen."

Als der Pfarrer ertrunken und zum Himmel aufgestiegen war, beklagte er sich sofort bei Gott. „Ich habe dir vertraut! Warum tatest du nichts, um mich zu retten?"

„Nun ja", erwiderte Gott, „immerhin habe ich drei Boote geschickt."

ÜBERLEBENSCHANCEN

Im alten Indien verurteilte ein König einen Mann zum Tode.

Der Mann bat den König, das Urteil aufzuheben, und fügte hinzu: „Wenn der König gnädig ist und mein Leben schont, werde ich seinem Pferd innerhalb eines Jahres das Fliegen beibringen."

„Es sei", sagte der König, „aber wenn das Pferd in dieser Zeit nicht fliegen lernt, wirst du dein Leben verlieren."

Als seine Familie voll Sorge den Mann später fragte, wie er sein Versprechen einlösen wolle, sagte er: „Im Lauf eines Jahres kann der König sterben. Oder das Pferd kann sterben, oder es kann fliegen lernen. Wer weiß das schon?"

Eine Schülerin entschloß sich, dem Meister persönlichere und direktere Fragen zu stellen.

„Glaubst *du* eigentlich an ein Leben nach dem Tod?" wollte sie von ihm wissen.

„Merkwürdig, daß du dich an dieses Thema so anklammerst", sagte der Meister.

„Warum soll das merkwürdig sein?"

„Hier hast du diesen strahlenden Maientag vor dir", erwiderte der Meister und zeigte aus dem Fenster. – „Wie ein Kind, das sich heute zu essen weigert, weil es weiß, was morgen kommt. Du hast Hunger. Iß dein tägliches Brot!"

ENTWICKLUNGSSTUFEN

Der Meister war in mitteilsamer Stimmung, also versuchten seine Schüler von ihm zu erfahren, welche Entwicklungsstufen er auf seiner Suche nach dem Göttlichen durchgemacht hatte.

„Zuerst nahm mich Gott an der Hand und führte mich in das Land der Tat, und dort blieb ich mehrere Jahre. Dann kehrte Er zu mir zurück und führte mich in das Land des Leidens; dort lebte ich, bis mein Herz von jeder übermäßigen Bindung gereinigt war. Darauf fand ich mich wieder im Land der Liebe, dessen Flamme alles verzehrte, was von meinem Selbst übriggeblieben war. Und das brachte mich in das Land der Stille, wo die Geheimnisse von Leben und Tod vor meinen staunenden Augen enthüllt wurden."

„War das die letzte Stufe Eurer Suche?" fragten Sie.

„Nein", sagte der Meister, „eines Tages sagte Gott, ‚heute werde ich dich in das innerste Heiligtum des Tempels mitnehmen, in das Herz von Gott selbst.' Und ich wurde in das Land des Lachens geführt."

Als der Meister das Bildwort Jesu erklärte, in dem von Menschen die Rede ist, die „Mücken aussieben und Kamele verschlucken", erzählte er, wie während des Krieges bei einem Luftangriff alle im Keller des Klosters Schutz suchen mußten. Den ganzen Tag saßen sie im Dunkeln und hörten, wie draußen die Bomben detonierten. Als der Abend kam, konnten zwei das Warten nicht länger ertragen.

„Wir haben genug", sagten sie. „Bomben hin, Bomben her, wir gehen nach Hause." Sie verließen den Keller, kamen aber keine drei Minuten später wieder zurück.

„Wie ich sehe, habt ihr euere Meinung geändert", sagte der Meister lächelnd.

„Ja", sagten sie verärgert. „Es hat angefangen zu regnen."

DAS GEHÖRT MIR

Eine alte Frau starb, und Engel brachten sie vor den Richterstuhl. Bei Durchsicht ihrer Akte fand der Richter jedoch keine einzige barmherzige Tat, außer daß sie einmal einem hungrigen Bettler eine Karotte gegeben hatte.

Eine einzige liebevolle Tat wiegt jedoch sehr viel, und so beschloß man, sie um dieser Karotte willen in den Himmel zu bringen. Die Karotte wurde dem Gericht vorgeführt und ihr übergeben. Im gleichen Augenblick als sie sie ergriff, begann die Karotte, wie von unsichtbaren Fäden gezogen, aufzusteigen und trug die Frau mit sich gen Himmel.

Ein Bettler tauchte auf. Er klammerte sich an den Saum ihres Kleides und wurde mit ihr zusammen hochgehoben. Eine dritte Person bekam den Fuß des Bettlers zu fassen und wurde auch hochgezogen. Bald war da eine lange Menschenkette, die von dieser Karotte emporgezogen wurde. Und so seltsam es auch klingen mag, die Frau spürte das Gewicht der vielen Leute nicht, die sich an ihr festhielten; tatsächlich bemerkte sie sie gar nicht, da sie himmelwärts blickte.

Sie stiegen immer höher, bis sie beinahe das Himmelstor erreicht hatten. Da schaute die Frau zurück, um noch einen letzten Blick auf die Erde zu tun und sah das ganze Gefolge.

Sie war empört! Mit einer gebieterischen Handbewegung rief sie: „Macht, daß ihr wegkommt, alle! Das ist meine Karotte!"

Bei dieser herrischen Geste, mußte sie die Karotte einen Augenblick loslassen – und stürzte mit ihrem ganzen Troß in die Tiefe.

Alles Übel auf der Welt hat nur eine Ursache:
„Das gehört mir!"

BARMHERZIGKEIT UND DANKBARKEIT

Vor langer Zeit gab Gott einmal eine Party, zu der er alle Tugenden, die großen und die kleinen, die bescheidenen und die mächtigen, einlud. Sie versammelten sich in einer wunderbar geschmückten Halle im Himmel und begannen sich alsbald himmlisch zu amüsieren, weil sie sich untereinander kannten, und einige sogar eng miteinander verwandt waren.

Plötzlich fielen Gott zwei liebreizende Tugenden auf, die sich nicht zu kennen schienen und offenbar nicht viel miteinander anzufangen wußten. Also nahm er eine von ihnen bei der Hand und stellte sie der anderen förmlich vor. „Dankbarkeit", sagte er, „das ist Barmherzigkeit."

Aber kaum hatte Gott den Rücken gedreht, als die beiden wieder auseinandergingen. Und deswegen wird erzählt, daß selbst Gott die Dankbarkeit nicht dorthin bringen konnte, wo die Barmherzigkeit ist.

Ein Bruder legte einmal einem der Älteren diese Frage vor: „Es waren einmal zwei Brüder, der eine blieb betend in seiner Zelle, fastete sechs Tage in der Woche und übte sich in Entbehrungen. Der andere verbrachte seine Zeit damit, Kranke zu versorgen. Wessen Arbeit ist wohlgefälliger vor Gott?"

Der ältere Bruder erwiderte: „Wenn der Bruder, der fastet und betet, sich auch noch an der Nase aufhängte, wäre das nicht einer einzigen Tat der Barmherzigkeit gleichzusetzen, die der andere vollbringt, indem er Kranke pflegt."

DREI WÜNSCHE

Ich kenne eine schöne Geschichte von einem Mann, der Gott ständig mit allen möglichen Bitten in den Ohren lag. Eines Tages schaute ihn Gott an und sprach: „Mir reicht's. Drei Bitten und keine einzige mehr. Drei Wünsche werde ich dir erfüllen, und danach ist Schluß. Jetzt nenn mir deine drei Wünsche!" Der Mann war begeistert und sagte: „Alles, was ich will?" Und Gott erwiderte: „Ja, drei Bitten und keine einzige mehr."

Also begann der Mann: „Herr, du weißt, daß es mir peinlich ist, aber ich würde gerne meine Frau loswerden, weil sie dumm ist und immer... Herr, du weißt schon. Es ist unerträglich! Ich kann einfach nicht mit ihr leben. Kannst du mich von ihr befreien?"

„In Ordnung", sagte Gott, „dein Wunsch sei erfüllt." Doch bald bekam der Mann Schuldgefühle, weil er sich so erleichtert fühlte. Aber er war glücklich und erleichtert und dachte: „Ich werde eine schönere Frau heiraten."

Als die Eltern und Freunde zum Begräbnis kamen und für die Verstorbene beteten, kam der Mann plötzlich zu sich und rief aus: „Mein Gott, ich hatte diese zauberhafte Frau und wußte sie nicht zu schätzen, als sie noch lebte." Da ging es ihm sehr schlecht, und er suchte Gott auf und bat: „Bringe sie wieder zum Leben, Herr." Gott erwiderte: „In Ordnung, dein zweiter Wunsch sei dir erfüllt."

So blieb ihm nur noch ein Wunsch. Er dachte: „Was soll ich mir nur wünschen?" und fragte seine Freunde um Rat. Einige meinten: „Wünsche dir Geld; wenn du Geld hast, kannst du alles haben, was du willst."

Andere hingegen: „Was nützt dir Geld, wenn du nicht gesund bist?" Jemand meinte gar: „Was nützt dir Gesundheit, wenn du eines Tages stirbst? Wünsche dir Unsterblichkeit!"

Der Arme wußte schon nicht mehr, was er sich wirklich wünschen sollte, denn wieder andere sagten: „Was nützt dir Unsterblichkeit, wenn du niemanden hast, den du lieben kannst? Wünsche dir Liebe." Er dachte nach und dachte nach… und konnte sich einfach nicht entscheiden, er wußte einfach nicht, was er wollte. Fünf Jahre lang, zehn Jahre lang… Eines Tages sprach Gott: „Wann sagst du mir eigentlich deinen dritten Wunsch?" Der Ärmste sagte: „Herr, ich bin völlig durcheinander, ich weiß nicht, was ich mir wünschen soll! Kannst du mir nicht sagen, was ich mir wünschen soll?" Da mußte Gott lachen und sprach: „Also gut, ich sage dir, was du dir wünschen sollst. Wünsche dir, glücklich zu sein, was dir auch immer geschehen mag. Darin liegt das Geheimnis!"

DAS SCHATTENBILD

Es war einmal ein so gottesfürchtiger Mann, daß sich sogar die Engel freuten, wenn sie ihn sahen. Aber trotz seiner Heiligkeit hatte er keine Ahnung, daß er heilig war. Er ging einfach seinen täglichen Arbeiten nach, und die Güte, die von ihm ausging, war so natürlich wie der Duft, den die Blumen verströmen oder das Licht, das Straßenlaternen verbreiten.

Seine Heiligkeit lag darin, daß er jedes Menschen Vergangenheit vergaß und ihn so nahm, wie er jetzt war, und über die äußere Erscheinung hinweg bis in sein innerstes Wesen sah, wo jedermann unschuldig und ohne Fehl war, noch nicht wissend, was er tat. Auf diese Weise liebte er alle und vergab jedem, den er traf, und er sah darin auch nichts Besonderes, weil es seiner Betrachtungsweise entsprach.

Eines Tages sagte ein Engel zu ihm: „Gott hat mich zu dir geschickt. Äußere irgendeinen Wunsch, und er wird dir erfüllt werden. Möchtest du die Fähigkeit haben, heilen zu können?"

„Nein", sagte der Mann, „mir ist es lieber, wenn Gott selbst heilt."

„Möchtest du die Gabe haben, Sünder wieder auf den rechten Weg zu bringen?"

„Nein", sagte der Mann, „es kommt mir nicht zu, an Menschenherzen zu rühren. Das sollten die Engel tun."

„Möchtest du ein solches Vorbild an Tugend werden, daß die Menschen veranlaßt werden, dir nachzueifern?"

„Nein", sagte der Heilige, „denn dadurch würde ich ja die Aufmerksamkeit auf mich ziehen."

„Was wünscht du dir dann?" fragte der Engel.

„Die Gnade Gottes", lautete die Antwort, „wenn ich die besitze, habe ich alles, was ich mir wünsche."

„Nein, du mußt dir schon irgendein Wunder wünschen", sagte der Engel, „oder es wird dir eines aufgenötigt."

„Gut, dann bitte ich um folgendes: es möge Gutes durch mich geschehen, ohne daß ich es merke."

So wurde also beschlossen, dem Schatten des heiligen Mannes Heilkräfte zu verleihen. Wann immer also sein Schatten auf den Boden fiel, vorausgesetzt, es geschah hinter seinem Rücken, wurden die Kranken geheilt, das Land wurde fruchtbar, Quellen sprudelten hervor, und die Gesichter derer, die von Kummer und Sorgen gezeichnet waren, blühten wieder auf.

Aber der Heilige erfuhr davon nichts, weil die Aufmerksamkeit der Menschen so auf den Schatten konzentriert war, daß sie den Mann vergaßen. So wurde sein Wunsch, durch ihn möge Gutes geschehen, er selbst aber vergessen werden, in vollem Maße erfüllt.

GUTE NACHRICHT

Hier ist die Gute Nachricht, die unser Herr Jesus Christus verkündet hat:

Jesus begann seine Jünger in Gleichnissen zu lehren. Er sagte:

„Das Himmelreich gleicht zwei Brüdern, die fröhlich und zufrieden lebten, bis sie beide von Gott zu Jüngern berufen wurden.

Der Ältere ging frohen Herzens auf die Berufung ein, obgleich er sich von seiner Familie losreißen mußte und auch von dem Mädchen, das er liebte und heiraten wollte. Schließlich ging er fort in ein fernes Land, wo er sein Leben im Dienste der Ärmsten der Armen zubrachte. Als in jenem Land eine Christenverfolgung einsetzte, wurde er gefangengenommen, zu Unrecht beschuldigt, gefoltert und getötet.

Und der Herr sagte zu ihm: ‚Bravo, du bist ein guter und treuer Diener! Du hast mir Dienste im Werte von tausend Talenten geleistet. Ich werde dir nun zur Belohnung eine Milliarde geben, eine Milliarde Talente. Tritt ein in die Freude deines Herrn!'

Die Antwort des jüngeren Bruders auf die Berufung war bei weitem nicht so hochherzig. Er beschloß, sie zu überhören, wie bisher weiterzumachen und das Mädchen, das er liebte, zu heiraten.

Er war lange Jahre glücklich verheiratet, sein Geschäft blühte, und er wurde reich und berühmt. Gelegentlich gab er einem Bettler eine kleine Gabe oder erwies seiner Frau und Kindern eine besondere Freundlichkeit. Gelegentlich schickte er auch einen kleinen Geldbetrag an seinen älteren Bruder im fernen Land. ‚Vielleicht hilft es dir bei deiner Arbeit für die armen Teufel dort', schrieb er.

Und als auch für ihn die Zeit zum Sterben kam, sagte der Herr zu ihm: ‚Bravo, guter und treuer Diener! Du hast mir Dienste im Werte von zehn Talenten geleistet. Ich werde dir eine Milliarde geben, eine Milliarde Talente als Belohnung. Tritt ein in die Freude deines Herrn!'

Der ältere Bruder war überrascht, als er hörte, sein Bruder bekäme die gleich Belohnung wie er. Und er war es zufrieden. Er sagte: ‚Herr, nun da ich weiß, was ich weiß, würde ich, sollte ich noch einmal geboren werden und mein Leben noch einmal leben, genau dasselbe für dich tun, was ich getan habe.'"

Das ist wirklich eine frohe Botschaft: ein großmütiger Herr, ein Jünger, der ihm dient aus reiner Freude am Dienen, wie sie nur Liebe geben kann.

BEUNRUHIGEND

Angeklagter", sagte der Großinquisitor, „Ihnen wird vorgeworfen, Menschen ermutigt zu haben, Gesetzte, Traditionen und Regeln unserer heiligen Religion zu brechen. Was haben Sie dazu zu sagen?"

„Ich bekenne mich schuldig, Euer Ehren."

„Sie werden beschuldigt, des öfteren in Gesellschaft von Ketzern, Prostituierten, gemeinen Sündern, wucherischen Steuereinnehmern, den kolonialen Eroberern unseres Volkes, kurz dem Abschaum der Gesellschaft gesehen worden zu sein. Was sagen Sie dazu?"

„Ich bekenne mich schuldig, Euer Ehren."

„Man wirft Ihnen vor, öffentlich jene kritisiert und gebrandmarkt zu haben, die in der Kirche Gottes an oberste Stelle gesetzt wurden. Was sagen Sie dazu?"

„Schuldig, Euer Ehren."

„Schließlich sind Sie angeklagt, die heiligen Lehrsätze unseres Glaubens revidieren, korrigieren und in Frage stellen zu wollen. Was sagen Sie dazu?"

„Ich bekenne mich schuldig, Euer Ehren."

„Wie heißen Sie, Gefangener?"

„Jesus Christus, Euer Ehren."

Religion leben ist für manche Leute genauso beunruhigend, wie sie in Zweifel zu ziehen.

WAS MAN TUN KANN

Eine Schülerin war überzeugt, sie sei eigentlich zu sehr weltverhaftet und zu wenig religiös. Nach einer Woche Aufenthalt im Kloster bescheinigte ihr der Meister jedoch, daß ihre Religiosität durchaus in Ordnung und gesund sei.

„Aber gibt es nicht *irgend etwas,* was ich tun kann, um genauso religiös zu sein wie die anderen Schüler?"

Darauf sagte der Meister: „Hör einmal zu: Ein Mann kaufte sich ein neues Auto. Nachdem er sechs Monate gefahren war und über den Benzinverbrauch genau Buch geführt hatte, mußte er feststellen, daß er nicht den phänomenal günstigen Verbrauch erreichen konnte, der anderen Wagen dieser Klasse so oft nachgesagt wird. Er brachte sein Auto in eine Werkstatt, wo eine gründliche Überprüfung vorgenommen wurde, ohne daß dabei jedoch irgendein Fehler gefunden werden konnte.

,Aber kann man denn nicht *irgend etwas* machen, um den Benzinverbrauch zu senken?' fragte der Mann.

,Ja, schon', sagte der Mechaniker. ,Sie können das machen, was die meisten Autobesitzer tun.'

,Was denn?'

,Lügen Sie sich ihn vor.'"

Leuten, die Tugend übten, um Gott zu gefallen und seine Freundschaft zu erlangen, hatte der Meister dies zu sagen:

Eine Seifenfirma veranstaltet ein Werbequiz, bei dem ein Cadillac zu gewinnen war. Die Teilnehmer, die in Scharen gekommen waren, wurden gefragt: „Warum mögen Sie unsere ,Himmelsduft-Seife'?"

Darauf antwortete eine Frau prompt: „Weil ich einen Cadillac haben möchte."

HEILIG ODER NICHT?

Ein Schüler fragte eines Tages den Meister gerade ins Gesicht: „Hast du den Stand der Heiligkeit erreicht?"

„Wie soll ich das wissen?" erwiderte er.

„Wer denn sonst, wenn nicht du?"

Sagte der Meister: „Frag einen normalen Menschen, ob er normal ist, und er wird dir versichern, daß er es ist. Frag einen verrückten Menschen, ob er normal ist, und er wird dir versichern, daß er es ist."

Daraufhin lachte er schelmisch.

„Dann sagte er: „Wenn du erkennst, daß du verrückt bist, bist du im Grunde doch nicht so verrückt, oder? Wenn du glaubst, du bist heilig, bist du letzten Endes doch nicht so heilig, oder? Heiligkeit ist sich selbst ganz und gar nicht bewußt."

Ein Neuling, der unzufrieden war, sagte zu einem der Schüler: „Ich möchte wirklich wissen, ob der Meister heilig ist oder nicht."

„Was hat das schon zu sagen", erwiderte der Schüler.

„Warum sollte ich ihm denn folgen, wenn er selbst den Stand der Heiligkeit nicht erreicht hat?"

„Und warum solltest du ihm folgen, wenn er ihn tatsächlich erreicht hat? Der Lehre des Meisters nach hörst du an dem Tag auf, der Wahrheit zu folgen, an dem du jemandem nachfolgst."

Und er fügte hinzu: „Sünder sagen oft die Wahrheit. Und Heilige führten schon Menschen in die Irre. Prüfe, was gesagt wird, nicht den, der es sagt."

HOFFNUNG

Mein Leben ist ein Scherbenhaufen", sagte der Besucher. „Meine Seele ist mit Sünde befleckt. Gibt es noch Hoffnung für mich?" – „Ja", sagte der Meister. „Es gibt etwas, wodurch alles Zerbrochene wieder verbunden und jeder Makel weggewischt wird."

„Was?"

„Vergebung."

„Wem vergebe ich?"

„Jedem: dem Leben, Gott, deinem Nächsten – vor allem dir selbst."

„Wie geschieht das?"

„Durch Verstehen, daß niemand zu beschuldigen ist", sagte der Meister. „NIEMAND."

Der Meister zitierte einmal den berühmten Satz aus der „Bhagavadgita", in dem der Herr den Jünger anspornt, sich in die Schlacht zu stürzen und ein ruhiges Herz zu Füßen der Lotosblume des Herrn zu bewahren.

Ein Schüler fragte: „Wie kann ich das erreichen?"

„Sagte der Meister: „Entschließe dich dazu, mit *jedem* Ergebnis deiner Anstrengungen zufrieden zu sein."

Als der Meister gefragt wurde, ob es ihn denn nicht entmutige, daß all seine Mühe anscheinend kaum Früchte trug, erzählte er die Geschichte von einer Schnecke, die an einem kalten, stürmischen Tag im späten Frühjahr aufbrach, um den Stamm eines Kirschbaums emporzuklettern. Die Spatzen auf dem Nachbarbaum lachten über ihr Unterfangen. Da flog ein Spatz auf die Schnecke zu und piepste sie an:

„He, du Dummkopf, siehst du nicht, daß auf dem Baum keine Kirschen sind?"

Der Winzling ließ sich nicht aufhalten und sagte: „Macht nichts, bis ich oben bin, sind welche dran."

ABSCHIED

Als ein Schüler sich vom Meister verabschiedete, um zu seiner Familie und seinem Geschäft zurückzukehren, bat er um etwas, das er mitnehmen könnte.

Sagte der Meister:

„Bedenke folgende Dinge:

Nicht das Feuer ist heiß,

sondern du, der du es so empfindest.

Nicht das Auge sieht, sondern du.

Nicht der Zirkel macht den Kreis, sondern der Zeichner."

Sagt ein enttäuschter Besucher: „Warum hat mein Aufenthalt hier keine Früchte getragen?"

„Könnte es sein, weil es dir an Mut fehlte, den Baum zu schütteln?" sagte der Meister gütig.

Was ist an diesem Menschen so originell?" fragte ein Gast.

„Alles, was er dir gibt, ist ein Haschee von Geschichten, Sprichwörtern und Aussprüchen anderer Meister."

Eine Schülerin lächelte. Sie hatte einmal eine Köchin, sagte sie, die das wunderbarste Haschee der Welt zubereiten konnte.

„Wie um alles in der Welt bereiten Sie es zu? Sie müssen mir das Rezept geben."

Die Köchin strahlte vor Stolz und sagte: „Also, Madam, ich will es Ihnen sagen: das Fleisch ist's nicht, der Pfeffer ist's nicht, die Zwiebeln sind's nicht, aber wenn ich mich selbst in das Haschee hineingebe – das ist's, was es zu dem macht, was es ist."

QUELLENVERZEICHNIS

Werke von Anthony de Mello

Daß ich sehe. Meditation des Lebens. Aus dem Englischen von Mathilde Wiemann, Verlag Herder Freiburg–Basel–Wien, 5. Auflage 1992 (= Meditation).

Eine Minute Unsinn. Aus dem Englischen von Robert Johna, Verlag Herder Freiburg–Basel–Wien, 2. Auflage 1994 (= Unsinn).

Eine Minute Weisheit. Aus dem Englischen von Ursula Schottelius, Verlag Herder Freiburg–Basel–Wien, 6. Auflage 1993 (= Weisheit).

Die Fesseln lösen. Einübungen in erfülltes Leben. Aus dem Portugiesischen von Irene Lucia Johna, Verlag Herder Freiburg–Basel–Wien 1994 (= Fesseln).

Meditieren mit Leib und Seele. Neue Wege der Gotteserfahrung. Aus dem Englischen übersetzt und Nachwort von Martin Kämpchen, Verlag Butzon & Bercker Kevelaer, 6. Auflage 1993(= Leib).

Der springende Punkt. Wach werden und glücklich sein. Illustrationen von Jules Stauber. Vorwort und herausgegeben von J. Francis Stroud S. J. Aus dem Englischen von Irene Lucia Johna, Verlag Herder Freiburg–Basel–Wien, 4. Auflage 1994 (= Punkt).

Von Gott berührt. Die Kraft des Gebetes. Aus dem Englischen von Radbert Kohlhaas, Verlag Herder Freiburg–Basel–Wien, 2. Auflage 1992 (= Gott).

Warum der Schäfer jedes Wetter liebt. Weisheitsgeschichten. Aus dem Englischen von Ursula Schottelius, Verlag Herder Freiburg–Basel–Wien, 5. Auflage 1992 (= Schäfer).

Warum der Vogel singt. Weisheitsgeschichten. Illustrationen von Jules Stauber. Aus dem Englischen von Ursula Schottelius, Herder Spektrum, 4149, Verlag Herder Freiburg–Basel–Wien 1993 (= Vogel).

Wer bringt das Pferd zum Fliegen? Weisheitsgeschichten. Vorwort von Parmananda R. Divarkar. Illustrationen von Jules Stauber. Aus dem Englischen von Ursula Schottelius, Verlag Herder Freiburg–Basel–Wien, 3. Auflage (= Pferd).

Wie ein Fisch im Wasser. Einladung zum glücklichen Leben. Illustrationen von Jules Stauber. Aus dem Englischen von Irene Lucia Johna, Verlag Herder Freiburg–Basel–Wien, 3. Auflage 1994 (= Fisch).

Januar 1.1. Punkt 9 – 2.1. Punkt 10, Unsinn 172 – 3.1. Vogel 76, Weisheit 25 f – 4.1. Punkt 12 f – 5.1. Punkt 31 – 6.1. Punkt 16 – 7.1. Pferd 80 – 8.1. Punkt 89, Weisheit 26 – 9.1. Punkt 100 – 10.1. Punkt 29 – 11.1. Unsinn 127 – 12.1. Fisch 91/92 – 13.1. Weisheit 35, Punkt 94 – 14.1. Unsinn 100, 180 – 15.1. Fisch 59 – 16.1. Weisheit 28, 38 – 17.1. Fisch 61 – 18.1. Fisch 62 – 19.1. Unsinn 49, 38 – 20.1. Punkt 186 – 21.1. Vogel 71 – 22.1. Unsinn 38, 185 – 23.1. Schäfer 183, Unsinn 115 – 24.1. Weisheit 34, Schäfer 58 – 25.1. Schäfer 37, Weisheit 95 – 26.1. Schäfer 186 – 27.1. Weisheit 13, 36 – 28.1. Unsinn 164, 165, Schäfer 41 – 29.1. Weisheit 136, 5 – 30.1. Unsinn 132, Schäfer 185 – 31.1. Vogel 72.

Februar 1.2. Weisheit 59, Unsinn 37 – 2.2. Vogel 79/80 – 3.2. Fisch 73/74 – 4.2. Fisch 74 – 5.2. Fisch 75/76 – 6.2. Fisch 76, Weisheit 62 – 7.2. Fisch 76–78 – 8.2. Unsinn 167/86 – 9.2. Pferd 93/94 – 10.2. Pferd 171/72 – 11.2. Pferd 99 – 12.2. Unsinn 131 – 13.2. Pferd 94/95 – 14.2. Unsinn 120, 143, 128 – 15.2. Pferd 101, 98 – 16.2. Schäfer 91 – 17.2. Schäfer 160 – 18.2. Schäfer 181/82 – 19.2. Weisheit 59, Unsinn 116, 119 – 20.2. Schäfer 130 – 21.2. Schäfer 57/58 – 22.2. Punkt 119 – 23.2. Fisch 15/16 – 24.2. Fisch 16/17 – 25.2. Fisch 18/19 – 26.2. Fisch 30 – 27.2. Unsinn 43/44, 77 – 28.2. Fisch 31/32 – 29.2. Fisch 32/33/34.

März 1.3. Pferd 115 – 2.3. Fisch 23, Weisheit 110 – 3.3. Fisch 20/21/22 – 4.3. Pferd 117/118 – 5.3. Fisch 24/25, Pferd 125 – 6.3. Pferd 117/117 – 7.3. Fisch 35/36 – 8.3. Fisch 38, Punkt 88 – 9.3. Unsinn 17, 108 – 10.3. Pferd 128/129 – 11.3. Unsinn 106, 173 – 12.3. Fisch 37 – 13.3. Pferd 116 – 14.3. Fisch 38, 39, 40, Unsinn 85 – 15.3. Unsinn 88, Weisheit 109 – 16.3. Fisch 40 – 17.3. Pferd 143, Unsinn 164 – 18.3. Unsinn 126, Pferd 133 – 19.3. Pferd 125, Unsinn 153, Weisheit 82 – 20.3. Unsinn 151, 152, Schäfer 41 – 21.3. Punkt 139/40 – 22.3. Schäfer 96, 97 – 23.3. Pferd 145 – 24.3. Schäfer 109 – 25.3. Unsinn 20, Pferd 142 – 26.3. Punkt 67, 76 – 27.3. Schäfer 32, Pferd 132 – 28.3. Schäfer 38 – 29.3. Pferd 127 – 30.3. Unsinn 95 – 31.3. Punkt 10, Unsinn 86.

April 1.4. Schäfer 65, Unsinn 11 – 2.4. Unsinn 12, 36 – 3.4. Schäfer 63, Vogel 78 – 4.4. Unsinn 27/28 – 5.4. Unsinn 28, 31, 61 – 6.4. Unsinn 33, 34, 45 – 7.4. Unsinn 54, 58, 59 – 8.4. Unsinn 63/64 – 9.4. Vogel 37, Unsinn 133 – 10.4. Schäfer 120, Unsinn 149, 201 – 11.4. Schäfer 133, Weisheit 44 – 12.4. Schäfer 121/122 – 13.4. Unsinn 199, 68, Pferd 51 – 14.4. Unsinn 177, Schäfer 123, 122 – 15.4. Weisheit 89, Unsinn 119, Schäfer 12 – 16.4. Unsinn 117, 164/165, Schäfer 123 – 17.4. Schäfer 124 – 18.4. Schäfer 126, Weisheit 98 – 19.4. Schäfer 127/27, Weisheit 98 – 20.4. Schäfer 128 – 21.4. Schäfer 129, Weisheit 93 – 22.4. Schäfer 139, Vogel 75 – 23.4. Punkt 47, Unsinn 75/76 – 24.4. Schäfer 130 – 25.4. Punkt 48/47 – 26.4. Punkt 10, Pferd 64, 72 – 27.4.

Unsinn 190, Weisheit 90 – 28.4. Schäfer 168, Unsinn 130 – 29.4. Punkt 161 / 62 – 30.4. Unsinn 206, Schäfer 120.

Mai 1.5. Vogel 112/13 – 2.5. Fisch 55/58, Pferd 133 – 3.5. Punkt 11/12 – 4.5. Punkt 57/58 – 5.5. Pferd 106f – 6.5. Punkt 127 – 7.5. Punkt 148/50 – 8.5. Schäfer 139, Unsinn 107 – 9.5. Punkt 149 – 10.5. Unsinn 148/49, Schäfer 143 – 11.5. Punkt 150/159/60 – 12.5. Schäfer 150/51 – 13.5. Punkt 175 / 76, Schäfer 150 – 14.5. Schäfer 55/56 – 15.5. Punkt 87 – 16.5. Schäfer 136 / 37 – 17.5. Unsinn 82/83 – 18.5. Schäfer 136, Weisheit 82 – 19.5. Pferd 55 / 56, Schäfer 137 – 20.5. Unsinn 75, Pferd 75/76 – 21.5. Pferd 43, Schäfer 147 – 22.5. Pferd 65 – 23.5. Schäfer 140, Pferd 133 – 24.5. Schäfer 147/48, Vogel 92 – 25.5. Weisheit 94, 20, Vogel 98 – 26.5. Fisch 68 / 69 – 27.5. Fisch 69/70, Vogel 116 – 28.5. Fisch 70/71, Punkt 23 – 29.5. Fisch 71/72 - 30.5. Vogel 55 – 31.5. Schäfer 156.

Juni 1.6. Unsinn 197, Schäfer 187 – 2.6. Leib 178 – 3.6. Punkt 60/61, Unsinn 174 – 4.6. Meditation 25/26 – 5.6. Meditation 27/28 – 6.6. Meditation 158f – 7.6. Meditation 14/15 – 8.6. Punkt 80, Weisheit 100 – 9.6. Pferd 161 – 10.6. Punkt 44/45 – 11.6. Punkt 62/63, Pferd 173 – 12.6. Punkt 63 – 13.6. Unsinn 140, Weisheit 72/73 – 14.6. Weisheit 64/65 – 15.6. Punkt 65, Weisheit 47 – 16.6. Unsinn 98 – 17.6. Punkt 66/67, Unsinn 145 – 18.6. Pferd 103/04, Weisheit 57 – 19.6. Punkt 81/82 – 20.6. Pferd 96 – 21.6. Punkt 83 – 22.6. Punkt 12, 120 – 23.6. Vogel 78/79 – 24.6. Punkt 144/45, Weisheit 57 – 25. 6. Fesseln 104 – 26. 6. Vogel 103 – Weisheit 55 – 27. 6. Pferd 91, 97 – 28. 6. Pferd 102, 92 – 29. 6. Weisheit 109, 17 – 30. 6. Schäfer 138, Unsinn 17, 203.

Juli 1.7. Schäfer 61/62 – 2.7. Fisch 83f, Weisheit 106 – 3.7. Unsinn 39/40, Weisheit 75 – 4.7. Unsinn 128f, Pferd 27f – 5.7. Pferd 22 – 6.7. Punkt 129f, Pferd 25 – 7.7. Punkt 130, Pferd 32 – 8.7. Punkt 130/3, Pferd 24 – 9.7. Punkt 131/32, Pferd 26 – 10.7. Unsinn 88, 22 – 11.7. Punkt 132/33 – 12.7. Unsinn 170, Weisheit 108 – 13.7. Unsinn 90, 91 – 14.7. Punkt 152, Schäfer 65 – 15.7. Unsinn 22/23 – 16.7. Punkt 153/54, Pferd 25 – 17.7. Punkt 159/60, Unsinn 102 – 18.7. Vogel 109, Unsinn 14 – 19.7. Pferd 32, Unsinn 102 – 20.7. Pferd 21, Unsinn 101 – 21.7. Unsinn 21, 194 – 22.7. Unsinn 156, Pferd 30 – 23.7. Schäfer 62, Unsinn 193 – 24.7. Unsinn 62, Pferd 21, 22 – 25.7. Pferd 27, 39 – 26.7. Schäfer 171 – 27.7. Punkt 52/53 – 28.7. Vogel 28, 63 – 29.7. Vogel 50 – 30.7. Vogel 26/27, 30 – 31.7. Punkt 134/35.

August 1.8. Schäfer 163, Unsinn 143 – 2.8. Meditation 35–37 – 3.8. Punkt 46, Unsinn 205 – 4.8. Weisheit 16, 25 – 5.8. Schäfer 164, Unsinn 46 – 6.8. Unsinn 109 – 7.8. Unsinn 187, 13 – 8.8. Punkt 181/82 – 9.8. Meditation 124 – 10.8. Meditation 117/18 – 11.8. Punkt 182/83 – 12.8. Meditation 121/22 – 13.8. Punkt 183/84 – 14.8. Weisheit 61, 58, Unsinn 25 – 15.8. Pferd 103 – 16.8. Weisheit 44, 42/43 – 17.8. Weisheit 27, Unsinn 136 – 18.8. Vogel 101/02 – 19.8. Pferd 107, Unsinn 30 – 20.8. Fisch 101, Unsinn 31, 27 – 21.8. Vogel 22f – 22.8. Weisheit 88, Unsinn 171 – 23.8. Vogel 64, Unsinn 159 – 24.8. Fisch 97f – 25.8. Fisch 98/99, Weisheit 53 – 26.8. Fisch 99, Weisheit 47 – 27.8. Fisch 99f – 28.8. Punkt 122, Weiheit 30 – 29.8. Punkt 118/19 – 30.8. Unsinn 96, Weisheit 40, 46 – 31.8. Punkt 176/77.

September 1.9. Weisheit 12, Unsinn 181 – 2.9. Unsinn 16, 34 – 3.9. Weisheit 86, Unsinn 80/81 – 4.9. Punkt 41/42 – 5.9. Weisheit 37, Unsinn 78 – 6.9. Weisheit 106, Schäfer 132, Unsinn 142 – 7.9. Schäfer 161/62 – 8.9. Unsinn 168, 162 – 9.9. Unsinn 135, Weisheit 67, Schäfer 50 – 10.9. Weisheit 74, 75, 68 – 11.9. Weisheit 11, 56, Unsinn 74 – 12.9. Unsinn 96/97, Weisheit 85, Schäfer 36 – 13.9. Unsinn 61 – 14.9. Unsinn 136, Schäfer 92 – 15.9. Pferd 164, Schäfer 92, Schäfer 164 – 16.9. Punkt 84–86, Schäfer 98 – 17.9. Vogel 55, Unsinn 150 – 18.9. Schäfer 163, Unsinn 115 – 19.9. Punkt 101/02, Weisheit 84 – 20.9. Punkt 110/11 – 21.9. Vogel 18/19 – 22.9. Schäfer 66/67 – 23.9. Schäfer 36, 37, 38 – 24.9. Punkt 160, 157, Unsinn 57 – 25.9. Punkt 180, 181 – 26.9. Unsinn 97, Weisheit 111 – 27.9. Unsinn 52, Schäfer 67, Weisheit 38 – 28.9. Schäfer 47, Weisheit 48 – 29.9. Vogel 21/22 – 30.9. Weisheit 110, 112.

Oktober 1.10. Weisheit 88, 89, 34 – 2.10. Punkt 133 – 3.10. Punkt 135/36 – 4.10. Weisheit 93, Unsinn 101 – 5.10. Weisheit 104, Unsinn 98/99 – 6.10. Punkt 136/37 – 7.10. Punkt 137/38, Weisheit 87 – 8.10. Weisheit 29, 38 – 9.10. Unsinn 104, 158/59 – 10.10. Unsinn 14/15 – 11.10. Vogel 19–21 – 12.10. Unsinn 23/24, Weisheit 9 – 13.10. Vogel 30, Unsinn 133 – 14.10. Gott 20, 22, Weisheit 23 – 15.10. Leib 64, Vogel 45 – 16.10. Vogel 44, Weisheit 80 – 17.10. Gott 26/27 – 18.10. Gott 28, Weisheit 77 – 19.10. Leib 60/61, Weisheit 10 – 20.10. Schäfer 94, 95, Unsinn 165 – 21.10. Gott 54/55/56, Weisheit 81 – 22.10. Weisheit 100 – 23.10. Schäfer 134 – 24.10. Gott 146–148, Unsinn 51 – 25.10. Gott 149/50, Weisheit 65 – 26.10. Unsinn 163/64, 174 – 27.10. Schäfer 42/44 – 28.10. Schäfer 45 – 29.10. Vogel 108 – 30.10. Unsinn 139, Weisheit 35 – 31.10. Unsinn 176, 72, Vogel 92.

November 1.11. Weisheit 11, 45, Schäfer 27 – 2.11. Gott 38/39 – 3.11. Meditation 170 – 4.11. Weisheit 62, Unsinn 43 – 5.11. Gott 40/41 – 6.11. Weisheit 70, 69, 63 – 7.11. Gott 21/22 , Unsinn 48 – 8.11. Weisheit 85, Unsinn 33 – 9.11. Weisheit 35, 14, 60 – 10.11. Leib 17f – 11.11. Schäfer 32, Unsinn 111 – 12.11. Weisheit 98, Unsinn 57, Schäfer 28 – 13.11. Vogel 42/44, Unsinn 143 – 14.11. Vogel 52, Weisheit 32, Unsinn 23 – 15.11. Gott 233/34 – 16.11. Gott 219f – 17.11. Schäfer 31 – 18.11. Unsinn 70, Weisheit 60 – 19.11. Leib 141/42 – 20.11. Gott 87/88 – 21.11. Schäfer 16 – 22.11. Vogel 45, Unsinn 144 – 23.11. Vogel 61, 63 – 24.11. Vogel 63, Schäfer 32 –

25. 11. Schäfer 30, Vogel 106 – 26. 11. Vogel 57, Weisheit 22 – 27. 11. Schäfer 17 – 28. 11. Schäfer 25, 27 – 29. 11. Schäfer 24 – 30. 11. Schäfer 20, 27 – 31. 3. Schäfer 21.

Dezember 1. 12. Leib 118 / 19 – 2. 12. Pferd 98, Leib 120 f – 3. 12. Unsinn 9, Vogel 12 – 4. 12. Weisheit 36, Unsinn 65, 47 – 5. 12. Vogel 14, Pferd 85 – 6. 12. Pferd 87 / 88 – 7. 12. Pferd 92 / 93 – 8. 12. Fesseln – 9. 12. Schäfer 96 – 10. 12. Schäfer 100 / 01 – 11. 12. Schäfer 106 – 12. 12. Unsinn 11 / 12 – 13. 12. Schäfer 104, 108 – 14. 12. Unsinn 154 / 55 – 15. 12. Pferd 94, 93 – 16. 12. Pferd 93 – 17. 12. Schäfer 155 – 18. 12. Unsinn 27, 171, 145 – 19. 12. Schäfer 90 – 20. 12. Pferd 173, Unsinn 130 – 21. 12. Schäfer 117, Unsinn 115 – 22. 12. Schäfer 127 – 23. 12. Pferd 162, 172 – 24. 12. Fesseln – 25. 12. Schäfer 101 / 02 – 26. 12. Vogel 88 / 89 – 27. 12. Schäfer 118 – 28. 12. Unsinn 200, 34 – 29. 12. Unsinn 178 / 79 – 30. 12. Unsinn 111, 188 – 31. 12. Weisheit 105, 104, Unsinn 206.